中国编辑出版史二十讲

刘运峰 编著

天津出版传媒集团

天津人民出版社

图书在版编目(CIP)数据

中国编辑出版史二十讲 / 刘运峰编著. -- 天津：
天津人民出版社，2025. 7. -- ISBN 978-7-201-21351-4

Ⅰ. G239.29

中国国家版本馆CIP数据核字第20256UU930号

中国编辑出版史二十讲
ZHONGGUO BIANJI CHUBAN SHI ERSHI JIANG

出　　版	天津人民出版社
出 版 人	刘锦泉
地　　址	天津市和平区西康路35号康岳大厦
邮政编码	300051
邮购电话	(022)23332469
电子信箱	reader@tjrmcbs.com

策划编辑	韩玉霞
责任编辑	李佩俊
装帧设计	汤　磊

印　　刷	天津新华印务有限公司
经　　销	新华书店
开　　本	880毫米×1230毫米　1/32
印　　张	13
字　　数	250千字
版次印次	2025年7月第1版　2025年7月第1次印刷
定　　价	88.00元

目 录

绪　论

第一节　为什么要学习中国编辑出版史

任何一门学科的建立都需要三个最基本的条件:一是有关这门学科的基本理论,即"论";二是有关这门学科的发展历史,即"史";三是这门学科所传授的基本技能,即"术"。有论无史,往往根基不深,陷入空谈;有史无论,往往流于堆砌,缺乏深度;有史有论而无术,则缺乏应用价值。因此,史、论、术三者不可或缺,不可偏废。要想对一门学科具备较为扎实、丰富的知识和技能,就要在史、论、术三个方面下功夫。

之所以要学习编辑出版史,大致出于以下三方面的考虑:

第一,科学认识编辑出版工作产生和发展的进程,较为全面地掌握编辑出版方面的知识,为学习编辑出版学的基础理论和掌握编辑出版的基本技能奠定良好的基础。

第二,借鉴和继承中国编辑出版史上的宝贵文化遗产,了解前人在编辑出版方面所取得的伟大成就,继承和发扬中国编辑出版的优良传统。

中国是世界上四大文明古国之一,中国图书也是世界上最丰富、最完整的文化遗产之一,其历史之悠久、数量之巨大、内容之丰富、形式之多样、流传之广泛，实为举世罕见。而且，在中国古代四大发明中，造纸术和印刷术就直接和编辑出版活动相关。与此相联系，中国的编辑出版工作起源早、历史长、成果多，在编辑思想、编辑方法、编辑体例、出版印刷、组织管理等方面都积累了相当丰富的经验，比如政府编纂机构的设立，对类书、政书、丛书、史书的编撰等。在漫长的历史发展进程中，有关编辑出版方面的文献资料不断积淀下来，为总结编辑出版工作的规律提供了极大的便利，但是至今仍对此缺乏必要的总结和提炼，这就为编辑出版史的研究提供了巨大的空间。

第三，更为全面认识编辑出版工作的社会作用，探索编辑出版工作的规律，提高编辑出版工作水平。

编辑出版史实际上就是一部人类文明发展史，也是文化的传播史。这是因为，人类文明的诸多成果大多都是以图书为载体得以保存和传承的。人的思想、知识、智慧有赖于图书的储存，同时，对图书的阅读、研究又可以使人的思想、知识、智慧更为丰富。在思想、知识、智慧的存储及传播过程中，编辑出版发挥了巨大的作用。正是由于编辑将这些思想、知识、智慧有序化、规范化、载体化和社会化，出版工作使之广泛传播，从而推动了社会进步。

在图书的编辑出版过程中，可以发现一些带有规律性的现象，比如，编辑出版的主体与客体即编辑家、出版家与著作物、出版物之间的关系，编辑过程从选题、组稿、审稿到加工、整理、发排、校对，都有规律可循。再比如，大部头图书从策划到组织实施，从出版到发行，历史上也有许多值得借鉴的经验,所有这些,都需要后人进行归纳、总结、分析和研究。

第二节　中国编辑出版史的研究内容
及研究方法

中国编辑出版史的内容非常丰富,其研究方法也有多种。具体而言,研究内容大致包括:

第一,图书的编辑史。即研究自古至今各类图书从选题开始到组织编写,再到编辑加工的全过程。

第二,图书的出版史。对于图书来说,编辑现象的产生早于出版。从狭义上说,只有到了唐代发明了雕版印刷术,真正意义上的图书出版才得以出现。在很长一段时间,人工抄写、雕版印刷、活字印刷并行存在。比如,清雍正年间的《古今图书集成》系采用铜活字印刷,而乾隆年间的《四库全书》则全为抄本。

第三,出版机构史。出版机构包括政府出版机构和民间出版机构,它的设立、运营、发展、演变、衰亡过程及其出版活动的历史。如古代史馆、书局,现代出版机构商务印书馆、中华书局、开明书店、世界书局、北新书局、生活·读书·新知三联书店以及莽原社、未名社、语丝社、创造社等文学团体的出版活动。

第四,编辑家、出版家的思想和实践活动。如古代的孔子、刘向刘歆父子、司马迁、班固、杜佑、刘知幾、司马光、郑樵、马端临、解缙、纪昀,现当代的张元济、陆费逵、王云五、沈知方、章锡琛、鲁迅、叶圣陶、赵家璧、孙伏园、邹韬奋、周振甫、孙犁、陈原、范用、沈昌文,等等。

第五,图书印刷与发行史。印刷术是中国的一项发明,对世界文明的发展做出了巨大的贡献。中国的先人不仅发明了雕版印刷术和活字印刷术,而且发明了套色印刷,特别是发明了以饾版、拱花为特征的木版水印技术,取得了丰硕的成果,成为世界非物质文化遗产的一项重要内容。

第六,专门史。如图书的插图史、装帧史等。中国的图书有着插图的传统,所谓"图书"本就包含了插图的内容。从唐代以来,中国的图书对插图非常重视,既使图书的内容变得丰富,也激发了人们的阅读兴趣,同时也有助于人们对图书文字的理解。这一传统一直延续到今天。可以说,大家所谈到的"读图时代",与中国的插图传统一脉相承。

中国的图书非常注重装帧。为了阅读和收藏的方便,人们发明了多种装帧形式,如简策装、卷轴装、经折装、旋风装(龙鳞装)、蝴蝶装、包背装、线装等。这些装帧形式的发展演变,都值得进行专门的研究。

第七,重要出版产品即个案出版史的研究,如"二十四史"、《永乐大典》《古今图书集成》《四库全书》《辞源》《辞海》《现代汉语词典》《中国大百科全书》等;再有,是一些作家、学者著作的出版研究,如《鲁迅全集》《郭沫若全集》《茅盾全集》《巴金全集》《老舍全集》《曹禺全集》《丁玲全集》《孙犁全集》《赵树理全集》等;还有一些重要的丛书,如"一角丛书""万有文库""青年文库""少年百科丛书""走向未来丛书""外国文学名著丛书""汉译世界学术名著丛书"等。

此外,还可以研究编辑出版活动所赖以生存的社会文化背景,包括政治、经济状况,学术思潮、文化政策等;编辑出版业的状况,包括不同时期的基本情况以及定性、定量分析,如编辑出版机构的数量、编辑出版人员构成、出书种类、竞争状况等。

其研究方法包括:

第一,重文献。注意资料的搜集和实证的分析,格外留心有关的书信、日记、回忆录、自传、纪念集等一手资料。

第二,重版本。要接触实物,不能想当然或依靠二手资料。

第三,重序跋。

第四,重凡例。

第五,重比较。包括不同版本的比较,编辑体例的比较,中西之间的比较如百科全书,等等。

第三节　中国编辑出版史的学科属性

第一,中国编辑出版史是编辑学、出版学和历史学的交叉学科。

第二,中国编辑出版史是历史学的一个分支,属于专门史的范畴,是整个中国社会发展史和中国文化史的重要组成部分。

第三,中国编辑出版史是一门具有深厚学术内涵的基础学科,它统领着图书编辑史、出版史、印刷史、发行史、编辑及出版思想史等领域。

第四,中国编辑出版史是一门具有广泛辐射性和巨大包容性的学科。它与目录学、版本学、辑佚学、校勘学等具有密切的联系。

中国编辑出版史与中国书史关系最为密切。两者的相同之处是都研究图书,包括图书的产生、发展、内容、形式及社会作用等多个方面,都把图书作为文化现象、社会资源、工艺产品进行全方位研究。不同之处在于,中国书史的研究对象是图书及图书事业,重点研究图书的载体材料、形式制度的演变、产生及作用。而编辑出版史的研究对象是历史上的编辑活动、出版活动,重点在于研究各个历史时期的编纂机构、编辑活动、出版发行、出版管理等方面。

第四节　中国编辑出版史的总体特征①

第一,中国是文字和图书出现最早的国家之一,也是编辑出版活动最先发端的国家之一,而且一脉相承,未曾中断。

中国文字大致有五千年的历史,其特点是字形稳定,字义明确,美观匀称,既具有实用价值,也具有审美价值。汉字的书写可以上升到艺术的层次——书法。尽管经过由繁入简以及书体、形态等方面的变化,但汉字的点画、结构均有一定的规律可循,在辨识上并不存在太大的困难。正是由于汉字发展的稳定性、变化的规律性,我们可以不太吃力地阅读几千年来的各种典籍。可以说,汉字是世界上保存最为完整

---

① 参见肖东发主编:《中国编辑出版史》(上册),辽宁教育出版社1996年版,第22—28页。

的文献载体。根据对甲骨文的考古发现,从公元前21世纪的夏朝开始,中国每一个朝代的每一位王位继承人,其世系都有可以查考的记录。从现存的古代典籍中,我们可以得知,从公元前841年(周共和元年)开始,中国便有了每一年都可以查考的记录;从公元前722年(周平王四十九年)开始,中国有了每一个月都可以查考的记录。所有这些,都得益于汉字的存在,也受益于中国古代的编辑出版活动。具有一定次序的龟甲和简册,流传至今的《周易》《尚书》《诗经》以及最早的教科书《史籀篇》,都足以证明早在商周时期,中国就有了原始的档案编辑和图书编辑活动。可以说,中国的编辑出版特别是编辑活动源远流长,无任何国家可与之匹敌。

第二,中国是文献载体材料众多、最先发明造纸术的国家,为编辑出版活动的开展创造了良好的条件。

文字作为知识的载体出现之后,知识的间接载体——文字记录的材料问题就成为知识传播的主要问题。为此,人们进行了多种探索和实践。例如,把文字刻画在泥板上、砖石上,如两河流域古巴比伦人的泥板书;把文字写在植物的茎叶上,如印度的贝叶经;把文字写在动物的皮上,如欧洲的羊皮书、犊皮书;把文字刻在金属上,如古罗马的铅书和铜书,等等。这些材料基本上都属于对自然物简单加工后的产物,有的过于笨重,有的极易损坏,大都不便于流通和使用。

中国的先人们在文字载体的选择方面也经历了漫长的过程:先是把文字刻在龟甲和兽骨上(称为甲骨文),刻铸在青铜器上(称为金文或钟鼎文),甚至把整部的儒家经典、上千部佛经镌刻在石头上(汉熹平石经、魏正始石经、唐开元石经、房山石经等)。流通较广的当属加工过的竹片和木板(简牍),因为取材广泛、价廉易得、修整方便,还可以连缀成册,因此这种材料使用了相当长的时间,使得许多典籍赖以保存。与此同时,古人还把文字写在丝织品上,即帛书。帛书具有体积小、分量轻、携带方便、容量大等优点,但价格昂贵。直到东汉,人们发明了一种既有竹木之廉又有缣帛之便的新型载体材料——纸张,使得文化和知识的传播进入一个新阶段。可以说,纸的发明具有划时代的意义。它不是一般意义上的简单的自然物,而是具备了各种载体材料的优点,克服了各种材料的不便,是一种最为理想的书写材料。这是中国先人对世界文明巨大而杰出的贡献。

第三,中国古代许多统治者都非常重视包括编书、校书、刻书、藏书在内的编辑出版活动。一些封建王朝还设有专门的编纂机构,重视图书作用的发挥,所谓"皆务于治","重在教化"。

自有图书以来,中国就设立了掌管历史记载、典籍编纂及整理的职官和机构。如夏商时期即有太史令、内史;西周至秦有御史,又称中史、柱下史;西汉设石渠阁、天禄阁,既藏书又作校书和著述之所;东汉开始在兰台东观置令史、校书郎等职官,并设立了秘书监等专门典掌图书和著作的机构和职官。魏晋至唐初,秘书监下设著作局,贞观三年(629)设史馆;五代和北宋设有弘文馆、史馆、集贤院。由唐至清,均设有翰林院及附属机构分掌编辑撰述之事。清朝在武英殿设立修书处,专事刊版印书。

历代统治者编纂图书都有十分明确的政治目的,即突出一个"治"字(长治久安,治国平天下)。西汉淮南王刘安所编《淮南子》即指出:"百家殊业,皆务于治。"唐杜佑所纂《通典》,"实采群言,征诸人事,将施有政"。北宋司马光受宋英宗之命编纂《历代君臣事迹》供皇帝阅览,神宗继位,赐书名为《资治通鉴》。几乎所有的史书、方志在编辑和刻印时,都标榜其意在于明得失,行教化。

第四,中国古代的编辑活动具有编、著、校合一的特点,注重图书的质量。千百年来,辨伪、校勘、辑佚、版本等领域学人辈出,硕果累累。

中国古代的编辑活动多为融编纂、注疏、校雠为一体,这也是编辑学科长期没有独立出来的主要原因之一。与图书的编辑出版活动有关的几门学问发端较早。如考辨古书真伪的辨伪学;用不同本子校出图书的讹(文字错误)、脱(漏掉文字)、衍(多余的字)、倒(文字颠倒)、乱(文字次序混乱)等错误,恢复古书本来面目的校勘学;把隐于其他书籍中的篇章、语句搜辑出来,使得亡佚之书部分或全部复原的辑佚学;研究鉴定各种不同版本年代及优劣的版本学。这些学问,都与编辑出版有着密切的联系,涌现了一大批以辨伪、辑佚、校勘、版本、考据见长的编辑家,堪称人才辈出,著述如林。

第五,中国是世界上拥有典籍最多、图书类型最为丰富的国家。中国古代典籍可谓汗牛充栋,卷帙浩繁,就数量而言,估计在25万种以上,删去重复者,大约在10万种以上。中国古代典籍不仅数量众多,而且门类齐全,内容丰富。从大的方面来说,分为经、史、子、集四大部类,后来又将丛书单独作为一类,称为"丛"部。在每一类之下,又分为若干小类。这些浩如烟海的典籍构成了中华民族的精神文化宝库。这一宝库的形成,与编辑出版活动有着密切的关系。

第六,中国书籍既重视实用,又注重美观,讲究装帧设计,尤其重视插图及图谱著作的编纂。

编辑出版不仅是一种知识传播行为,也是一种具有鲜明艺术特色的生产行为。中国优秀的书籍以字迹美观、墨色匀称、纸质优良、装订牢固、阅读方便、利于保存而著称,其版式、字体、字距、行数均有讲究,尤其是宋元刻本,堪称完美的艺术品。

第七,中国首先发明了印刷术,并创立了雕版印刷、活字印刷(泥、木、铜、铅)和套色印刷三种技术,自南北朝时期开始,雕版印刷技术不断提升。明朝之后,出现了饾版、拱花等工艺,走在了世界的前列。尤其是明末的《萝轩变古笺谱》《十竹斋笺谱》,其木版水印技术达到了极致。

第八,中国古代编辑出版了许多堪称世界之最的巨帙大书,产生了广泛而深远的影响。巨型的类书、丛书的编纂是古代文化事业的重要组成部分,直接显示了中国古代文献的宏富和图书事业的兴旺。中国著名的巨帙大书有《皇览》《北堂书钞》《艺文类聚》《太平御览》《册府元龟》《文苑英华》《永乐大典》《古今图书集成》《四库全书》,等等。

第九,中国古代图书屡遭厄运,损失惨重,古人为保护图书付出了艰苦的努力。由于中国古代王朝更替频繁,社会时常处于动荡之中,图书也在劫难逃,遭遇了难以计数的损毁。根据历代学者的总结,中国的图书共遭到了15次惨重的灾难,称为"十五厄":一为秦始皇焚书,二为西汉赤眉军入关,三为董卓作乱,四为刘石乱华,五为梁元帝自焚烧书,六为江都焚书,七为安禄山入关,八为黄巢入长安,九为北宋靖康之难,十为南宋末年伯颜南下临安,十一为李自成攻占北京,十二为钱谦益绛云楼被焚,十三为清高宗乾隆编《四库全书》时焚书毁版,十四为太平天国时期的战乱及英法联军攻占北京,十五为日本侵华炸毁东方图书馆及在沦陷区劫夺中国公私藏书。

尽管图书散失严重,屡遭厄运,但是中国的政府机构和藏书家依然以更大的毅力,收集图书、保护图书。如明代的范钦修建天一阁藏书楼,丁丙、丁申兄弟收集、补抄在战乱中散失的文澜阁本《四库全书》等。

总之,中国编辑出版史源远流长,博大精深,具有丰富的内容和发展变化的规律,值得我们认真研究,深入探索。

第一讲
孔子的编辑活动

第一节　孔子其人

在学术研究中,孔子被赋予了各种各样的角色,头上有无数的光环,比如,有人研究他的政治思想,有人研究他的经济思想,有人研究他的文学思想,有人研究他的美学思想,有人研究他的伦理思想,有人研究他的教育思想,等等。因此,按类别(学科)编排的《中国大百科全书》(第一版),在中国历史、哲学、教育学、法学、政治学、新闻出版、音乐舞蹈等许多卷中,都可以找到有关孔子的词条。

孔子的思想的确博大精深,一部《论语》,囊括了孔子及其弟子为代表的儒家思想学说。但据笔者看来,孔子一生的实践活动,最为可圈可点者有两个方面:教育和编辑。

众所周知,教育是孔子最为闪光的业绩,他有弟子三千,培养出七十二贤人,影响了无数的读书人,至今我们的许多教育活动仍存有孔子的遗痕和影响。

而说到孔子的编辑活动,许多人可能不是特别清楚。但历史证明,孔子是一位伟大的编辑家,是编辑的祖师爷。这是毋庸置疑的。

我们先来看看孔子其人。

孔子名丘,字仲尼,鲁国曲阜人,生于鲁襄公二十一年(前552年),卒于鲁哀公十六年(前479年),终年73岁。孔子先世为宋国贵族,曾祖父避难到鲁国后定居下来。其父叔梁纥,曾做过鲁国陬邑(今山东泗水县东南)宰,是商王室的分支,鲁是周公的旧封,春秋时期列国都到宋、鲁"观礼",因为它们是保存商周文化最多的国家,所以,孔子生长在一个文化较为发达的环境之中。孔子出生不久,他的父亲就去世了,因此家道中落,他曾做过很低贱的工作,自言"吾少也贱,故多能鄙事"。

孔子年轻时有很大的政治抱负,他周游列国,宣扬自己的仁政思想和治国主张,但事与愿违,他处处碰壁,狼狈不堪,曾断粮于陈、蔡之间,其状惶惶如丧家之犬。到了晚年,他眼看自己的政治理想无法实现,因此以讲学(开办私塾)为生,他的日常言行,由他的弟子和再传弟子整理出来,名为《论语》。我国古代的著述体例,大致可以分为著作、编述、钞纂三大类,由钞纂而成的书籍称为"论"。"论"的本字为"侖",从"人",从"册",即集合很多简册加以排比辑录;"语"就是语录的意思。《论语》的意思就是众人钞纂而成的孔子及其弟子的语录。《汉书·艺文志》:"论语者,孔子应答弟子、时人及弟子相与言而接闻于夫子之语也。当时弟子各有所记,夫子既卒,门人相与辑而论纂,故谓之《论语》。"[1]

孔子在从事教育的同时,又对古代著作进行了编辑整

---

[1] 陈国庆编:《汉书艺文志注释汇编》,中华书局1983年版,第79页。

理，从而形成了以"六经"为代表的儒家经典。

第二节　孔子对古籍的整理和编辑

一、对《诗》的编辑整理

《诗》又称《诗经》，是古代诗歌名篇的选集。在《论语》中，孔子多次提到《诗》。如：子曰："兴于诗，立于礼，成于乐。"子曰："小子何莫学乎诗？《诗》可以兴，可以观，可以群，可以怨。迩之事父，远之事君，多识于鸟兽草木之名。"子曰："不学诗，无以言。"

关于孔子对《诗》的编辑整理，司马迁《史记·孔子世家》中有如下记载：

> 古者诗三千余篇，及至孔子，去其重，取可施于礼义，上采契、后稷，中述殷、周之盛，至幽、厉之缺，始于衽席，故曰《关雎》之乱以为《风》始，《鹿鸣》为《小雅》始，《文王》为《大雅》始，《清庙》为《颂》始。"三百五篇孔子皆弦歌之，以求合《韶》《武》《雅》《颂》之音，礼乐自此可得而述，以备王道，成六艺。①

《论语·子罕》亦记载了孔子编辑整理《诗》的经过：

> 子曰："吾自卫返鲁，然后乐正，《雅》《颂》各得其所。"

这句话的意思是说："我从卫国回到鲁国，才把音乐（的篇章）整理出来，使《雅》归《雅》，《颂》归《颂》，各有适当

---

① 〔汉〕司马迁撰：《史记·孔子世家》卷四十七，中华书局1959年版，第1936—1937页。

的位置。"

关于《雅》和《颂》的含义,一方面是指《诗经》内容分类的类名,一方面也是乐曲分类的类名,由于过去的诗都是能够歌唱的,因此诗歌的内容和乐曲也存在着必然的联系。因此,对这句话就可以理解为孔子既正篇章,亦正乐曲。

从《史记·孔子世家》的记载可以看出孔子对《诗》的编辑整理原则:第一是"去其重",三千余篇古诗在内容、词句、类别等方面都难免有重复之处,经过编辑加工,把重复的篇章、词句删去。第二是"施于礼义",即保存那些可以进行礼义教育内容的篇章。"《诗》三百,一言以蔽之,思无邪。"诗歌的最高境界是"哀而不伤,乐而不淫"。第三是能"弦歌之",即编选的诗歌要合乎《韶》《武》《雅》《颂》之音,能够配乐进行演唱。

经过孔子编辑整理后的《诗》三百篇(实为305首),是当时人们可以使用的歌赋、社交辞令的语言词典,也是可以诵习的语言教科书。

二、对《书》的编辑整理

《书》又称《尚书》,"尚"者,"上"也,意即《尚书》为上古之书,它是中国最早的一部政治文献汇编。上古时期的史官,有左、右二史分掌其事。相传左史记言,右史记事。言为《尚书》,事为《春秋》。《尚书》为上古时代史官所记的史料,其内容包括典、谟、训、诰、誓、命六种体裁,即有谈话录,有演讲词,有命令,有宣言等。

关于孔子对《尚书》的编辑整理,《史记·孔子世家》做了如下记载:

孔子之时，周室微而礼乐废，《诗》《书》缺。追迹三代之礼，序《书传》，上纪唐、虞之际，下至秦缪，编次其事。曰："夏礼吾能言之，杞不足征也。殷礼吾能言之，宋不足征也。足，则吾能征之矣。"观殷、夏所损益，曰："后虽百世可知也，以一文一质。周监二代，郁郁乎文哉。吾从周。"故《书传》《礼记》自孔氏。①

伪书《尚书纬》亦有类似的记载：

孔子求书，得黄帝玄孙帝魁之书，迄于秦穆公，凡三千二百四十篇。断远取近，定可以为世法者百二十篇，以百二篇为《尚书》，十八篇为《中侯》。②

《尚书纬》是一部假托孔安国之名的伪书，不可尽信；但《尚书》在成书之前，取材于众书之篇，当无可怀疑；孔子对此进行的编辑整理，更是不争的事实。班固《汉书·艺文志》云：

《易》曰："河出图，雒出书，圣人则之。"故《书》之所起远矣，至孔子纂焉，上断于尧，下讫于秦，凡百篇，而为之序，言其作意。③

经过孔子的编辑整理，《尚书》以时代明确、分类科学的面目出现，即按照虞、夏、商、周的朝代顺序，按典（国家主要事件的记载）、谟（事君之谋略）、训（国家之典式和法则）、诰（君对臣训诫劝勉之文告）、誓（国君告诫将士的言词和盟约

①〔汉〕司马迁撰：《史记·孔子世家》卷四十七，中华书局1959年版，第1936—1937页。

②《十三经注疏》编委会：《十三经注疏·尚书正义》，北京大学出版社1999年版，第1页。

③陈国庆编：《汉书艺文志注释汇编》，中华书局1983年版，第30—31页。

誓词）、命（国君之诏书和命令）等六种文体分编,除《禹贡》①外,均为上训下或下告上之词,相当于后世的诏令奏议,这种编排体例是非常合理的,在当时能有如此之编辑思路,是一个了不起的成绩。

三、对《易》的编辑整理

《易》又称《周易》,是古代占卜书的一种,关于《易》的含义,唐孔颖达《周易正义》中说:

> 夫"易"者,"变化"之总名,"改换"之殊称。自天地开辟,阴阳运行,寒暑往来,日月更出,孚萌庶类,亭毒群品,新新不停,生生相续,莫非资"变化"之力、"换代"之功。②

这一段文字,说明"易"就是"变易"的意思。古人认为,天地间变化运行之道,全在"阴阳"二气,因此先人在演易"八卦"的时候,先设了"刚柔"二画——单数为"阳",为"刚",如"一";偶数为"阴",为"柔",如"--",以象二气的"形状"。布之以"三位",以象"三才"(天、地、人)的"德化"。

那么,《易》是干什么用的呢?《管子·山权数》中说:"《易》者,所以守凶吉成败也。卜者,卜凶吉利害也。"③

《易》是最为晦涩难懂的一部书,孔子为此下了很大的功夫,并对这部书进行了编排整理,《史记·孔子世家》:

---

①《禹贡》为《尚书·夏书》之名,篇中把当时中国划分为九州,记述各区域的山川分布、交通、物产状况以及贡赋等级等。后来地志之书,自《汉书·地理志》和《水经注》以及各代地理专著,无不以《禹贡》为依据。

②〔清〕阮元校刻:《十三经注疏·周易正义》,中华书局1980年版,第7页。

③郭沫若:《管子集校》(四),《郭沫若全集·历史编》(第八卷),人民出版社1985年版,第110页。

> 孔子晚而喜《易》，序《彖》《系》《象》《说卦》《文言》。读《易》，韦编三绝。曰："假我数年，若是，我于《易》则彬彬矣。"①

《论语·述而》中亦有相关记载："子曰，'加我数年，五十以学《易》，可以无大过矣。'"

可见，孔子对《周易》是下了一番整理、编辑功夫的。

四、关于《春秋》的编辑、整理和审订

《春秋》是鲁国的编年史书，它既是中国现存最早的一部编年体史书，也是世界上最早的编年体史书之一。该书记载了自鲁隐公元年（前722年）到鲁哀公十四年（前481年）间242年的历史。它是孔子晚年编纂整理古代文献的代表作，也是反映孔子基本社会政治思想的代表作。

关于孔子对《春秋》一书的编辑、整理和审订，《史记·孔子世家》的记载如下：

> 子曰："弗乎弗乎，君子病没世而名不称焉。吾道不行矣，吾何以自见于后世哉？"乃因史记作《春秋》，上至隐公，下讫哀公十四年，十二公。据鲁，亲周，故殷，运之三代。②

《史记·十二诸侯年表》亦云：

> 是以孔子明王道，干七十余君，莫能用，故西观周室，论史记旧闻，兴于鲁而次《春秋》，上记隐，下至哀之获麟，

---

① 〔汉〕司马迁撰：《史记·孔子世家》卷四十七，中华书局1959年版，第1937页。

② 〔汉〕司马迁撰：《史记·孔子世家》卷四十七，中华书局1959年版，第1943页。

约其辞文,去其烦重,以制义法。王道备,人事浃。[①]

关于孔子编纂《春秋》的目的,孟子曾做了如下的表述:

> 世衰道微,邪说暴行有作,臣弑其君者有之,子弑其父者有之。孔子惧,作《春秋》。《春秋》,天子之事也,是故孔子曰:"知我者其唯《春秋》乎!罪我者其唯《春秋》乎!"[②]

孔子编纂《春秋》,遣词用句多暗含褒贬,即所谓"春秋笔法",但绝不妄加评论。对于人和事的褒贬评价,是建立在可靠的史料基础之上。从其褒贬用词,可以看出孔子编纂的目的,因此《史记·孔子世家》说:

> 约其文辞而指博。故吴楚之君自称王,而《春秋》贬之曰"子";践土之会实召周天子,而《春秋》讳之曰"天王狩于河阳":推此类以绳当世。贬损之义,后有王者举而开之。《春秋》之义行,则天下乱臣贼子惧焉。

> 孔子在位听讼,文辞有可与人共者,弗独有也。至于为《春秋》,笔则笔,削则削,子夏之徒不能赞一辞。弟子受《春秋》,孔子曰:"后世知丘者以《春秋》,而罪丘者亦以《春秋》。"[③]

由此可见,孔子编纂《春秋》态度之严谨,用字之准确、精炼,同时也有其主观好恶暗含其中。

---

① 〔汉〕司马迁撰:《史记·十二诸侯年表第二》卷十四,中华书局1959年版,第509页。

② 杨伯峻:《孟子译注》,中华书局1960年版,第155页。

③ 〔汉〕司马迁撰:《史记·孔子世家》卷四十七,中华书局1959年版,第1943—1944页。

第三节　孔子编纂图书的特点

一、意图明确

孔子编纂图书有明确的政治目的,就是希望通过恢复、发扬备受冷落的"周礼",加强周王室的统治,改变"礼坏乐崩"、诸侯割据、战乱不断的社会现状,为实现自己理想中的大同社会服务。同时,他也将编辑活动当作传播儒家学说的工具。如他对《诗》的取舍("取其可施于礼义"者),对《礼》的审订,对《春秋》的删削,如"为善者讳,为亲者讳,为贤者讳","笔则笔,削则削",无不贯穿着他以"仁"为核心的政治思想。

二、述而不作

述而不作,即客观地记录史实,不妄加主观的论断。《论语·述而》:"子曰:述而不作,信而好古,窃比于我老彭。"关于孔子的"述而不作",班固《汉书·儒林传序》做了如下的解释:

> 周道既衰,坏于幽、厉,礼乐征伐自诸侯出,陵夷二百余年而孔子兴,以圣德遭季世,知言之不用而道不行,乃叹曰:"凤鸟不至,河不出图,吾已矣夫!""文王既没,文不在兹乎?"于是应聘诸侯,以答礼行谊。西入周,南至楚,畏匡厄陈,奸(干)七十余君。适齐闻《韶》,三月不知肉味;自卫反鲁,然后乐正,《雅》《颂》各得其所。究观古今篇籍,乃称曰:"大哉,尧之为君也! 唯天为大,唯尧则之。巍巍乎其有成功也,焕乎其有文章(也)!"又曰:"周监于二代,郁郁

乎文哉！吾从周。"于是叙《书》则断《尧典》，称乐则法《韶舞》，论《诗》则首《周南》。缀周之礼，因鲁《春秋》，举十二公行事，绳之以文武之道，成一王法，至获麟而止。盖晚而好《易》，读之韦编三绝，而为之传。皆因近圣之事，以立先王之教，故曰："述而不作，信而好古"；"下学而上达，知我者其天乎！"①

那么，究竟什么是"述"，什么是"作"呢？清代学者焦循云：

人未知而己先知，人未觉而己先觉，因以所先知先觉者教人，俾人皆知之觉之，而天下之知觉自我始，是为"作"。已有知之觉之者，自我而损益之，或其意久而不明，有明之者，用以教人，而作者之意复明，是之谓"述"。②

今人张舜徽先生说得更为明确：

凡是前无所承，而系一个人的创造，这才叫做"作"，也可称"著"，凡是前有凭藉，而但加以编次整理的功夫，这自然只能叫做"述"。

综合我国古代文献，从其内容的来源方面进行分析，不外三大类：第一是"著作"，将一切从感性认识所取得的经验教训，提高到理论认识以后，抽出最基本最精要的结论，而成为一种富于创造性的理论，这才是"著作"。第二是"编述"，将过去已有的书籍，重新用新的体例，加以改造、组织的工夫，编为适用于客观需要的点子，这叫做"编述"。第三

---

① 〔汉〕班固撰：《汉书·儒林传》卷八十八，中华书局1962年版，第3589—3590页。

② 〔清〕焦循：《雕菰集·述而二》。

是"抄纂",将过去繁多复杂的材料,加以排比、撮录,分门别类地用一种新的体式出现,这称为"抄纂"。三者虽同是书籍,但从内容实质来看,却有高下深浅的不同。①

孔子在编纂图书中的"述而不作",主要体现为他一生所坚持的"毋意,毋必,毋固,毋我"(即不凭空揣测,不绝对肯定,不拘泥固执,不唯我独是),即尽量按照古代文献的本来面目去进行整理、编辑,不无中生有,不胡编乱造。

三、多闻阙疑

《论语·为政》:"子张学干禄。子曰:'多闻阙疑,慎言其余,则寡尤;多见阙殆,慎行其余,则寡悔。言寡尤,行寡悔,禄在其中矣!'"这段话记述的是子张向孔子请教获得官职和俸禄的方法。孔子的回答是:"多听,有怀疑的地方,加以保留;其余足以自信的部分,谨慎地说出,就能减少错误。多看,有怀疑的地方,加以保留,其余足以自信的部分,谨慎地实行,就能减少懊悔。言语的错误少,行动的懊悔少,官职俸禄就在这里面了。"这一思想反映在编辑活动中,就是广泛占有资料(多闻),不轻易下结论,("阙疑",即如有疑问,存而不论,暂付阙如。)比如,孔子在整理编辑鲁国的史书《春秋》时,阙误较多,但孔子不轻易改动。《春秋·昭公十二年》:"齐高偃帅师纳北燕伯于阳。"对此,《春秋公羊传》有一段解释:

"伯于阳"者何?"公子阳生"也。子曰:"我乃知之矣。"

---

① 张舜徽:《中国文献学》,上海古籍出版社2005年版,第26—27页。

（何休《解诂》："子"谓孔子；"乃"，乃是岁也。时孔子年二十三，具知其事。后作《春秋》，案史记，知"公"误为"伯"，"子"误为"于"，"阳"在，"生"刊灭阙。）在侧者曰："子苟知之，何以不革？"曰："如尔所不知何。"（《解诂》：此夫子欲为后人法……不欲令人妄臆错。）①

这段话意思是说，孔子通过对不同版本和相关史料以及亲身经历的比照，知道"伯于阳"为"公子阳生"之误，但是为了防止猜想臆测，就没有擅改，而是采用存疑的办法。这种编辑态度是值得提倡的。

四、无征不信

《论语·八佾》："子曰：夏礼，吾能言之，杞不足征也；殷礼，吾能言之，宋不足征也。文献不足故也。足，则吾能征之矣。"反映在编辑活动中，就是必须注重考证，如果没有客观的证据和足够的史料，即使主观上再自信也不能下笔。

---

① 〔清〕阮元校刻：《十三经注疏》，中华书局1980年版，第2320页。

第二讲
刘向、刘歆父子的编辑活动

假如你喜欢先秦诸子百家的著作,你可以很便捷地找到《管子》《晏子春秋》《列子》《荀子》等著作。这些著作文字简洁,条理清楚,颇便于利用。我们之所以会如此方便地得到这些文献,首先应该归功于西汉时期的刘向刘歆父子。因为,正是刘氏父子的编辑活动,才使得众多文献得以保存和流传。

第一节　关于刘向、刘歆父子

一、刘向其人

刘向(前77年—前6年),字子政,初名更生,西汉沛(今江苏省沛县)人。刘向出身贵族,其父刘德"修黄老术,有智略,少时数言事,召见甘泉宫,武帝谓之'千里驹'"①。刘向自幼聪明好学,通《诗》《书》,善文章,对经书、天文尤感兴趣。《汉

---

① 〔汉〕班固撰:《汉书·楚元王传》卷三十六,中华书局1962年版,第1927页。

书》称其："为人简易无威仪，廉靖乐道，不交接世俗，专积思于经术，昼诵书传，夜观星宿，或不寐达旦。"①他是西汉后期以淹博著称的大学者。

刘向12岁时，由其父保任为辇郎，20岁时擢为谏大夫。后因参与政治斗争失败，归家闲居并专心治学八年。汉宣帝（前73年—前49年）时，刘向由于"通达能属文辞，与王褒、张子侨等并进对，献赋颂凡数十篇"②，显示出深厚、渊博的学术修养和才华，以"名儒俊材"选拔到皇帝左右。

汉成帝河平三年（前26年），刘向开始奉命主持国家藏书的整理和编校，其地点在天禄阁，历时21年，直至他在72岁时去世。

刘向学识渊博，著述颇丰。其著作除了《别录》之外，还有《五行传》《列女传》《列仙传》《新序》《说苑》《五经通义》《五经要义》等，此外还有很多单篇的奏议、辞赋等。

二、刘歆其人

刘向有三个儿子，均好学多识，而尤以第三子刘歆最为出色。刘歆（约公元前53年—公元23年），字子骏，汉哀帝建平元年（前6年），因避帝刘欣讳改名刘秀，字颖叔。刘歆天资聪颖，少时即以通《诗》《书》、能属文著称。汉成帝即位之初，因左右大臣荐以通达而有奇异之才，刘歆被召至宫中诵读诗

---

① 〔汉〕班固撰：《汉书·楚元王传》卷三十六，中华书局1962年版，第1963页。

② 〔汉〕班固撰：《汉书·楚元王传》卷三十六，中华书局1962年版，第1928页。

赋,任黄门郎。他讲论六艺传记,举凡诸子、诗赋、数术、方技,无所不究,尤喜好古文经传,并颇有建树。

刘向去世之后,刘歆接替父职,完成了其父未竟的编辑大业,对国家藏书进行了系统、全面的编辑整理,并继任中垒校尉,在刘向《别录》的基础上完成了《七略》。而《七略》成为后来居上的一部目录学、编辑学著作,这一著作也成为班固《汉书·艺文志》的本原。

刘歆之为人,远不及其父刘向忠厚、谦让,因此屡遭执政大臣的怨恨而被迫离开宫廷,先后担任河南、五原、涿郡太守等官职。王莽篡位之后,刘歆再次得到重用,封红休侯,被敬为国师。地黄四年(23)刘秀在南阳起兵,刘歆害怕大祸将至,与王涉、董忠一起密谋劫持诛灭王莽而东降南阳,事泄自杀,年约76岁。

刘歆除了著有《七略》外,还著有《三统历谱》以及《遂初赋》《列女颂》等文章,在科技、文学等领域也有一定影响。明人辑有《刘中垒集》。

第二节　刘向、刘歆父子的编辑活动

一、对图书的编辑整理过程

从汉代初期开始,许多统治者都非常重视图书的征集工作,而且不同程度地对征集来的图书进行了编次整理。汉成帝时,曾派陈农出使四方,遍征天下遗书,使得国家的藏书空前丰富,出现了"百年之间,书积如丘山"的繁荣景象。但这些书籍仍存在着杂乱无章的问题,需要对其进行系统而科学的编次和整理。为此,汉成帝诏令刘向等人自河平三年(前26年)开始,对国家收藏的图书进行了一次大规模的编辑整理活动。在编辑整理过程中,刘向去世,刘歆子承父业,终于大功告成。这项编辑整理工作历时21年,其规模之大、质量之高,均属空前。因此,刘向刘歆父子就成为孔子之后在历史上影响巨大的编辑家。

对于刘向刘歆父子的编辑整理活动及成就,《汉书·艺文志》总序作了比较详细的描述:

> 昔仲尼没而微言绝,七十子丧而大义乖。故《春秋》分为五,《诗》分为四,《易》有数家之传。战国从衡,真伪分争,诸子之言纷然肴乱。至秦患之,乃燔灭文章,以愚黔首。汉兴,改秦之败,大收篇籍,广开献书之路。迄孝武世,书缺简脱,礼坏乐崩,圣上喟然而称曰:"朕甚闵焉!"于是建藏书之策,置写书之官,下及诸子传说,皆充秘府。至成帝时,以书颇散亡,使谒者陈农求遗书于天下。诏光禄大夫刘向校经传诸子诗赋,步兵校尉任宏校兵书,太史令尹咸校数术,侍医李柱国校方技。每一书已,向辄条其篇目,撮其指意,录而奏之。会向卒,哀帝复使向子侍中奉车都尉歆卒父业。歆于是总群书而奏其《七略》,故有《辑略》,有《六艺略》,有《诸子略》,有《诗赋略》,有《兵书略》,有《术数略》,有《方技略》。今删其要,以备篇籍。①

---

① 〔汉〕班固撰:《汉书·艺文志》卷三十,中华书局1962年版,第1701页。

二、编辑整理的步骤和方法

清人孙德谦在《刘向校雠学纂微》一书中，全面总结归纳了刘向刘歆父子编辑整理国家藏书的方法和经验，总共列举了23条，每条下面均附有例证，虽略显琐屑，但却详尽地反映了刘向刘歆父子编辑整理图书的客观成果，今罗列如下：

1.备众本；2.订脱误；3.删重复；4.条篇目；5.定书名；6.谨编次；7.析内外；8.待刊改；9.分部类；10.辨异同；11.通学术；12.叙源流；13.究得失；14.撮指意；15.撰序录；16.述疑似；17.准经义；18.征史传；19.辟旧说；20.增佚文；21.考师承；22.记图卷；23.存别义。

刘向刘歆父子编辑整理图书的步骤和方法大致如下：

（一）广辑众本，补缺去重

刘向等人编辑整理图书的第一步，就是先将同一书籍的不同版本尽量搜集起来，然后进行合校，删除重复，互相补充，并为其编订次序。刘向编辑整理的书籍来源有三：一是国家藏本，二是大臣藏书，三是民间遗书。例如《管子》一书，各种版本汇集在一起为564篇，经过比较对照，去除重复的篇目，最后定本为86篇；《列子》一书汇集在一起为20篇，去除重复，仅为8篇；《孙卿子》（即《荀子》）由322篇定为32篇；《晏子春秋》由30篇838章定为8篇215章。

这一工作不但提高了书籍的质量和学术价值，而且也避免了单篇作品的散失。

（二）校雠全文，厘正文字

所谓"校雠"，根据《文选·魏都赋》李善注引《风俗通》：

"案刘向《别录》：'雠校，一人读书，校其上下，得谬误为校；一人持本，一人读书，若冤家相对。'"①由此可见，"雠"是核对之意。梁代以后校雠亦称"校勘"，指同一本书用不同版本相互核对，比勘其文字、篇章的异同，以校正讹误。

　　由于长年的社会动荡和以讹传讹，古籍的脱篇、倒篇、错字、衍字现象层出不穷，因此就需要对全书进行校勘和订正。这一工作非常艰巨繁琐，而且需要深厚的学术功底。不仅要把众本之异一一记录下来，而且要择善而从，订正文字。正因为如此，校雠之学就成为一门很深的学问。正如蒋元卿《校雠学史》中说："校雠之事，常人每以为能两本勘比，记其异同，便自诩为能事，其实不然。校雠之学，本来就是治书之学。自狭义言之，则比勘篇籍文字同异而求其正。自广义言之，则搜集图书，辨别真伪，考订误谬，厘次部居，以及于装潢保藏等，举凡治书之学，均在校雠范围之内。"②通过校雠，达到了为书籍整理确定定本的目的，对于国家治理、文化教育、学术传承均具有重要的意义。

　　经过刘向等人编辑整理和校勘订正的新本，其质量有了明显的提高。现在流传下来的整部的先秦古书，几乎都是经过刘向等人订正过的本子。

　　（三）编订目次，确定书名

　　当时流传下来的先秦古籍多为集篇而成，大多数图书有篇名而无书名，而且次序混乱。为此，刘向等人对篇章、次序混乱的图书均进行了梳理、调整，并在此基础上为图书确定

---

① 〔梁〕萧统编，〔唐〕李善注：《文选》，上海古籍出版社1986年版，第287页。
② 蒋元卿：《校雠学史》，黄山书社1985年版，第2页。

了名称。如《战国策》一书,当时就有《国策》《国事》《短长》《事语》《修书》等,刘向经过对该书内容的判断,发现大多为战国期间游士辅佐各国国君的谋略,故定名为《战国策》。

(四)撮其指意,撰写叙录

在对每一部书籍编订次序、确定书名之后,刘向都要根据书籍的基本情况撰写一篇叙录,以说明撰著者的生平事迹、全书内容大意以及编辑校勘的情况等,即内容提要或简介,大约相当于现代图书的目录和序言两部分内容。

刘向所撰写的叙录具有一定的程式,大致为:

第一,确定文本篇目;

第二,说明校定过程(包括书稿来源、总篇数及校定篇数、文字脱误情况等);

第三,简要介绍作者及学术渊源;

第四,对该书进行评价。

今以《晏子叙录》为例:

> 内篇谏上第一凡二十五章,内篇谏下第二凡二十五章,内篇问上第三凡三十章,内篇问下第四凡三十章,内篇杂上第五凡三十章,内篇杂下第六凡三十章,外篇重而异者第七凡二十七章,外篇不合经术者第八凡十八章。

> 右《晏子》凡内外八篇总二百十五章。护左都水使者光禄大夫臣向言:所校中书《晏子》十一篇,臣向谨与长社尉臣参校雠。太史书五篇,臣向书一篇,参书十三篇,凡中外书三十篇,为八百三十八章。除复重二十二篇六百三十八章,定著八篇二百一十五章。外书无有三十六章,中书无有七十一章,中外皆有以相定。中书以"夭"为"芳",

"又"为"备","先"为"牛","章"为"长",如此类多者,谨颇略楢,皆已定以杀青,书可缮写。

晏子名婴,谥平仲,莱人。莱者,今东莱地也。晏子博闻强记,通于古今,事齐灵公、庄公、景公,以节俭力行,尽忠极谏道齐,国君得以正行,百姓得以附亲。不用则退耕于野,用则必不谄义,不可胁以邪。白刃虽交胸,终不受崔杼之劫。谏齐君悬而至,顺而刻。及使诸侯,莫能诎其辞。其博通如此,盖次管仲。内能亲亲,外能厚贤,居相国之位,受万钟之禄,故亲戚待其禄而衣食五百余家,处士待而举火者亦甚众。晏子衣苴布之衣、麑鹿之裘,驾敝车疲马,尽以禄给亲戚朋友。齐人以此重之。晏子盖短(按:此下疑有阙文)其书六篇,皆忠谏其君。文章可观,义理可法,皆合《六经》之义。又有复重,文辞颇异,不敢遗失,复列以为一篇。又有颇不合经术,似非晏子言,疑后世辩士所为者,故亦不敢失,复以为一篇。凡八篇。其六篇可常置旁御观。谨第录。臣向昧死上。①

(五)杀青定稿,缮写上素

刘向为每部书撰写的叙录几乎都会有这样一句话:"皆已定以杀青,书可缮写。""杀青"本义为竹简加工的过程,因为新砍伐的竹子含有水分,容易遭到虫蛀或朽烂,需在火上烤干去其水分,然后才能成为用作书写的竹简。因在烘烤过程中竹简由青转黄,因而称为"杀青",后引申为定稿。"书可缮写",就是将校定过的书籍誊写到缣帛上,从而成为国家收藏的权威定本。

---

① 吴则虞:《晏子春秋集释》(上),中华书局1962年版,第49—50页。

（六）剖判艺文，编成目录

刘向、刘歆父子在编辑整理图书的过程中，不仅为每一部书写下了较为科学、权威的叙录，而且还将这些书纳入一套严密而完整的图书目录之中，首创了图书分类目录。这一成果主要反映在刘向的《别录》和刘歆的《七略》之中。《别录》已经亡佚，《七略》可以在《汉书·艺文志》中见到雏形，即把当时的图书分为六类三十八种，包括：

六艺略：分为易、书、诗、礼、乐、春秋、论语、孝经、小学9种，共著录图书129家，2926篇，图1卷。

诸子略：分儒、道、阴阳、法、名、墨、纵横、杂、农、小说10种，共著录图书187家，4346篇。

诗赋略：分屈原赋之属20家，陆贾（汉初楚人，著有《新语》12篇，大旨为崇王道，黜霸术）赋之属20家，孙卿赋之属25家，杂赋歌诗5种，共著录图书106家，1313篇。

兵书略：分为兵权略、兵形势、兵阴阳、兵技巧4种，共著录图书66家，1375篇，图44卷。

术数略：分天文、历谱、五行、蓍龟、杂占、形法6种，共著录图书110家，2557卷。

方技略：分医经、经方、房中、神仙4种，共著录图书36家，862卷。

综合起来，《七略》一书内容丰富，体系完整，共著录图书634家，13,379篇，图45卷。

刘向、刘歆父子创立的图书分类方法，对后世产生了重要的影响，其最大特点就是"辨章学术，考镜源流"，形成了中国目录学史上的一个优良传统。

第三讲

司马迁和《史记》的编撰

第一节　司马迁其人

一、司马迁的生平

司马迁（前145年—约前89年），字子长，左冯翊夏阳龙门（今陕西韩城）人。其父司马谈是西汉著名的学者，在汉武帝时期任太史令（秦汉时期设置掌管天文历法兼修史的一种官职，食邑六百石），曾撰写《论六家要旨》，立论精辟，影响甚广。

司马谈在任太史令期间，立志修撰一部继《春秋》之后，"述陶唐以来，至于麟止"的《太史公书》。家庭环境和父亲的志向对司马迁产生了重要的影响。

司马迁少年时期，在家乡过着半耕半读的生活，他"耕牧河山之阳，年十岁，则颂古文"①。汉武帝元朔二年（前127年），司马迁18岁的时候，随家迁到京城长安，跟随名儒孔安

① 〔汉〕班固撰：《汉书·司马迁传》卷六十二，中华书局1959年版，第2714页。

国学《尚书》，随今文经学大师董仲舒学《春秋》，接受了系统的儒家教育。

从20岁开始，司马迁漫游全国各地，行万里路，他"南游江淮，上会稽，探禹穴，窥九嶷，浮沅湘，北涉汶泗，讲业齐鲁之都，观孔子遗风，乡射邹、峄，厄困鄱、薛、彭城，过梁、楚以归。"①回到长安之后，司马迁被任命为郎中，并奉汉武帝之命出使西南。壮阔的游历为司马迁后来撰写《史记》奠定了坚实的基础。

汉武帝元丰元年（前110年），汉武帝前往泰山封禅，太史公司马谈随行，至周南（今河南洛阳）而病危。司马迁闻讯，自西南赶来侍奉。司马谈临终时嘱托司马迁继孔子而续成《春秋》。

元丰三年（前108年），司马迁38岁，继父职为太史令，得以大量阅读皇家藏书与档案，为修撰《史记》作了充分的准备。

汉武帝太初元年（前104年），司马迁倡议并与士大夫壶遂等制定了《太初历》，被国家正式采用。之后，司马迁便开始专心致志地投入《史记》的著述，他"绝宾客之知，忘室家之业，日夜思竭其不肖之材力，务一心营职"②。

汉武帝天汉二年（前99年），名将李广之孙李陵战败投降匈奴，朝野震动。司马迁因替李陵讲了一句公道话，惹怒了

①〔汉〕班固撰：《汉书·司马迁传》卷六十二，中华书局1959年版，第2714—2715页。

②〔汉〕班固撰：《汉书·司马迁传》卷六十二，中华书局1959年版，第2729页。

汉武帝,因此而被捕入狱,判死刑。当此之时,司马迁"家贫,财赂不足以自赎,交游莫救,左右亲近不为一言"①。为了完成《史记》,司马迁忍辱含垢自请宫刑。

李陵之祸,给司马迁的心灵造成了致命的打击。这一方面更加坚定了他"发愤著书"的信念,另一方面也促使他对先前的修史目的有所修正,将满腔的激情悲愤注入其中,使《史记》一书充满了浓郁的悲剧色彩。

关于司马迁死亡的时间和原因,一直没有准确的答案。有的说他在完成了《史记》之后自杀,也有的说他因在书中讽刺了汉武帝而被杀害。

二、《史记》的成书

汉武帝天汉四年(前97年),司马迁被赦出狱,任中书令,虽职位尊崇,但司马迁不以为荣,而是隐忍苟活,一心撰著《史记》。

汉武帝太始四年(前93年),司马迁的朋友任安(字少卿)在狱中来信,希望司马迁利用自己能够接近皇帝的机会举贤荐能。司马迁婉言谢绝,在回信《报任安书》中叙述了他的苦衷,并阐明了撰著《史记》的目的和宗旨。

> 所以隐忍苟活,函粪土之中而不辞者,恨私心有所不尽,鄙没世而文采不表于后也。
>
> 古者富贵而名摩灭,不可胜记,唯俶傥非常之人称焉。盖西伯拘而演《周易》;仲尼厄而作《春秋》;屈原放

---

① 〔汉〕班固撰:《汉书·司马迁传》卷六十二,中华书局1959年版,第2730页。

逐,乃赋《离骚》;左丘失明,厥有《国语》;孙子膑脚,《兵法》修列;不韦迁蜀,世传《吕览》;韩非囚秦,《说难》《孤愤》;《诗》三百篇,大氏贤圣发愤之所为作也。此人皆意有所郁结,不得通其道,故述往事,思来者。乃如左丘明无目,孙子断足,终不可用,退论书策以舒其愤,思垂空文以自见。

仆窃不逊,近自托于无能之辞,网罗天下放失旧闻,考之行事,稽其成败兴坏之理,凡百三十篇。亦欲以究天人之际,通古今之变,成一家之言。草创未就,适会此祸,惜其不成,是以就极刑而无愠色。仆诚以著此书,藏之名山,传之其人,通邑大都,则仆偿前辱之责,虽万被戮,岂有悔哉? 然此可为智者道,难为俗人言也![1]

从这封信也可以看出,《史记》全书此时已经基本完成。

汉武帝征和三年(前90年),《史记》彻底杀青,"凡百三十篇,五十二万六千五百字,为《太史公书》"[2]。

司马迁生前,《史记》并没有公开流传。《汉书·司马迁传》:"迁既死后,其书稍出。宣帝时,迁外孙平通侯杨恽祖述其书,遂宣布焉。"[3]

《史记》的名称最初并不固定,司马迁自称《太史公书》,后来又称为《太史公》《太史公记》《太史记》。到了魏晋之际,

① 〔汉〕班固撰:《汉书·司马迁传》卷六十二,中华书局1959年版,第2733—2735页。
② 〔汉〕班固撰:《汉书·司马迁传》卷六十二,中华书局1959年版,第2723页。
③ 〔汉〕班固撰:《汉书·司马迁传》卷六十二,中华书局1959年版,第2737页。

才确定书名为《史记》。

第二节　《史记》其书及其编辑体例

鲁迅先生在《汉文学史纲要》中谈到司马迁和《史记》时说：

> 恨为弄臣，寄心楮墨，感身世之戮辱，传畸人于千秋，虽背《春秋》之义，固不失为史家之绝唱，无韵之《离骚》矣。惟不拘于史法，不囿于字句，发于情，肆于心而为文，故能如茅坤所言："读《游侠传》即欲轻生，读《屈原贾谊传》即欲流涕，读《庄周》《鲁仲连①传》即欲遗世，读《李广传》即欲立斗，读《石建传》即欲俯躬，读《信陵》《平原君传》即欲养士"也。②

鲁迅先生的评价恰如其分，无论是在史学还是文学上，《史记》都有其独特的地位，不愧为"史家之绝唱，无韵之《离骚》"，堪称前无古人，后无来者。

一、《史记》的史料来源

（一）典籍

《史记·太史公自序》："余读《司马兵法》……"；"余读《离骚》《天问》……"；"予观《春秋》《国语》。"这些都表明司马迁在撰著《史记》的过程中参考了大量的存世典籍。

---

① 鲁仲连，一作鲁连，鲁仲子，战国时齐人，善谋策，常周游列国，排难解纷。

②《鲁迅全集·汉文学史纲要》第9卷，人民文学出版社2005年版，第435页。

（二）档案

司马迁以太史令之职,近水楼台,参阅了大量的皇家档案资料,丰富了《史记》一书的内容。

（三）见闻

司马迁或亲眼所见,或多方求教,注意搜集有关的资料,因此书中有非常生动的描写,令人如见其人,如闻其声,有身临其境的感觉。

（四）游历

司马迁行万里路,见识颇广。《史记》中有多处这样的记载:"余尝西至崆峒,北至涿鹿,东渐于海,南浮江淮";"余登庐山";"余至……长沙";"余至江南……"等。

二、《史记》的编辑体例

《史记》是中国历史上第一部以人物为中心的纪传体通史,共130篇,由本纪、表、书、世家、列传组成。

（一）本纪

共12篇,是以编年形式记载历代帝王的兴衰和重大历史事件的体裁。分为两类,一类以朝代为主,如《夏本纪》《殷本纪》《周本纪》;一类以帝王为主,如《秦始皇本纪》《高祖本纪》《孝文本纪》。这些本纪实际上是编年体的大事记,是全书的总纲。正如唐张守节《史记正义》所解释的:"本者,系其本系,故曰本;纪者,理也,统理众事,系之年月,名之曰纪。"[1]

---

[1]〔汉〕司马迁撰:《史记·五帝本纪》卷一,中华书局1959年版,第1页。

（二）表

共10篇，是以年表的形式，按照时间先后的顺序，记载重要的历史大事。大致分为两类，一类是大事年表，如《十二诸侯年表》《六国年表》《秦楚之际月表》等，这种年表"年经事纬，纵横互订"，是一种读史的工具。另一类是人物年表，与列传互为补充。著名的人物均有专门的列传，一般人物传不胜传，则以表的形式进行反映，如《汉兴以来诸侯王年表》《惠景间侯者年表》《汉兴以来将相名臣年表》等。

（三）书

共8篇，是系统记述典章制度以及天文历法的体裁。正如唐司马贞《史记索隐》所说："书者，五经六籍总名也。此之八书，记国家大体。班氏谓之'志'，志，记也。"①因此，《史记》中的"书"也可以称之为专题史，内容包括政治、经济、军事、文化各个方面，如《律书》《天官书》《封禅书》《河渠书》《平准书》等。这些"书"对于研究制度的演变颇为有用。此种史学体裁为司马迁所首创，班固在修《汉书》时，为与书名《汉书》相区别，改"书"为"志"，此后凡是史籍记述典章制度的部分，均改称为"志"。

（四）世家

共30篇，是专门记述自周以来开国传世诸侯以及有特殊地位的人物事迹的体裁。如鲁、卫、齐、楚等国，均为世袭，故称世家。即世世有禄秩之家，累世有爵土封国之意。在具体的写法上，世家和列传没有本质的差别，只是身份地位上的

---

① 〔汉〕司马迁撰：《史记·礼书》卷二十三，中华书局1959年版，第1157页。

区别而已。之所以将孔子归入世家,是因为司马迁对孔子非常景仰,因此将其地位提高。

（五）列传

共70篇。在古书中,凡涉及记事、立传、解经的著作,皆可称传。《史记》中的列传,是社会各阶层代表人物事迹的记载,还包括外国或国内少数民族的记载。以人物为中心作列传,始于司马迁。正如司马贞《史记索隐》所说:"列传者,谓叙列人臣事迹,令可传于后世,故曰列传。"①

《史记》中的列传内容较多,可以分为两大类。一类是人物传记,在形式上又分为三种:第一,独传。即一人一传,如伍子胥、商鞅、苏秦、孟尝君、吕不韦等人的传记。第二,合传。即两人或几人一传。之所以列入合传,大抵是因为人物时代相同,或行事相关联,如管仲晏婴、孙武吴起、白起王翦、屈原贾谊、廉颇蔺相如赵奢李牧、老子庄子申不害韩非等。第三,类传。就是按照人物的性质合在一起,如刺客列传5人、循吏列传5人、儒林列传6人、酷吏列传10人、游侠列传3人、货殖列传9人,仲尼弟子列传则为多人。

第二类是外国或国内少数民族的传记,相当于后世的"四夷传",如匈奴、东越、朝鲜、西南夷等。司马迁在列传中叙述了其种族来源、风俗制度、王族兴衰及其与中土的关系等。

---

① 〔汉〕司马迁撰:《史记·伯夷列传》卷六十一,中华书局1959年版,第2121页。

第三节　《史记》的编辑特色

一、创立了首尾评论、夹叙夹议的"论""赞"形式

对于历史事实,司马迁并非一味地平铺直叙,而是采用"太史公曰"的形式,对史实发表自己的见解和评论。唐朝刘知幾的《史通·论赞篇》,将《史记》每一篇篇末的"太史公曰"称为"赞",篇首的"太史公曰"称为"序"。司马迁在《伯夷列传》《货殖列传》等篇中还夹叙夹议,对有关的史实进行了主观评论。如《伯夷列传》篇末的议论:

> 或曰:"天道无亲,常与善人。"若伯夷、叔齐,可谓善人者非邪?积仁洁行如此而饿死!且七十子之徒,仲尼独荐颜渊为好学。然回也屡空,糟糠不厌,而卒蚤夭。天之报施善人,其何如哉?盗跖日杀不辜,肝人之肉,暴戾恣睢,聚党数千人横行天下,竟以寿终。是遵何德哉?此其尤大彰明较著者也。若至近世,操行不轨,专犯忌讳,而终身逸乐,富厚累世不绝。或择地而蹈之,时然后出言,行不由径,非公正不发愤,而遇祸灾者,不可胜数也。余甚惑焉,倘所谓天道,是邪非邪?[1]

这些发自内心的议论,是对正文的重要补充。而且,这些序赞内容丰富,形式活泼,既可补篇中未言之事,又可表明自己的立场和态度,是全书内容的重要组成部分。

---

[1]〔汉〕司马迁撰:《史记·伯夷列传》卷六十一,中华书局1959年版,第2124—2125页。

这种在五体之外创作的篇前作序、篇后作赞、篇中加议三种议论形式,是司马迁的一个创举,对后世的史学影响甚大,以至成为后世正史的固定格式。

二、创立编辑中的"互见法"

"互见法"又称"旁见侧出法",这是司马迁首创的一种与纪传体相适应的叙述方法。这种方法是将一个人的生平事迹、一件历史事件的来龙去脉,分散在数篇之中,参差互见,彼此补充。如《吕后本纪》中有"语在齐王语中",《孝文本纪》中有"事在吕后语中",《萧相国世家》中有"语在淮阴侯事中",等等。这种"互见法"的优点,一是避免重复,节省篇幅;二是详略分明,为刻画主要人物发挥作用。这种编辑方法也为后世史家所遵循和仿效。

三、创立"寓论断于序事"的编辑方法

顾炎武《日知录》卷二十六中说:

> 古人作史,有不待论断而于序事之中即见其指者,惟太史公能之。《平准书》末载卜式语,《王翦传》末载客语[1],《荆轲传》载鲁句践语[2],《晁错传》末载邓公与景帝语,《武

---

[1] 秦二世之时,王翦及其子贲皆已死,而又灭蒙氏。陈胜之反秦,秦使王翦之孙王离击赵,围赵王及张耳巨鹿城。或曰:"王离,秦之名将也。今将强秦之兵,攻新造之赵,举之必矣。"客曰:"不然。夫为将三世者必败。必败者何也? 必其所杀伐多矣,其后受其不祥。今王离已三世将矣。"居无何,项羽救赵,击秦军,果虏王离,王离军遂降诸侯。

[2] 鲁句践已闻荆轲之刺秦王,私曰:"嗟乎,惜哉其不讲于刺剑之术也! 甚矣吾不知人也! 曩者吾叱之,彼乃以我为非人也!"

安侯田蚡传》末载武帝语,皆史家于序事中寓论断法也。后人知此法者鲜矣。[①]

所谓"寓论断于序事",是指不必专门发表议论,而是通过有关的记述表明自己的观点。其基本方式有四种:

第一,借他人之评论或反映来表明自己的观点。如《叔孙通列传》,全篇四次通过他人之口对其进行评论,而司马迁却未置一词,但却塑造了一个不讲是非曲直而与时进退、以面谀得势的人。

第二,是用客观的内容即历史叙述的方式来亮明自己的观点,如《项羽本纪》《孔子世家》《陈涉世家》等。在《史记》中,司马迁对项羽、陈涉充满了同情,对孔子的言行极为称赞,对于孔子修撰的《春秋》推崇备至:"夫《春秋》,上明三王之道,下辨人事之纪,别嫌疑,明是非,定犹豫,善善恶恶,贤贤贱不肖,存亡国,继绝世,补敝起废,王道之大者也。"[②]

第三,通过对比衬托的方式暗寓己见。如以萧何同韩信做对比,卫青同李广做对比等。

第四,运用细节描写的方式,对人物进行品评和对历史问题表达自己的看法。

第四节　《史记》的价值

《史记》是中国古代第一部纪传体通史,全书共526,500

---

① 〔清〕顾炎武著,〔清〕黄汝成集释:《日知录集释》,岳麓书社1994年版,第891—892页。

② 〔汉〕司马迁撰:《史记·太史公自序》卷一百三十,中华书局1959年版,第3297页。

字,是古代第一部大书,也是当时唯一研究古代历史的史学著作。它既是纪传体史书的鼻祖,又是传记文学的典范。关于其价值,可做如下概括:

一、资料参酌古今,考辨翔实,富有科学性

司马迁在著书过程中,一重资料,二重实证,因此史实可靠。

二、体例创新完善,叙事灵活,富有真实性

司马迁创立融本纪、世家、列传、表、书为一体的纪传体史书体例,五者相互映衬,互为表里,内容丰富、文笔生动,叙事真实可靠,给人以身临其境之感。

三、组织材料脉络相连,富有系统性

《史记》在叙事过程中为了避免重复,前后呼应,相互联系,创立了"互见法",为刻画主要人物发挥了作用。

四、褒善贬恶,不避权贵,富有批判性

《史记》继承了《春秋》的传统,行文多寓褒贬之意。如在《封禅书》中对汉武帝过于迷信颇有微词;将项羽列入本纪,将孔子、陈涉列入世家,均是有意为之。尤其是各篇叙事之末所附"太史公曰"的评论,更见其褒善贬恶之意。

五、文笔生动,逸气纵横,富有文学性

俗语云:"酒肆账簿,一经子长手,便是好文。"《史记》叙事以散文为主,文笔优美,豪放不拘,长短交错,骈散交融。

刻画人物栩栩如生,颇为传神,因此被鲁迅先生誉为"史家之绝唱,无韵之离骚"。

第五节　后人对《史记》的评价

《史记》完成之后,并没有马上刊行,而是"藏之名山,传之其人",直到汉宣帝时,司马迁的外孙杨恽才将此书流布出去,从此被人推崇,广受赞誉,以至成为史学之圭臬。

应该说,无论是叙事的完整还是语言的生动,《史记》的成就远远超过了《春秋》。班固在《汉书·司马迁传》中称赞其"善序事理,辨而不华,质而不俚。其文直,其事核,不虚美,不隐恶,故谓之实录。"[1]

唐刘知幾《史通》称之曰:"《史记》者,纪以包举大端,传以委曲细事,表以谱列年爵,志以总括遗漏。逮于天文、地理、国典、朝章,显隐必该,洪纤靡失,此其所以为长也。"[2]

从编辑出版史的角度来说,《史记》的确属于开宗立派的著作,享誉甚高。宋代郑樵说:"司马氏世司典籍,工于制作。故能上稽仲尼之意,会《诗》《书》《左传》《国语》《世本》《战国策》《楚汉春秋》之言,同黄帝、尧、舜至于秦、汉之世,勒成一书,分为五体。本纪纪年,世家传代,表以正历,书以系事,传以著人,使百代而下,史官不能易其法,学者不能舍其书。六经之

---

① 〔汉〕班固撰:《汉书·司马迁传》卷六十二,中华书局1959年版,第2738页。

② 〔唐〕刘知幾撰,〔清〕浦起龙释:《史通通释》,上海古籍出版社1978年版,第28页。

后,惟有此作。故谓'周公五百岁而有孔子,孔子五百岁而在兹乎。'……自《春秋》之后,惟《史记》擅制作之规模……"①

清赵翼亦对司马迁及其《史记》给予了高度评价:"司马迁参酌古今,发凡起例,创为全史。本纪以序帝王,世家以记侯国,十表以系时事,八书以详制度,列传以志人物。然后一代君臣政事,贤否得失,总汇于一编之中,自此例一定,历代作史者,遂不能出其范围,信史家之极则也。"②

就编辑价值而言,《史记》一书实开诸史体例之先河。正如张舜徽先生所言:

> 自《史记》出,而后我国有史学。以完整之体系,示编述之准绳。其书包罗万有,通贯古今。举凡汉武帝以前事变化及自然变化,悉载靡遗。吾尝称之为百科全书式通史,殆非过誉。其以人物为记载中心者,有十二《本纪》,三十《世家》,七十《列传》;以年月为中心者,有十《表》;以事物制度为中心者,有八《书》;以边远地区为中心者,有匈奴、南越、东越、朝鲜、西南夷、大宛诸传记。所涉既广,遂开后来史学著述之各种体例。后之慕效其书而有作者,或具体而微,或得其一体。若萧衍、郑樵之欲修其书,固已望尘莫及。即班固改通古为断代,专述西京遗事,历代正史因之,皆所谓具体而微者也。至于得其一体而别成专著者,更为繁夥。其演申《史记》本纪之体而成书者,则为编年史。变而为荀悦之《汉纪》,再变而为司马光之《通鉴》。其演申《史记》八书之体而成书者,则为制度史。——变而

① 〔宋〕郑樵撰:《通志·总序》,中华书局1959年版,第1—2页。
② 〔清〕赵翼撰:《廿二史札记》,世界书局1939年版,第2页。

为杜佑之《通典》,再变而为马端临之《文献通考》。其演申《史记》边区传之体而成书者,则为地方志。一变而为常璩之《华阳国志》,再变而为各地之图经。寻流溯源,何可掩也。从知《史记》一书,实开众史之体,后世有作,举莫能越其范围,其博大诚不可及。[①]

但是,《史记》也不是完美无缺。班固在《汉书·司马迁传》中称赞司马迁《史记》价值的同时,也指出了其不足:"采经摭传,分散数家之事,甚多疏略,或有抵牾……是非颇谬于圣人。论大道,则先黄老而后六经,序游侠则退处士而进奸雄,述货殖则崇势利而羞贫贱,此其蔽也。"[②]

刘知幾《史通》也对司马迁的《史记》体例提出了批评:"若乃同为一事,分在数篇,断续相离,前后屡出,于《高纪》则云语在《项传》,于《项传》则云事具《高纪》。又编次同类,不求年月,后生而擢居首帙,先辈而抑归末章,遂使汉之贾谊将楚屈原并列;鲁之鲁沫与燕荆轲并编。此其所以为短也。"[③]

---

①《张舜徽集·爱晚庐随笔》,华中师范大学出版社2005年版,第19页。

②〔汉〕班固撰:《汉书·司马迁传》卷六十二,中华书局1959年版,第2737—2738页。

③〔唐〕刘知幾撰,〔清〕浦起龙释:《史通通释》,上海古籍出版社1978年版,第28页。

第四讲

诗文总集和《文选》的编辑

第一节　别集和总集

一、别集和总集的概念

"集"有集合、汇集之意。"别集"即一家之著述,也就是个人的诗文集,而非经史传注、考订和阐释义理之作,属于个人原创性作品。因此,凡纯属词章之作,均可称为别集。进一步说,凡是一人所作的诗文词曲,无论有韵无韵,成集者皆可命名,而统称之为"别集"。

由于诗文集日益繁多,散乱而无条理者亦多。为了研读方便,遂汇录多人之诗文为一编,冠以总名,这种汇集多家诗文作品而成的作品集,称为"总集"。

但是,在六朝之前,古人的著作并不以集命名,有的叫颂、赋、诗,有的称丁部,有的叫文翰,有的叫篇。刘师培在《论文杂记》中说:"六朝以降,集名始兴,分总集、专集为二类。"①

---

① 刘师培:《中国中古文学史·论文杂记》,人民文学出版社1959年版,第114页。

　　"总集"的名称出现于六朝,是南朝梁阮孝绪确定的,他在《七录·序目》中说:"文集录第三曰总集部,十六种;第四曰杂文部,二百七十三种。两部并计二百八十九种。"阮孝绪,生于479年,卒于536年,南朝梁陈留蔚氏人,字士宗,隐居不仕。其《七录》十二卷在《隋志》中有著录,为目录学的重要著作,但未能流传下来,其序文见唐释道宣《广弘明集》卷三。《隋书·经籍志》将总集部和杂文部合为总集一类。"总集者,以建安之后,辞赋转繁,众家之集,日以滋广,晋代挚虞,苦览者之劳倦,于是采摘孔翠,芟剪繁芜,自诗赋下,各为条贯,合而编之,谓为《流别》。是后又集总钞,作者继轨,属辞之士,以为覃奥,而取则焉。"①自此之后,唐宋元明诸史中的《经籍志》或《艺文志》相继采用,于是总集一名遂为通行。

　　总集之作,自《诗》开始,随后是《楚辞》。而《诗》列为经部,《楚辞》又别列一家,不在总集之列,因此挚虞将一些精华之作,编为《文章流别集》四十一卷,堪称总集的模板。但挚虞的编辑成果已经亡佚,现在我们能够见到的总集,当以昭明太子萧统所编的《文选》为最早。

二、别集

(一)别集的编辑体例

　　1.按诗文分编。如《李太白集》,收唐李白诗与文共30卷,其中诗25卷,文4卷,诗文拾遗1卷。

---

①〔唐〕魏徵、令狐德棻撰:《隋书·志》卷三十五,中华书局1973年版,第1089—1090页。

2.按内容分类。如韦应物的《韦苏州集》,将其诗作分为古赋、杂拟、燕集、寄赠、送别、酬答、怀思、登眺、杂兴、歌行10类。

3.按写作年代分编。如《杜少陵集》,按杜甫创作的五个时期先后顺序编排,即"安史之乱"之前,"安史之乱"时期,入蜀途中,定居成都和离开成都之后。

4.几种编排法混用。如清人朱彝尊的《曝书亭集》,其作品先按体裁编排,分为赋1卷,诗22卷,词7卷,杂文50卷,附录乐府1卷。其中诗、赋按时间顺序编排,杂文又按体裁分为26类。

(二)别集的命名

1.以作者本名命名。如《曹操集》《温庭筠集》《诸葛亮集》等。古人认为直接用作者的名字作集名是一种不太尊重作者的做法,因而直接用本名命名的别集不多。

2.以作者的字命名。如《孟东野集》,作者为唐代诗人孟郊,字东野。《李太白集》,作者为唐代大诗人李白,李白字太白。

3.以作者的号命名。如《山谷全集》,宋人黄庭坚字鲁直,号山谷道人。

4.以作者的斋室命名。如清代学者纪昀(字晓岚)斋号为阅微草堂,其著作为《阅微草堂笔记》;鸦片战争时期主张严禁鸦片的黄爵滋,其书斋名为仙屏书屋,其诗集为《仙屏书屋初集诗录》;再如近代思想家、学者梁启超的书房为饮冰室,故其文集为《饮冰室合集》。

5.以作者的官衔命名。(1)以作者初官命名,如班固初官为兰台令史,其集名为《班兰台集》;(2)以作者终官命名,如南朝梁何逊官至水部员外郎,集名为《何水部集》;(3)以作者谪官命名,如贾谊谪为长沙王太傅,集名为《贾长沙集》;(4)以作者所获追赠官名命名,如宋魏野追赠秘书省著作郎,秘书省为汉代设立的掌管图书的官府,而汉代东观为藏书之所,著作郎常在东观,故魏野的文集命名为《东观集》。

6.以作者的谥号命名。如宋范仲淹谥号为"文正",故其集名为《范文正公全集》。

7.以作者的封号命名。如颜真卿封鲁郡公,其集名为《颜鲁公集》。

8.以和作者相关的地名命名。(1)以作者籍贯命名,如唐柳宗元,河东人,其集名为《河东先生集》或《柳河东集》;(2)以作者居住地命名,如唐陆龟蒙,曾住甫里,其集名为《甫里集》;(3)以作者别墅所在地命名,如唐许浑别墅在润州丁卯桥,故其集名曰《丁卯集》;(4)以作者钟爱之地命名,如宋陆游在蜀多年,"乐其风土,有终焉之志",后诏令其东下,不得不离开。"然心未尝一日忘蜀",故命其平生所作诗卷为《剑南诗稿》。剑南,为唐代道名,即今四川剑阁以南、大江以北地区,故用以代蜀。

9.以作者撰著时间命名。即以作者撰写作品或编辑成集的时间作为集名,如《元氏长庆集》,唐元稹撰,于唐穆宗长庆年间结集,故名。

10.以作者志向命名。如宋卫泾的《后乐集》,即取范仲淹《岳阳楼记》中的"先天下之忧而忧,后天下之乐而乐"命名,以明其心志。

　　另外,需要说明的是,一人之集从不同角度命名,就形成一集多名的现象。如文天祥的集子就有《文山全集》《文山先生全集》《文忠烈公全集》《文丞相全集》《庐陵文丞相全集》《文信国公集》《文山集》《文山别集》《文信国公全集》等。

　　(三)别集举例(以时代为序)

　　1.汉魏六朝

　　《司马文园集》,汉·司马相如著;《蔡中郎集》,汉·蔡邕著;《曹子建集》,魏·曹植著;《嵇中散集》,魏·嵇康著;《陆机集》,晋·陆机著;《陶渊明集》,晋·陶渊明著;《谢康乐集》,刘宋·谢灵运著;《鲍参军集》,刘宋·鲍照著;《谢宣城集》,南齐·谢朓著;《江文通集》,南梁·江淹著;《庾子山集》又名《庾开府集》,北周·庾信著;《徐孝穆集》,南陈·徐陵著。

　　2.唐

　　《王子安集》,王勃著;《骆临海集》,骆宾王著;《陈子昂集》,陈子昂著;《孟浩然集》又名《孟襄阳集》,孟浩然著;《王右丞集》,王维著;《李太白全集》,李白著;《高常侍集》,高适著;《杜工部集》,杜甫著;《岑嘉州集》,岑参著;《韦苏州集》,韦应物著;《韩昌黎全集》,韩愈著;《刘宾客集》,刘禹锡著;《白氏长庆集》,白居易著;《柳河东集》,柳宗元著;《樊川诗集》,杜牧著;《李义山诗集》,李商隐著;《温飞卿集》,温庭筠著。

　　3.两宋

　　《小畜集》,王禹偁著;《范文正公集》或《文正集》,范仲淹著;《欧阳永叔集》或《欧阳文忠集》,欧阳修著;《嘉祐集》,苏洵著;《传家集》或《司马文正集》,司马光著;《元丰类稿》,曾巩著;《临川集》,王安石著;《东坡全集》,苏轼著;《栾城集》,

苏辙著;《山谷集》,黄庭坚著;《淮海集》,秦观著;《后山居士文集》,陈师道著;《李易安集》,李清照著;《陆放翁集》,陆游著;《范石湖集》,范成大著;《陈亮集》,陈亮著;《诚斋集》,杨万里著;《稼轩长短句》,辛弃疾著;《白石诗词集》,姜夔著;《文山先生全集》,文天祥著。

4.金·元·明

《元遗山诗文集》,金·元好问著;《湛然居士集》,元·耶律楚材著;《铁崖先生古乐府》,明·杨维桢著;《宋文宪全集》,明·宋濂著;《诚意伯文集》,明·刘基著;《高青丘集》,明·高启著;《逊志斋集》,明·方孝孺著;《徐文长先生文集》,明·徐渭著;《震川先生文集》,明·归有光著;《袁中郎全集》,明·袁宏道著。

5.清

《牧斋初学集》,钱谦益著;《吴梅村全集》,吴伟业著;《亭林先生集》,顾炎武著;《曝书亭集》,朱彝尊著;《渔洋山人精华录》,王士祯著;《望溪文集》,方苞著;《小仓山房集》,袁枚著;《瓯北集》,赵翼著;《惜抱轩全集》,姚鼐著;《两当轩集》,黄景仁著;《定盦文集》,龚自珍著;《人境庐诗草》,黄遵宪著。

三、总集的分类

《四库全书总目》集部总集类小序云:"文籍日兴,散无统纪,于是总集作焉。一则网罗放佚,使零章残什,并有所归;一则删汰繁芜,使莠稗咸除,菁华毕出。是固文章之衡鉴,著作之渊薮矣。"①据此,总集可分为两大类:

---

① 〔清〕永瑢等撰:《四库全书总目》,中华书局1965年版,第1685页。

（一）务求全备的总集

即李元度所说的"征文"和魏源所说的"广存"。这一类总集的特点是不论作品的好坏长短,一律收罗,甚至连只言片语、断句零篇也囊括无遗,其目的是力求做到一个"全"字。如严可均辑的《全上古三代秦汉三国六朝文》,丁福保辑的《全汉三国晋南北朝诗》,彭定求等编的《全唐诗》,清嘉庆十九年编定的《全唐文》,郭元钎编的《全金诗》,唐圭璋编的《全宋词》,隋树森编的《全元散曲》等。也有书名虽未标明"全",但实际上也是力求完备的,如《文苑英华》《宋文鉴》《元文类》《明文海》《清文汇》《乐府诗集》《古诗纪》《历代赋汇》等。

由于一味求"全",就有可能出现兼收并蓄、精粗杂陈的现象,有的甚至到了不辨真伪、滥竽充数的程度。如宋洪迈编纂的《万首唐人绝句》,为了凑够一万首,竟收入非唐人之作,更有甚者,则将一首律诗人为割裂为两首绝句,荒唐至极。再如明张溥编纂的《汉魏六朝一百三家集》,也存在贪多务全、编排混乱的问题。正如《四库全书总目》所言:"卷帙既繁,不免务得贪多,失于限断,编录亦往往无法,考证亦往往未明。"①

虽然这类总集所收的作品良莠不齐、鱼龙混杂,但钩沉、辑录之功旷日持久,良非易事,可为后人节省无数时间和精力,亦可谓嘉惠学林,功德无量。

（二）采摘精华的总集

即李元度所说的"选文",魏源所说的"审取",通常称为

---

① 〔清〕永瑢等撰:《四库全书总目》,中华书局1965年版,第1723页。

"选本"。编纂者为了推荐范文,采取宁缺毋滥、去粗取精的原则,可谓"删汰繁芜,使菁秕并除,菁华毕出"。最为典型的就是梁萧统的《文选》。《文选》之后,历代效仿者极多,如《古文观止》《六朝文絜》《唐诗三百首》《千家诗》《列朝诗集》《唐宋八大家文钞》《唐诗别裁集》等。正因为如此,清代的管世铭就主张在传统的经、史、子、集之外,另立"选类"一门。

这种一味采集菁华的编纂方法也有其弊病,鲁迅在《选本》一文中,就以《文选》为例指出选本的局限:

> 选本可以借古人的文章,寓自己的意见。博览群籍,采其合于自己意见的为一集,一法也,如《文选》是。择取一书,删其不合于自己意见的为一新书,又一法也,如《唐人万首绝句选》是。如此,则读者虽读古人书,却得了选者之意,意见也就逐渐和选者接近,终于"就范"了。

> 读者的读选本,自以为是由此得了古人文笔的精华的,殊不知却被选者缩小了眼界,即以《文选》为例罢,没有嵇康《家诫》,使读者只觉得他是一个愤世嫉俗,好像无端活得不快活的怪人;不收陶潜《闲情赋》,掩去了他也是一个既取民间《子夜歌》意,而又拒以圣道的迂士。选本既经选者所滤过,就总只能吃他所给与的糟或醨。况且有时还加以批评,提醒了他之以为然,而默杀了他之以为不然处。①

袁枚《随园诗话》卷十四也谈到选本的七大弊病:管窥蠡测、削足适履、不辨真伪、学究条规、从宽滥录、点金成铁、徇

---

① 《鲁迅全集·集外集》第7卷,人民文学出版社2005年版,第138—139页。

人交情。[①]

四、总集的编辑体例

（一）按时代编排

1.通代。即兼收各个时期的作品，如《文选》《文章正宗》等。

2.断代。即专辑一个时期的作品，如《唐文萃》《宋文鉴》《明文海》《清文汇》《全唐诗》《全宋词》《全宋文》等。

（二）按地域编排

1.一地。即专辑一个地方的作品，如《丹阳集》《姚江逸诗》《临川文献》《金华文略》《会稽郡故书杂集》等。

2.多地。即兼收多个地方的作品，如《濂洛风雅》《广东诗粹》《山左明诗钞》等。

（三）按文学作品的体裁编排

1.专门辑录历代同一体裁者，如丁福宝的《全汉三国晋南北朝诗》，徐陵的《玉台新咏》。"玉台"源于"周王璧台之上，汉帝金屋之中"，即指"后庭"，《玉台新咏》意谓这是一部供后庭歌咏的新诗集。这部诗集出现在《文选》之后，选录了汉魏以后到梁代诗歌中有关男女闺情的作品，共计769篇，分为10卷。

2.专门辑录一代某一体裁作品者，如《唐诗别裁集》《宋诗钞》等。

---

① 参见〔清〕袁枚著：《随园诗话》卷十四，浙江古籍出版社2011年版，第275页。

3.汇辑各种文学体裁者,如《文苑英华》《唐文粹》等。

(四)按文学流派编排

如《西昆酬唱集》《花间集》等。北宋初年,杨亿、刘筠、钱惟演等人以所作唱和之诗,编为一卷,名曰《西昆酬唱集》,其诗大抵宗奉唐李商隐、温庭筠,追求辞藻,好用典故,文字绮丽而语意轻浅,一时慕之,号曰"西昆体"。金元好问诗:"望帝春心托杜鹃,佳人锦瑟怨华年。诗家总爱西昆好,独恨无人作郑笺。"《花间集》为五代后蜀赵崇祚编,收录晚唐五代18家词500首,编为10卷,为现存最早的词总集。集中大多为冶游享乐之作,语多浓艳。后称风格香艳的词派为"花间派"。

(五)按家族编录

如《窦氏联珠集》《吴越钱氏传芳集》《文氏五家诗》等。

第二节 萧统和《文选》的编辑

一、萧统其人

萧统(501—531),字德施,小字维摩,兰陵(今江苏常州西北武进附近)人,系南朝梁武帝萧衍之长子。萧统出生第二年即被册立为太子。《梁书》上称其"生而聪睿,三岁受《孝经》《论语》,五岁遍读《五经》,悉能讽诵"[1]。"美姿貌,善举止。读书数行并下,过目皆忆。每游宴祖道,赋诗至十数韵。或

---

① 〔唐〕姚思廉撰:《梁书·昭明太子传》卷八,中华书局1973年版,第165页。

命作剧韵赋之,皆属思便成,无所点易。"①可惜的是,天不假年,萧统英年早逝,谥曰昭明,因此后人称其为昭明太子。

萧统虽然短命,但知识非常渊博,他酷爱文学,信佛能文,所作多宣扬佛学,表现贵族生活情趣。他经常召集引纳多才之士共同切磋。当时一些名士如刘孝绰、王筠、殷芸、到洽、刘勰等,均为东宫属官。萧统对他们颇为礼遇,他"性宽和容众,喜愠不形于色,引纳才学之士,赏爱无倦"②,经常和他们"讨论篇籍","商榷古今"。他广泛搜集书籍,聚书近三万卷,研读不倦,著述不辍,可谓"名才并集,文学之盛,晋、宋以来未之有也"。③

萧统雅好文学,著述颇丰,所著《文集》20卷(今残存6卷),《正序》10卷,《文章英华集》20卷,均已失传。明代有人辑为《昭明太子集》,清人严可均辑《全梁文》中有《昭明太子集》1卷。

二、《文选》的编辑

(一)规模及内容

《文选》是中国现存编选最早的诗文总集,它选录了自先秦(东周)至南朝齐梁年间的八九百年间、129位作者共计752余篇(首)各种体裁的文学作品。因系梁代昭明太子萧统主持编选,故称《昭明文选》。《文选》主要收录诗文辞赋,除了少

---

① 〔唐〕姚思廉撰:《梁书·昭明太子传》卷八,中华书局1973年版,第166页。

②③ 〔唐〕姚思廉撰:《梁书·昭明太子传》卷八,中华书局,1973年版,第167页。

数赞、论、序、述被认为是文学作品而收入外,一般不收经、史、子等学术著作。

《文选》全书共30卷,分为赋、诗骚、七、诏、册、令、教、文、表、上书、启、弹事、笺、奏记、书、檄、移、对问、设论、辞、序、颂、赞、符命、史论、史述赞、论、连珠、箴、铭、诔、哀、碑文、墓志、行状、吊文、祭文等38类。大致可以分为辞赋、诗歌和杂文三大类,计辞赋99篇,诗歌434篇,杂文219篇。需要说明的是,《文选》中的"文"是广义的,既有有韵之文,也有无韵之文,因此把诗歌和辞赋都收录在内。

(二)《文选》的编排方法

《文选》收录作家上起子夏(《文选》所署《毛诗序》的作者)、屈原,下迄当时的梁朝,但不收录在世者的作品。书中所收的作家,最晚的陆倕卒于梁普通七年(526年)。全书收录作品514题,所编排的方法是:"凡次文之体,各以汇聚。诗赋体既不一,又以类分。类分之中,各以时代相次。"①

从分类的实际情况来看,先是将各种文体大致划分为辞赋、诗歌、杂文三大类,在此基础上,又分为赋、诗、骚、七、诏、册、令、教等38小类。其中,辞赋和诗歌所占比重最多,因此又根据内容把辞赋分为京都、郊祀、耕籍、畋猎、纪行、游览、宫殿、江海、物色、鸟兽、志、哀伤、论文、音乐、情等15门,把诗分为补亡、述德、劝励、献诗、公宴、祖饯、咏史、百一、游仙、招隐、反招隐、游览、咏怀、哀伤、赠答、行旅、军戎、郊庙、乐府、

---

①〔梁〕萧统编,〔唐〕李善注:《文选·序》,上海古籍出版社1986年版,第3页。

挽歌、杂歌、杂诗、杂拟等23门。此外,又把杂文分为移、檄、设论、辞、颂、赞、符命、史论、史述赞、铭、诔、哀、吊文等13门。这样的分类体现了萧统等人对古代文学发展,尤其是对文体分类及源流的理论观点,反映了文体辨析在当时已经进入了非常细致的阶段。

第三节 《文选》的编辑特色

一、明确的选录标准

《文选》是一部文学作品选集,而不是文章总汇,其选录标准突出一个"文"字,即"必文而后选,非文则不选也"。那么,究竟什么样的文章才能称得上"文"呢? 那就是"事出于沉思,义归乎翰藻"。"事"指诗文作品所反映的对象,要有具体的内容,而非空洞无物的词藻;"沉思"是指诗文的立意谋篇,作者要经过精心的构思。"义"是作品要具有一定的思想性,"翰藻"是作品要具有一定的文采,就是诗文的思想内容,要用有文采的语言表达出来。这也恰好印证了孔子所说的"言之无文行之不远"。用现在的话来说,就是作品要达到思想性和艺术性的统一,或者说是内容和形式的统一。

按照这一选录标准,《文选》所编选的作品,"辞藻华丽、声律和谐的楚辞、汉赋和六朝骈文占了相当大的比重,诗歌方面也多选了对偶诗句比较严谨的颜延之、谢灵运等人的作品"①。

①《文选》出版说明,中华书局1977年版。

二、合理的编辑分类体系

《文选》所收作品众多,这些作品时代不同,作者不同,体裁不同,内容不同,因此在编选过程中对其进行分类尤为重要。应该说,分门别类是编选者遇到的主要问题。实际上,能够对收录作品进行科学准确的分类是一个编辑人员的基本功。

在《文选·序》中,萧统所阐明的编辑分类原则是:"凡次文之体,各以汇聚。诗赋体既不一,又以类分;类分之中,各以时代相次。"

按照这个以文入类的编辑原则,《文选》将选录的诗文先按体裁分为37体(大类),然后又根据作品内容的不同,分为各种小类,在各小类中又按作家、作品的年代先后进行编排。

这种先类别后编年的编辑体例,反映了当时所能达到的编辑水平,在当时是非常科学的。而且,这些分类方法对以后的文体划分也产生了重要的影响。但由于分类过于碎杂,因而也遭到后世一些学者如章学诚、俞樾等人的批评。

三、精细的加工

萧统等人编辑《文选》时并非原文照录,而是对所收录的作品进行较为精细的加工,使得作品内容更为可靠,文字更为准确。

(一)对作品题目进行改定

如贾谊的《过秦》在其《新书》中为三篇,《文选》只选其一,题目改为《过秦论》。

（二）对作品的内容进行修订

如班固的《两都赋》在收入《文选》时，增加了部分文字，使内容更为完整。

（三）对作品的文字进行必要的加工

由于作品在流传过程中多有脱误，萧统等人在编辑过程中进行了订正，使选文的质量得到明显的提高。

四、详今略远

文学发展的规律是形式的逐渐多元化，萧统在编辑《文选》过程中也遵循着这个规律，尽量选择不同体裁的作品，故先秦以降，入选作品的数量呈现逐代增加的趋势。比如，就作者而言，周代只有4家，西汉只有18家，晋代则有45家；就作品而论，晋代之前，屈原选了10篇，宋玉选了11篇，司马相如选了7篇，曹植选了32篇；晋代之后，陆机选了113篇，谢灵运选了41篇，江淹选了35篇，大大超过前人。到了萧统本人所处的梁代，入选者最多，可谓详今略远，后来居上。这也说明，入选的多少，并非按照作者在文学史上的地位，而是按时代的远近作为衡量的标准。

五、不显当世

即不选录在世人（活人）的作品。尽管《文选》在编辑方法上厚今薄古，详今略远，但却不收录在世人的作品。根据宋晁公武《郡斋读书记》卷四，《文选》收录的梁代作家有任昉、江淹、邱迟、范云、徐悱、刘峻、沈约、虞羲、陆倕等9人，均在《文选》成书前去世，而同时代的何逊、刘孝绰、王筠等人，尽管均为当时有名的诗文高手,但因其在世,即使诗文再好,也不能入选。萧统本人是当时有名的文学家,著作颇多,但却连一篇(首)作品也没有选入其中。这可以说是开了一个"不塞私货"的好头,值得后人效法。

《文选》成书之后,一些早于它的文学总集就逐渐被淘汰,《文选》则成为一部最重要的文学读本,流传极广,影响深远。从隋代开始,研究《文选》就成为专门的学问,成为"文选学"。唐代以诗赋取士,士子必须研读《文选》才有可能得到选拔的机会,因此,杜甫教育自己的儿子要"熟读《文选》理,休觅彩衣轻"。宋代重辞科,《文选》更加受到人们的重视,于是有"《文选》烂,秀才半"(陆游《老学庵笔记》)之说。对于《文选》所选的文章,人们不仅将其当作范文反复研读,而且将其当作字书(其中有大量的新字)、类书(有许多分门别类的知识)来看。《文选》中所选的诗歌,后来也成为人们揣摩、模仿的典范,称为"选体"。这些,也都足以说明《文选》的价值和影响。

第四节　萧统的编辑思想

一、重教化、重思想内容

中国自古以来就有"文以载道"的传统。《尚书·舜典》中有"诗言志",孔子则曰:"小子何莫学乎《诗》?《诗》可以兴,可以观,可以群,可以怨。迩之事父,远之事君,多识于鸟兽草木之名。"曹丕《典论·论文》中有"文章,经国之盛事,不朽之大业"的说法。这就说明,中国历朝历代从统治者到"意见领袖",都非常重视文艺作品的"教化"和"风化"作用,这也成为众多文艺创作者的一个准则。

萧统认同和继承了这个传统,并在《文选·序》中进一步阐明了这个观点:

> 诗者,盖志之所之也,情动于中而形于言。《关雎》《麟趾》,正始之道著;桑间濮上,亡国之音表。故《风》《雅》之道,粲然可观。自炎汉中叶,厥途渐异。退傅有"在邹"之作,降将著"河梁"之篇;四言五言,区以别矣。又少则三字,多则九言,各体互兴,分镳并驱。颂者,所以游扬德业,襃赞成功。吉甫有"穆若"之谈,季子有"至矣"之叹。舒布为诗,既言如彼;总成为颂,又亦若此。次则箴兴于补阙,戒出于弼匡。论则析理精微,铭则序事清润,美终则诔发,图像则赞兴。又诏诰教令之流,表奏笺记之列,书誓符檄之品,弔祭悲哀之作,答客指事之制,三言八字之文,篇辞引序,碑碣志状,众制锋起,源流间出。譬陶匏异器,并为入耳之娱;黼黻不同,俱为悦目之玩。作者之致,盖云备矣!

> 余监抚余闲,居多暇日。历观文囿,泛览辞林,未尝不心游目想,移晷忘倦。自姬汉以来,眇焉悠邈,时更七代,数逾千祀。词人才子,则名溢于缥囊;飞文染翰,则卷盈乎缃帙。自非略其芜秽,集其清英,盖欲兼功,太半难矣!若夫姬公之籍,孔父之书,与日月俱悬,鬼神争奥,孝敬之准式,人伦之师友,岂可重以芟夷,加之剪截?老、庄之作,管、孟之流,盖以立意为宗,不以能文为本,今之所撰,又以略诸。若贤人之美辞,忠臣之抗直,谋夫之话,辨士之端,冰释泉涌,金相玉振。所谓坐狙丘,议稷下,仲连之却秦

军,食其之下齐国,留侯之发八难,曲逆之吐六奇,盖乃事美一时,语流千载。概见坟籍,旁出子史;若斯之流,又亦繁博。虽传之简牍,而事异篇章,今之所集,亦所不取。至于记事之史,系年之书,所以褒贬是非,纪别异同,方之篇翰,亦已不同。若其赞论之综缉辞采,序述之错比文华,事出于深思,义归乎翰藻,故与夫篇什,杂而集之。远自周室,迄于圣代,都为三十卷,名曰《文选》云耳。①

其中的"诗者,盖志之所之也,情动于中而形于言。《关雎》《麟趾》,正始之道著;桑间濮上,亡国之音表。故《风》《雅》之道,粲然可观"一段话,表明了萧统对文学作品教化作用的格外重视。

这一思想体现在他所编辑的《文选》一书中,其标志是《文选》的作品大多反映一定的社会现实,具有较为丰富的思想内容和较强的教化作用。如屈原的《离骚》《九章》,宋玉的《风赋》,司马迁的《报任安书》,贾谊的《过秦论》,诸葛亮的《出师表》等。

萧统对于屈原推崇备至,在《文选·序》中称:"楚人屈原,含忠履洁,君匪从流,臣进逆耳,深思远虑,遂放湘南。耿介之意既伤,壹郁之怀靡诉。临渊有怀沙之志,吟泽有憔悴之容。骚人之文,自兹而作。"②

萧统重文章教化的思想,在他为《陶渊明集》所作的序中

---

① 〔梁〕萧统编,〔唐〕李善注:《文选·序》,上海古籍出版社1986年版,第2—3页。
② 〔梁〕萧统编,〔唐〕李善注:《文选·序》,上海古籍出版社1986年版,第1页。

也表现得非常明显："尝谓有能读渊明之文者,驰竞之情遣,鄙吝之意祛,贪夫可以廉,懦夫可以立,岂止仁义可蹈,亦乃爵禄可辞! 不劳复傍游太华,远求柱史,此亦有助于风教尔。"①

二、重"辞采""文华"

中国尽管是诗的国度,早期有《诗经》《楚辞》两部作品,但长期以来,纯文学一直处于经史的附庸地位,很少有人专门论述其自身的特点以及与经、史、子等著作的不同之处。萧统通过编辑《文选》,赋予了文学作品独立的地位,将文学作品与非文学作品做了较为严格而科学的区分。

首先,他认为儒家奉为经典的经书重在道德教化,难以进行编辑剪裁:"若夫姬公之籍,孔父之书,与日月俱悬,鬼神争奥,孝敬之准式,人伦之师友,岂可重以芟夷,加之剪截?"

其次,他认为诸子百家的文字缺乏文采:"老、庄之作,管、孟之流,盖以立意为宗,不以能文为本,今之所撰,又以略诸。"

第三,他认为古代的上书、谋略、外交等辞令过于繁琐冗长:"若贤人之美辞,忠臣之抗直,谋夫之话,辨士之端,冰释泉涌,金相玉振。所谓坐狙丘,议稷下,仲连之却秦军,食其之下齐国,留侯之发八难,曲逆之吐六奇,盖乃事美一时,语流千载。概见坟籍,旁出子史;若斯之流,又亦繁博。虽传之简牍,而事异篇章,今之所集,亦所不取。"

第四,他认为史书的内容过于平实,不够华美:"至于记事之史,系年之书,所以褒贬是非,纪别异同,方之篇翰,亦已

①逯饮立注:《陶渊明集》,中华书局1979年版,第10页。

不同。"

那么,萧统认为哪一类文章更符合文学的标准有资格进入《文选》呢?那就是:"若其赞论之综缉辞采,序述之错比文华,事出于深思,义归乎翰藻,故与夫篇什,杂而集之。"

三、崇真情、尚淳朴

杜甫《戏为六绝句》其五云:"不薄今人爱古人,清词丽句必为邻。窃攀屈宋宜方驾,恐与齐梁作后尘。"这首诗从一个侧面说明了齐梁之文重形式轻内容,流于浮艳,文学创作以绮靡婉丽、风花雪月为主流的状况。萧统在编辑《文选》的过程中,有意识地纠正了重浮华、轻淳朴的倾向。

例如,东晋诗人陶渊明出身低微,诗风淳朴率真,意境深远,但长期以来并不为时人所重。萧统不仅为陶渊明编订了集子,写了序言,作了《陶渊明传》,对陶渊明的人品与作品推崇备至,称赞有加。而且,在《文选》中收录了陶渊明的《读山海经》《咏贫士》《杂诗》《拟古》《挽歌》《归去来辞》等,这些作品,都是以率真、质朴见长。

萧统重真情、尚淳朴的编辑思想,还体现在他对待齐梁时代绮艳之作的态度上。例如,他的弟弟、梁简帝萧纲提出:"立身先须谨重,文章且需放荡",提倡艳情的宫体诗。这些宫体诗,被徐陵的《玉台新咏》大量采录,而《文选》则一概弃而不选。

第五讲
类书以及《艺文类聚》的编纂

第一节　类书概说

一、类书的含义

"类书"最早出现于五代后晋刘昫撰写的《旧唐书》,其《经籍志·子部》立有"类事"一目,著录书籍22部。北宋欧阳修等撰《新唐书》,改"类事"为"类书",从此确立了"类书"之名,一直延续至今。

究竟什么是类书,古人并没有一个明确的定义。从类书的内容和编纂方法及特点来看,可以这样来定义类书:类书是古代一种将各门类或某一门类的文献资料辑录出来,按照一定的方法(如按类、韵、字等)编排,以便于查检和征引的工具书。类书即因类聚资料而得名。

二、类书的特点

(一)录而不作

即单纯汇辑罗列现有的资料,基本没有编者自己的论述或考辨,类似现在的编辑作品。

（二）分门别类

即对搜集来的资料分类编排。

三、类书的分类

（一）综合性类书

综合性类书所纂辑的资料涉及门类非常广泛，举凡天文地理、花鸟鱼虫、衣食住行、典章制度等，均在收录之列，可以查找多方面的资料。综合性类书是类书的主要形式，如《北堂书钞》《艺文类聚》《太平御览》等。这种类书类似现代的百科全书，所不同的是类书只罗列原始资料，并不系统科学地介绍知识。

（二）专科性类书

专科性类书只搜集某一门类的资料，属于类书的分支。如《太平广记》专门汇集小说资料，《册府元龟》专门汇集历代君臣事迹。

四、类书的用途

（一）查找百科资料

中国典籍浩如烟海，这既是一种宝贵财富，也是一种沉重的负担，因为要从这些典籍中查找资料，往往如大海捞针。类书将同类资料汇编在一起，为查找资料提供了极大的方便。

（二）考订校勘古籍

类书的资料是从大量的典籍中摘录出来的，而这些典籍大多已经散失亡佚。因此，类书在很大程度上保存了许多原始资料。这样,就可以利用类书对有关资料进行考证校勘。

(三)辑录整理佚书佚文

由于类书的编纂年代较早,吸纳了大量的典籍和文献,因此利用类书可以从中辑录整理佚书佚文。比如,在宋欧阳修的《五代史记》(后称《新五代史》)流传之后,宋薛居正的《旧五代史》就逐渐湮没,以致散佚,直到清乾隆年间修《四库全书》时,纂修官邵晋涵从《永乐大典》《册府元龟》《太平御览》等类书中,将这部散失已久的《旧五代史》辑录出来。可见类书的用途非同一般。另外,类书中也收录了大量的诗文作品,可以辑出许多佚文。因此,类书又称为"宝山"。

五、类书的缺陷

第一,大多抄自前人著作,许多资料不具有原始性。

第二,即便摘录原书资料,也常常存在随意删节、无端拼合的情况。

第三,类书中的有些材料是编者凭记忆写出,容易产生错误。

第四,即便类书原本没有错误,但由于类书本身在流传过程中被反复传抄翻刻,同样容易出现错误。

第二节 欧阳询和《艺文类聚》

一、欧阳询其人

欧阳询(557—641),字信本,潭州临湘(今湖南长沙)人。

陈武帝永定元年(557)生于广州,祖籍渤海千乘(今山东高青)。欧阳询出生时,南北对峙的局面已经进入尾声,南方的最后一个政权陈朝(557—589)拉开了序幕。欧阳询的祖父欧阳颁在刚刚建立的陈朝地位显赫,官居大司空(即御史大夫,掌副丞相事,监管监察、执法及文书图籍)。其父欧阳纥为广州刺史,有干略,颇具政绩,史称"威惠著于百越"。陈宣帝陈顼因欧阳纥久在外郡,疑其怀有贰心,遂征其入朝拜为左卫将军。欧阳纥心生恐惧,乃据广州起兵反叛,兵败伏诛,家口籍没。在这场事变中,欧阳询因躲藏及时而免遭杀身之祸,被其父至交尚书令江总收养,时为太建二年(570)正月,欧阳询14岁。江总对欧阳询非常关爱,教导其读书、写字、算数等。

欧阳询其貌不扬,身材短小瘦弱,到晚年尤甚。其同僚长孙无忌曾作诗嘲讽、调侃道:"耸膊成'山'字,埋肩畏出头。谁家麟阁①上,画此一猕猴。"②但他从小聪敏绝伦,读书能一目十行,很快便博通经史。《新唐书·儒学传》称其"每读皆数行同尽,遂博贯经史"③。

公元589年,欧阳询33岁的时候,杨坚灭陈建立隋朝,统一全国,结束了南北对峙的局面。欧阳询终于有了出头之日,他随养父江总入隋,北上长安。在杨隋时期,欧阳询的仕

---

①麟阁是麒麟阁的简称,为图绘功臣之所。《文选》虞子阳《咏霍将军北伐诗》:"当今麟阁上,千载有雄名。"

②〔清〕丁福保辑:《历代诗话续编》(上),中华书局2001年版,第20页。

③〔宋〕欧阳修、宋祁撰:《新唐书·儒学传》卷一百九十八,中华书局1975年版,第5645页。

途并不得意，仅当过太常博士（掌引导乘舆，议定王公以下谥号。唐后兼掌撰《五礼仪注》、祭祀等）。隋炀帝杨广诏令左仆射杨素重修《魏书》时，他曾参加编撰，此事后因杨素去世而搁浅。当时的地方军政长官李渊与他非常要好，交情颇厚，引为幕府宾客。

武德元年（618），李渊建立了唐朝（618—907），是为唐高祖。此时，欧阳询已经62岁。李渊念旧，非常器重这位老朋友和老部下，多次提拔他，位至给事中（多由名儒、国亲担任，因给事于殿中，故名，掌顾问应对，平尚书奏事）。

秦王李世民发动玄武门政变之后，李渊退位，李世民即皇帝位，是为唐太宗。由于欧阳询属于太子李建成集团中人，因此被李世民从中枢调入东宫，降为新太子的辅臣，初为太子中允，后为太子率更令（掌宗族次序、礼乐），弘文馆学士（掌校理典籍、教授生徒并参议政事），因此，欧阳询又称"欧阳率更"。尽管李世民出于政治需要曾给欧阳询封爵为渤海县开国男，官至三品银青光禄大夫，但实际已是一位被投闲置散的文儒老臣。

除了博学和资历，欧阳询还是一位杰出的书法家。他师法王羲之，但并不囿于一家，而能博取众长，转益多师。《新唐书·儒林传》载："询初仿王羲之书，后险劲过之，因自名其体。尺牍所传，人以为法。高丽尝遣使求之。帝叹曰：'彼观其书，固谓形貌魁梧邪？'尝行见索靖所书碑，观之，去数步复返，乃疲，乃布坐，至宿其傍，三日乃得去。其所嗜类此。"[①]他

---

① 〔宋〕欧阳修、宋祁撰：《新唐书·儒学传》卷一百九十八，中华书局1975年版，第5645—5646页。

的书法,点画劲健,瘦劲中不乏内涵;结体稳重,平稳中不乏险峻;布局匀称,和谐自然。唐初大书法家虞世南称其作书"不择纸笔,皆得如志"。

欧阳询的书法在中国书法史上占有重要的地位。他的楷书与颜真卿、柳公权、赵孟𫖯合称"楷书四大家",但实居其首。直到今天,欧阳询的书法仍是人们临习的范本,其主要作品有《皇甫诞碑》《化度寺邕禅师塔铭》《九成宫醴泉铭》《仲尼梦奠帖》等,而尤以《九成宫醴泉铭》影响最大。

贞观十五年(641),欧阳询去世,享年85岁,堪称唐朝初年高寿的学者和书法家。

二、《艺文类聚》的编纂

(一)编辑过程

唐武德五年(622),唐高祖李渊诏令编纂《艺文类聚》,学识渊博而又德高望重的欧阳询受命担任主编。参与其事者有秘书丞令狐德棻、侍中陈叔达、太子詹事裴矩、詹事府主簿赵弘智、齐王府文学袁朗等十余人,可谓阵容强大,皆一时之选。经过近三年的工作,《艺文类聚》于武德七年九月十七日(公元624年11月3日)书成奏上。李渊甚为高兴,特赐帛二百段以示奖掖。

(二)编辑体例

《艺文类聚》书成之后,欧阳询写了一篇短序,说明了该书的编辑体例和编辑方法。

> 叙曰:夫九流百氏,为说不同。延阁石渠,架藏繁积。周流极源,颇难寻究。披条索贯,日用弘多。卒欲摘其菁

华,采其指要,事同游海,义等观天。皇帝命代膺期,抚兹宝运,移浇风于季俗,反淳化于区中。戡乱靖人,无思不服。偃武修文,兴开庠序。欲使家富隋珠,人怀荆玉。以为前辈缀集,各抒其意。流别《文选》,专取其文。《皇览》遍略,直书其事。文义既殊,寻检难一。爰诏撰其事且文,弃其浮杂,删其冗长,金箱玉印,比类相从,号曰《艺文类聚》。凡一百卷,其有事出于文者,便不破之为事,故事居其前,文列于后。俾夫览者易为功,作者资其用,可以折衷今古,宪章坟典云尔。①

《艺文类聚》共100卷,100余万字,先按照内容分为46部:天、岁时、地、州、郡、山、水、符命、帝王、后妃、储宫、人、礼、乐、职官、封爵、治政、刑法、杂文、武、军器、居处、产业、衣冠、杂器物、巧艺、方术、内典、灵异、火、药香草、宝玉、鸟、兽、鳞介、虫豸、祥瑞、灾异。在划分46部的基础上,又对每部细分为727子目。如"产业部"两卷中,分别有农、田、园、圃、蚕、针、市和田猎、钓、钱9个子目。各子目先辑录经史百家中相关的事典掌故,然后罗列于本子目相关的诗文作品,前者为"事",后者为"文"。

如"山部"之下有子目24个,分别为"总裁山""昆仑山""嵩高山""华山""衡山""庐山""太行山""荆山""钟山""北芒山""天台山""首阳山""燕然山""罗浮山""九嶷山""虎丘山""蒜山""石帆山""石鼓山""石门山""太平山""岷山""会稽诸山""交广诸山"。

---

① 〔唐〕欧阳询撰:《艺文类聚》(上),上海古籍出版社1999年版,第27页。

下面以"庐山"为例。

先列"事"：

《山海经》曰："庐山名有二：一曰天子都，二曰天子鄣。"伏滔《游庐山序》曰："庐山者，江阳之名岳。其大形也，背岷流，面彭蠡，蟠根所据，亘数百里，重岭桀嶂，仰插云日，俯瞰川湖之流焉。"远法师《庐山记》曰："东南有香炉山，孤峰秀起，游气笼其上，则焚氲若烟。"

随后，又列举了葛洪《神仙传》、张野《庐山记》、周景式《庐山记》中有关庐山的记载。

后列"文"：

先是诗，分别为（一）宋谢灵运《登庐山绝顶往诸峤》："积峡忽复启，平途俄已闭。峦陇有合沓，往来无踪辙。昼夜蔽日月，冬夏共霜雪。"（二）宋鲍照《登庐山》："悬装乱水区，旅薄次山楹。千岩状岨积，万壑势回萦。峻崎高昔貌，纷乱袭前名。洞涧窥地脉，竦树隐天经。松磴上迷密，云窦下纵横。阴冰实夏结，炎树信冬荣。"（三）鲍照《登庐山望石门》。（四）梁江淹的《登庐山香炉峰》。

再是赋，收录宋支昙谛的《庐山赋》。

最后是碑，收录梁元帝的《庐山碑序》。

（三）编辑方法

具体而言，《艺文类聚》的编辑方法体现在如下几个方面：

第一，创立事文合璧的类书体例。欧阳询认为，类书《皇览》博采（即"遍略"）众书，但只是摘引其中的叙事部分，分门别类加以排比，而与之相关的大量诗文不予采录，是其大缺憾;《文选》按文体分类选录(即"流别")诗文,而排除经、史、诸子,因此忽略了纪事部分,也是一大缺憾。如果将其二者一并用来翻检,又存在内容交叉,十分不方便,因此,《艺文类聚》就要克服二者的缺陷,创立叙事、诗文合璧的新型体例,做到双向互补,彼此呼应,便于查找、利用。

第二,确立事前文后的编排次序。先看几个实例:如《艺文类聚卷一·天部上·天 日 月 星 云 风》中的"天",凡是《周易》《尚书》《礼记》《论语》《老子》《春秋繁露》《尔雅》《黄帝素问》《庄子》《申子》《文子》《太玄》《皇览记》《礼统》《广雅》《吕氏春秋》《列子》《说苑》《白虎通》《蜀志》以及张衡《灵宪》,徐整《三五历纪》中有关"天"的表述,均原文照录,可谓巨细靡遗。

再如,《艺文类聚·人部十二·游览》,则把《穆天子传》《史记》《庄子》《楚辞》《淮南子》《战国策》《说苑》《新序》《列女传》《世说》等文献有关游览的记载汇集在一起。在注明了有关游览一事相关出处之后,分别为诗、赋、叹、书等文体中有关游览的作品。

在欧阳询看来,叙事和诗文的地位是有区别的,不能等量齐观,相提并论。

叙事部分是有关门类的主体,承担叙述、阐释和譬喻的职责,因而是经、是纲,应置于前面。诗文则是围绕叙事而展开的描述铺陈,因而是纬、是目,应放在后面。另外,由于叙事单一,各部目一致,而诗文种类繁多,篇幅数量差距都很大,采取"事前文后"的次序,不仅层次分明,而且可以让人一目了然。

第三,沿袭比类相从的编纂手法。按照部目的体例分门别类地排比资料,是类书的共性,也是类书的特色。《艺文类聚》遵循这一方法,将完整的文献典籍分解为片断零句,按照相关的内容重新组合,形成板块结构,体现出大分散小集中的特点。这样的编排方式,便于读者定向查阅,会通众家,集中玩味,类比联想。

第四,坚持弃杂取精的摘录标准。编纂类书,最大的困难不是材料太少,而是材料太多,难以取舍。由于部头所限,编者不可能将浩如烟海的文献资料一字不漏地收入其中,而只能是"弃其浮杂,删其冗长",即在不改变作品原意的前提下,选取其中的核心文字。《艺文类聚》自始至终坚持了这个标准,因而精简了篇幅,突出了主题,也节省了翻检、阅读的时间。

第五,注重保持原文的完整性。《艺文类聚》所征引的文字大多为全篇或意义完整的段落,不任意割裂,更不断章取义。据统计,《艺文类聚》所引古籍达1431种,其中十之八九都已亡佚,这些完整的篇目和段落就为古籍校勘、辑佚等提供了极大的方便,体现了其重要的文献价值。

第三节　《艺文类聚》的缺陷

尽管《艺文类聚》具有重要的实用价值和文献价值,堪称古代社会的一部小型百科全书,欧阳询等人也为此付出了很大的努力,是为类书中的代表。但是,由于这部类书出自多人之手,难免存在一些不足之处。

一、分类不够科学

《艺文类聚》的分类反映了当时人们对学科门类的认知水平，虽然有不少可以称道之处，但也存在了"繁简失宜，分合失当"的问题。对此，《四库全书总目提要》就曾指出："如山水部五岳存三，四渎阙一。帝王部三国不录蜀汉，北朝惟载高齐。储宫部公主附太子而诸王别入职官。杂文部附纸笔砚。而武部外又别出刀、匕首等为军器一门。道路宜入地部，坛宜入礼部，而列之居处。针宜入器物，钱宜入宝玉，而列之产业。案、几、杖、扇、麈尾、如意之类宜入器物，而列之服饰。疾病宜入人部，而列之方术。梦、魂魄亦宜入人部，而列之灵异。以及茱萸、黄连入木部，芙蓉、菱、藤入草部，鸿之外又别出雁，蚌之外又别出蛤，鹤之外别出黄鹤，马之外别出驹骓。如斯之类，皆不免丛脞少绪。"①

二、存在重要遗漏

尽管《艺文类聚》包罗万象，但也存在着明显的遗漏，如山部中缺少五岳中的"泰山"和"恒山"，水部中缺少"济水"，等等。反映了这部书在编辑过程中的草率。

三、文字、史实上的差错导致以讹传讹

宋代学者王楙的《野客丛书》指出了《艺文类聚》中几处明显的差错。如以《汉书》中的"长陵一抔土"为事，由于《艺

---

① 〔清〕永瑢等撰：《四库全书总目》，中华书局1965年版，第1142页。

文类聚》的编者误"抔"为"杯",因此将这个典故收入了"杯"类;再如"蒲柳"类中收录了赵高的"束蒲为脯"一事,《艺文类聚》称出自《史记》,但《史记》中并没有赵高的这篇文字。此外,彭叔夏的《文苑英华辨证》也曾指出,《艺文类聚》中所列举的"梁君射白雁亭"一事出自《庄子》,但《庄子》中并没有这句话。这些都容易导致以讹传讹,也给后人利用此书留下了障碍。

第六讲
政书及《通典》的编撰

第一节 政书概说

一、什么是政书

概括地说,古代记载典章制度沿革变化及政治、经济、文化发展状况的专书就是政书。具体而言,有土地、田赋、贡税、职官、礼俗、乐律、兵刑、科举等制度和法令,涉及政治、军事、经济、文化、教育等各个方面,其作用在于为政之鉴。

由于政书具有资料汇编的性质,同时具有工具书的某些特点,因此人们也将它归入工具书的范畴。

政书的名称是在清乾隆年间编修《四库全书》时确立的,但政书的起源却很早。典章制度的记载,可上溯到《周礼》和《礼记》中的《王制》《月令》《明堂位》等篇。司马迁《史记》中的"八书"——《礼书》《乐书》《律书》《历书》《天官书》《封禅书》《河渠书》《平准书》,是正史中记载典章制度最早的著作,第一次系统地记述了典章制度的原委;班固在编撰《汉书》的时候,把有关典章制度方面的记载称之为"志",将《史记》中的"八书"改写为《汉书》的"十志",如《食货志》《刑法志》《礼乐志》《艺文志》《律历志》《郊祀志》《天文志》《地理志》等,这些"志"都具有政书的性质。于是,后来的史书多用"志"来记述典章制度,但多限于一朝一代,且各史志反映方面不一,还有些史书无志,因此历代典章制度的沿革未能完整、系统地得到反映。要想了解某项典章制度的历史沿革和来龙去脉,就有赖于一些专门的政书。

二、政书的分类

(一)通古今的政书

其为贯通古今各个朝代典章制度的政书,类似《史记》这样的通史,只不过它属于一种专门性的通史,如唐朝杜佑的《通典》,宋朝郑樵的《通志·略》,元朝马端临的《文献通考》。即人们通常所说的"三通"。这三部书,是古代读书人的必读书,因此有"士不读三通,是为不通"之说。

(二)断代的政书

其为专门记载某一历史时期典章制度和法令规程的政书,类似《汉书》这样的断代史,包括"会要"和"会典"。其中,记载一代典章制度发展变化的政书是"会要",如《西汉会要》《东汉会要》《唐会要》等。记载一代行政机构职责及章程法令的政书是《会典》,如《唐六典》《元典章》《明会典》《清会典》等。

三、"十通"

"十通"是《通典》《通志》《文献通考》《续通典》《续通志》《续文献通考》《清朝通典》《清朝通志》《清朝文献通考》《清朝续文献通考》10部政书的合称。

《通典》是唐杜佑编著的一部通史性政书,作于安史之乱以后,共 200 卷,分食货、选举、职官、礼、乐、兵、刑、州郡、边防 9 门,每门又各分子目,并以年代为序,系统地记述了自上古黄帝至唐天宝末年的历代经济、政治制度的沿革变迁(其中一部分记述到唐代宗、德宗时)。

《通志》是南宋郑樵编著的一部仿《史记》而成的纪传体通史。分帝纪、皇后列传、年谱、诸略、列传等,上起三皇、下迄隋代(部分述至唐或北宋),共 200 卷。其中的"二十略"相当于纪传体史书中的"志",即典章制度。"二十略"为:氏族、六书、七音、天文、地理、都邑、礼、谥、器服、乐、职官、选举、刑法、食货、艺文、校雠、图谱、金石、灾祥、草木昆虫等,涉及政治、经济、学术、文化等各方面,内容较《通典》更为广泛。其中氏族、六书、七音、都邑、草木昆虫等 5 略,更为前史所无的作者独创,其价值也最大。因此,提到《通志》也主要是指其中的"二十略",近年来中华书局即出版了《通志二十略》,颇便于使用。

《文献通考》为元马端临编著,共 348 卷,分 24 考,叙载自上古至南宋宁宗嘉定末年的历代典制。其中田赋、钱币、户口、职役、征榷、市籴、土贡、国用、选举、学校、职官、郊社、宗庙、王礼、乐、兵、刑、舆地、四裔等 19 考,多为沿用《通典》现成资料而成,只增补了唐天宝以前,续补了天宝以后的史实。经籍、帝系、封建、象纬、物异等 5 考为新设门类。《文献通考》是研究宋史的重要文献。

清乾隆十二年(1747),武英殿刊印"三通",并设立"续文献通考馆"(后改名"三通馆"),命张廷玉等为总裁,齐召南等为纂修,陆续编成《续文献通考》250卷、《续通典》150卷、《续通志》640卷、《清朝通典》100卷、《清朝通志》126卷、《清朝文献通考》300卷。以上六部书皆仿效"三通"体例而成,分别称作"续三通"和"清三通",与"前三通"合称"九通"。"续三通"上接"前三通",叙事至明末,材料多取自宋、元、明史。"清三通"上接"续三通",叙事止于乾隆五十年(1785),材料多来源于当时文献。

1921年,刘锦藻又编成《清朝续文献通考》400卷,上接《清朝文献通考》,叙事止于清宣统三年(1911),分30门136类,记述清后期126年间各种典章制度的递嬗演变,材料之丰富,价值之高,仅次于"前三通"。其中新增外交(分交际、界务、传教、条约诸类),邮传(分总类、船政、路政、电政、邮政诸类),实业(分总务、农务、工务、商务诸类),宪政4考,反映了中国近代政治、经济体制变革的情况。该书与"九通"合称"十通",记载了从上古至清末的典章制度。

1935—1937年,上海商务印书馆把清光绪年间浙江书局刊本"九通"与《清朝续文献通考》合编成"十通"影印出版,并附《十通索引》。

第二节　杜佑及《通典》的编撰

一、杜佑其人

杜佑(735—812),字君卿,唐京兆万年(今陕西西安市杜典镇)人,出身于高门望族,家中世代为官。刘昫《旧唐书·杜佑传》:"(佑)曾祖行敏,荆、益二州都督府长史、南阳郡公。祖悫,右司员外郎、详正学士。父希望,历鸿胪卿、恒州刺史、西河太守,赠右仆射。"①杜希望一生政绩昭然,屡立军功,同时又爱重文学,门下所引如崔颢、王昌龄、高适、孟浩然等,皆为当时颇有影响的学者、诗人或文官。

杜佑家学渊源,自幼勤于读书,不喜论心性辞章,"不达术数之艺,不好章句之学",(杜佑自况)而是注重前代典章制度的历史沿革和来龙去脉,并潜心研究,终有大成。

杜佑18岁时,以父荫(封建时代帝王给功臣的子孙读书或做官的特权)入仕,先为幕府佐吏,久历社会基层,了解各种利弊;后屡被擢拔,曾任江淮青苗使、容管经略使、水陆转运使等职,所任官职均与国家财政有关,使其得以了解制度之得失。

杜佑晚年,身负朝廷重任,曾任德宗、顺宗、宪宗三朝宰相,兼理盐铁等使,封岐国公,是唐朝中期著名的政治家、理财家和史学家。

杜佑在唐玄宗至唐宪宗六个朝代(中间有肃宗、代宗、德宗、顺宗)长期为官,出将入相,公务繁忙,但仍手不释卷,博览群书,笔耕不辍。刘昫《旧唐书》称其:"性勤而无倦,虽位极将相,手不释卷;质明视事,接对宾客。夜则灯下读书,孜孜不怠。"②唐宪宗对他很是推崇,称其"博闻强学,知历代沿

---

① 〔后晋〕刘昫等撰:《旧唐书·杜佑传》卷一百四十七,中华书局1975年版,第3978页。

② 〔后晋〕刘昫等撰:《旧唐书·杜佑传》卷一百四十七,中华书局1975年版,第3983页。

革之要"。

二、《通典》的编撰

从现存的史料来看,会通古今的政书当属唐刘秩编的《政典》为最早。唐开元年间,刘秩采辑经史百家之言,取周礼六官所职,分门别类地记述了自黄帝至唐代开元、天宝间典章制度的兴废沿革,并评论其得失,共35卷。这是最早的一部典志体政书,书成后颇受赞誉。

杜佑感到此书还不够丰富完备,于是以《政典》为基础,广览博取,立志要编出一部更加详尽的政书。

根据史料记载,杜佑在任淮南节度使之时,即着手编撰《通典》,自代宗大历元年(766)至德宗贞元十七年(801),历时36年,全书方告完成,共计200卷。以一人之力,成此巨帙,可见用力之勤,用心之专,功力之深。《通典》完成之后,杜佑将其献给德宗皇帝,在《上通典表》中,杜佑阐述了编撰《通典》的初衷:

> 臣闻太上立德,不可庶几;其次立功,遂行当代;其次立言,见志后学。由是往哲递相祖述,将施有政,用乂邦家。臣本以门资,幼登官序,仕非游艺,才不逮人,徒怀自强,颇玩坟籍。虽履历叨幸,或职剧务殷,窃惜光阴,未尝轻废。夫《孝经》《尚书》《毛诗》《周易》《三传》,皆父子君臣之要道,十伦五教之宏纲,如日月之下临,天地之大德,百王是式,终古攸遵。然多记言,罕存法制,愚管窥测,莫达高深,辄肆荒虚,诚为臆度。每念懵学,莫探政经,略观历代众贤著论,多陈紊失之弊,或阙匡拯之方。臣既庸浅,宁

详损益,未原其始,莫畅其终。尚赖周氏典礼,秦皇荡灭不尽,纵有繁杂,且用准绳。至于往昔是非,可为来今龟镜;布在方策,亦粗研寻。自顷纂修,年逾三纪,识寡思拙,心昧辞芜。图籍实多,事目非少,将谓功毕,有愧乖疏,固不足发挥大猷,但竭愚尽虑而已。书凡九门,计二百卷,不敢不具上献,庶明鄙志所之,尘渎圣聪,兢惶无措。①

可见,杜佑之所以编撰《通典》,主要是因为传统的儒家典籍大多是有关伦理纲常之作品,而对于制度的来龙去脉、历史演变关注不够。而且,以前的一些书生所作的解释又往往空洞无物,不着边际。但是,详明制度,汲取治乱得失之经验教训,对于国家的长治久安至关重要,因此,就需要编写一部内容详实、具有应用价值的《通典》。

第三节　《通典》的编辑思路和编辑体例

一、编辑思路

在《通典》开篇,杜佑写下了这样一段话:

佑少尝读书,而性且蒙固,不达术数之艺,不好章句之学。所纂《通典》,实采群言,征诸人事,将施有政。夫理道之先,在乎行教化,教化之本,在乎足衣食。《易》聚人曰财。《洪范》八政,一曰食,二曰货。

《管子》曰:"仓廪实,知礼节;衣食足,知荣辱。"夫子

---

① 〔后晋〕刘昫等撰:《旧唐书·杜佑传》卷一百四十七,中华书局1975年版,第3983页。

曰:"既富而教。"斯之谓矣。夫行教化在乎设职官,设职官
在乎审官才,审官才在乎精选举,制礼以端其俗,立乐以和
其心,此先哲王致治之大方也。故职官设然后兴礼乐焉,
教化隳然后用刑罚焉,列州郡俾分领焉,置边防遏戎狄焉。
是以食货为之首,选举次之,职官又次之,礼又次之,乐又
次之,刑又次之,州郡又次之,边防末之,或览之者庶知篇
第之旨也。①

这一段自序说明了《通典》一书的编辑思路及所确立的
编辑体例。

《通典》的编辑思路可以概括为:区分主次,先后有序。
而区分主次的依据在于典章制度决定国家命脉的重要程度,
故经济制度、选举制度、政治制度(狭义的指政治体制、政府
机构的组织形式)三者至关重要,因此食货、选举、职官置于
前;礼、乐是维护统治的软手段,事关道德教化、世道人心,紧
随其后;兵、刑则是硬手段,是对礼、乐的补充和保证,不可或
缺,因此居于中。而全国的行政区划以及四方邻国,又都关
系国家的稳定和安全,因而州郡、边防殿于后。

二、编辑体例:以类相从,举其始终

《通典》的编辑体例,可以用"以类相从,举其始终"来概
括。所谓"以类相从",是指根据典章制度对于国家长治久安
的重要程度,分为食货、选举、职官、礼、乐、兵、刑、州郡、边防
等9个门类,每一门类下又分若干题目即小类。例如,《食货

---

① 〔唐〕杜佑撰:《通典》,王文锦、王永兴等点校,中华书局1988年版,
第1页。

典》分为田制、水利田、屯田、乡党①（附土断、版籍）、赋税、历代盛衰户口、丁中②、钱币、漕运、盐铁、鬻爵、榷酤③、算缗④、杂税、平准⑤（附均输⑥）、轻重⑦等16小类。

值得一提的是，在有些门类中，杜佑还在正文前后附有小序、略、总序之类的文字（相当于序跋），说明这类制度的起源和沿革，如《选举典》中有《选举序》，《职官典》中有《历代官制总序》《要略》《三公总叙》《总叙三师三公以下官属》等，《礼典》中有《礼序》《序例》，《乐典》中有《乐序》，《兵典》中有《兵序》，《刑法典》中有《刑法序》，《州郡典》中有《州郡序》，《边防典》中有《边防序》，等等。这些序，可以看作分类典章制度的一个提要或概说，也可以看作分类典章制度的纲领。

所谓"举其始终"，是指在具体内容的撰写和安排上，杜佑突破了断代的局限，详细记述了历代典章制度的源流。他在每一个类目下都首先注明时代断限，然后详细记载此类典章制度的古今演变情况。

例如，《职官典》中的"国子监祭酒"一职，杜佑是这样描述的：

> 孙卿在齐为三老，称祭酒。（胡广曰："凡官名祭酒，皆

---

① 即乡里。

② 古代征税、劳役，按年龄分两大类，一类称丁，一类称中。北齐规定男子18岁至65岁为丁，16岁至17岁为中。唐则男女16岁为中，21岁为丁。

③ 即酒类专卖。榷为专卖，酤为酒。

④ 即财产税。

⑤ 即官府转输物资、买进卖出、平抑物价的措施。

⑥ 是政府统一征收、买卖和运输货物以调剂各地供应的措施。

⑦ 指政府减税和增税的措施。

一位之元长。古者,宾得主人馔,则老者一人举酒以祭地。"故以祭酒为称。汉之侍中,魏之散骑常侍,功高者并为祭酒,用其义也。公府有祭酒,亦因其名。)汉吴王濞年老不朝,为刘氏祭酒,则祭酒之名久矣。又汉置博士,至东京,凡十四人,而聪明有威重者一人为祭酒,谓之博士酒,盖本为仆射,中兴转为祭酒。魏因之。晋武帝咸宁四年,初立国子学,置国子祭酒一人。[①]

以下依次为宋、齐、陈、后魏、北齐、隋、唐等朝代有关"祭酒"一职的设置。

第四节　《通典》的编辑特色

一、将《食货典》置于首位的结构安排,具有创新性

如前所述,《通典》编辑结构安排的先后次序是:食货、选举、职官、礼、乐、兵、刑、州郡、边防。以食货为先,是正史书志中所没有的。如《史记》《隋书》以"礼书""礼仪志"为先,《汉书》《晋书》《魏书》也是将"礼乐"置于"食货"之前,《后汉书》《宋书》《南齐书》干脆不设《食货志》。《通典》则一改前例,将《食货典》置于全书之首,这是一种创新。这种创新并非形式上的标新立异,而是杜佑富国安民治国思想的体现。他认为,经济是治国安邦的基础,是关系国计民生的大事,理应受到高度重视。

---

① 〔唐〕杜佑撰:《通典》,王文锦、王永兴等点校,中华书局1988年版,第763页。

二、创立会通古今的编纂方法，开创了典志体通史编辑新体裁

自司马迁著《史记》开创纪传体通史体例至盛唐时期的七八百年间，史学著作层出不穷，但大多为断代史。断代史的优点在于重点突出，断限明确，但不利于了解历史发展的全过程。杜佑编撰《通典》突破了历代正史书志编撰者只编一代或数代典章制度的旧框架，而是将历代正史书志材料融会贯通，编制成典章制度的通史。可以说，《通典》是一部典章制度通史，为后世开创了一种新的编辑体裁。南宋郑樵的《通志二十略》，元代马端临的《文献通考》基本上继承了杜佑的这种编撰方法。正如梁启超在《中国历史研究法》中所说：

> 纪传体中有书志一门，盖导源于《尚书》，而旨趣在专纪文物制度，此又与吾侪所要求之新史较为接近者也。然兹事所贵在会通古今，观其沿革。各史既断代为书，乃发生两种困难：苟不追叙前代，则源委不明；追叙太多，则繁复取厌。况各史非皆有志，有志之史，其篇目亦互相出入。遇所阙遗，见斯滞矣。于是乎有统括史志之必要。其卓然成一创作以应此要求者，则唐杜佑之《通典》也。其书"采五经群史，上自黄帝，至于有唐天宝之末。每事以类相从，举其始终，历代沿革废置，及当时群士论议得失，靡不条载，附之于事，如人支脉，散缀于体"。(李翰序文)此实史志著作之以进化也。其后元马端临仿之作《文献通考》，虽篇目较繁备，征引较杂博，然无别识，无通裁(章学诚《文史通

义》评彼书语），仅便翻检而已。[1]

三、创立别具一格的"自注"形式

在《通典》一书中，杜佑普遍采用了"自注"形式，这在古代史籍的编纂过程中实不多见。一般而言，史家著史，往往会遇到一些矛盾：收入史料过多，则有芜杂繁复之弊；收入史料过少，又有挂一漏万、沧海遗珠之憾。总而言之，中国史学前代尚简，后代尚繁。如陈寿之《三国志》仅为65卷，而脱脱之《宋史》则有496卷之多。杜佑通过采用"自注"的形式，较好地解决了这一矛盾。具体而言，是把那些重要的史料，经过加工剪裁，编入正文，成为著述，而把那些相对次要而又具有保留价值的史料归入"自注"，起到附注说明正文的作用。这种处理方式，既得史家著述之名，又不失保存史料之实，同时也免去后人增补作注之劳，可谓一举数得。

《通典》的自注概括起来有六类：一是解释文字之音义，二是补充必要之史料，三是说明有关之掌故，四是考证可疑之史料，五是交代内容之互见，六是阐明写作之意图。

四、重视群士议论得失的材料编选

中国古代史书中大都有"议论体例"，如司马迁《史记》之"太史公曰""或曰"等，虽名目繁多，但意思相似。唐刘知幾在《史通·论赞》中说：

---

[1] 梁启超：《饮冰室合集·中国历史研究法》专集之七十三，中华书局1989年版，第21页。

《春秋左氏传》每有发论,假"君子"以称之。二《传》云
"公羊子""穀梁子",《史记》云"太史公"。既而班固曰
"赞",荀悦曰"论",《东观》曰"序",谢承曰"诠",陈寿曰
"评",王隐曰"议",何法盛曰"述",扬雄曰"撰",刘昺曰
"奏",袁宏、裴子野自显姓名,皇甫谧、葛洪列其所号。史
官所撰,通称史臣。其名万殊,其义一揆。①

杜佑著《通典》则别出心裁,他不仅把议论体例分为"说"
"议""评"(有时也用"论")三种形式,而且均赋予其不同的
含义:

凡义有经典文字其理深奥者,则于其后说之以发明,
皆云"说曰"。凡义有先儒各执其理,并有通据而未明者,
则议之,皆云"议曰";凡先儒各执其义,所引据理有优劣
者,则评之,皆云"评曰"。他皆同此。②

这些议论体例不仅分工明确细致,而且在形式上亦十分
灵活。杜佑采用了三种编辑形式:一是在有关卷次之后,集
中选编"群士论议"资料;二是在同卷正文中,编辑制度沿革
与编录"群士论议"两者兼而有之;三是在同一卷中,以正文
编叙制度沿革,而以较大篇幅和"注文"编录"群士论议"。这
种编排方式,对于总结历史上兴衰成败的经验教训,对现实
发表自己的见解和评论,都具有重要的作用。

---

① 〔唐〕刘知幾撰,〔清〕浦起龙释:《史通通释》,上海古籍出版社1978
年版,第81页。
② 〔唐〕杜佑撰:《通典》,王文锦、王永兴等点校,中华书局1988年版,
第261页。

第五节 关于《通典》的评价

《通典》一经问世，即享有极高之评价。唐李翰在为《通典》所作的序中对杜佑的这部大书给予了高度评价：

> 今《通典》之作，昭昭乎其警学者之群迷欤！以为君子致用，在乎经邦，经邦在乎立事，立事在乎师古，师古在乎随时。必参今古之宜，穷始终之要，始可以度其古，终可以行于今，问而辨之，端如贯珠，举而行之，审如中鹄。夫然，故施于文学，可为通儒，施于政事，可建皇极。故采五经群史，上自黄帝，至于我唐天宝之末，每事以类相从，举其始终，历代沿革废置及当时群士议论得失，靡不条载，附之于事。如人支脉，散缀于体。[①]

刘昫《旧唐书·杜佑传》称该书："大传于时，礼乐刑政之源，千载如指诸掌，大为士君子所称。"元马端临在《文献通考序》中说：

> 唐杜岐公始作《通典》，肇自上古，以至唐之天宝，凡历代因革之故，粲然可考。其后，宋白尝续其书，至周显德。近代魏了翁又作《国朝通典》。然宋之书成而传习者少，魏尝属稿而未成书，今行于世者，独杜公之书耳，天宝以后盖阙焉。[②]

清章学诚称《通典》为"以典故而纪纲"，并视《通典》为史

---

① 〔唐〕杜佑撰：《通典》，王文锦、王永兴等点校，中华书局1988年版，第2页。

② 〔元〕马端临撰：《文献通考》，中华书局1986年版，第3页。

部四大通史,与《资治通鉴》《文献通考》《通志》并论。

清乾隆《御制重刻通典序》云:

> 此书则佑自言征于人事,将施有政,故简而有要,核而不文。观其分门起例,由食货以讫边防,先养而后教,先礼而后刑,设官以治民,安内以驭外,本末次第,具有条理,亦恢恢乎经国之良模矣。书曰:"学于古训乃有获。"为国家者,立纲陈纪,斟酌古今,将期与治同道而不泥其迹,则是书实考镜所必资,岂以供博览而已哉![①]

《四库全书总目》云:

> 然其博取五经群史及汉魏六朝人文集奏疏之有裨得失者,每事以类相从,凡历代沿革,悉为记载,详而不烦,简而有要,元元本本,皆为有用之实学,非徒资记问者可比。考唐以前之掌故者,兹编其渊海矣。……宋郑樵作《通志》与马端临作《文献通考》,悉以是书为蓝本,然郑多泛杂无归,马或详略失当,均不及是书之精核也。[②]

尽管《通典》广受赞誉,但也有可遭诟病之处,清代史学家王鸣盛在《十七史商榷》卷九十专门有《杜佑作〈通典〉》一节,其中批评《通典》"礼部"过于繁琐:

> 九门中礼居其一,然礼共一百卷,自四十一卷起至一百五卷止,既已历叙吉、嘉、宾、军、凶五礼矣,而于一百六卷以下至一百四十卷共三十五卷,俱撮取《大唐开元礼》之

---

①〔唐〕杜佑撰:《通典》,王文锦、王永兴等点校,中华书局1988年版,第5513页。

②〔清〕永瑢等撰:《四库全书总目》,中华书局1965年版,第694页。

文抄誊入之,仍以吉、嘉、宾、军、凶为次,何其繁复欤![1]

但是,《通典》毕竟是杜佑一人完成,不可能做到面面俱到,完美无缺。因此,固然应该肯定《通典》的价值,但也要看到其不完备之处。

---

[1]〔清〕王鸣盛撰:《十七史商榷》,黄曙辉点校,上海古籍出版社2013年版,第1329页。

第七讲
北宋初期四部大书的编纂

北宋初年,由官方组织编写了四部大书,根据其成书先后,分别为《太平广记》《太平御览》《文苑英华》和《册府元龟》。

第一节 四部大书的主要编撰者

一、李昉

李昉(925—996),字明远,宋代深州饶阳(今河北饶阳)人。其父李超、叔父李沼皆仕后晋。李沼无嗣,收襁褓中的李昉为义子。《宋史·李昉传》云:"初,沼未有子,昉母谢方娠,指腹谓叔母张曰:'生男当与叔母为子。'故昉出继于沼。"①

由于战乱频仍,朝代更替频繁,李昉也像当时的众多士人一样,不断改换门庭,曾仕后晋、后汉、后周。因其诗文俱佳,倍受周世宗柴荣称道,擢为翰林学士,负责起草诏令。

① 〔元〕脱脱等撰:《宋史·李昉传》卷二百六十五,中华书局1977年版,第9139页。

北宋建立之后，宋太祖赵匡胤也非常重视李昉的才学，拜其为中书舍人（此官专掌诏诰呈奏事。宋初置六人，后为四人，为正四品），仍负责起草诏令。宋太宗赵光义即位后，对李昉更加重视，自太平兴国八年（983年）始，李昉两度入相，至太宗淳化四年（993年）再度罢相，次年致仕。太宗至道二年（996年），李昉去世，享年72岁，赠司徒，谥文正。

李昉为人为官，均小心谨慎，忠于职守，不过多发表言论，《宋史·李昉传》有如下记载：

> 时赵普为（卢）多逊所构，数以其短闻于上，上询于昉，对曰："臣职司书诏，普之所为，非臣所知。"①

> 至道元年正月望，上观灯乾元楼，召昉赐坐于侧，酌御樽酒饮之，自取果饵以赐。上观京师繁盛，指前朝坊巷省署以谕近臣，令拓为通衢长廊，因论："晋、汉君臣昏暗猜贰，枉陷善良，时人不聊生，虽欲营缮，其暇及乎？"昉谓："晋、汉之事，臣所备经，何可与圣朝同日而语。若今日四海清晏，民物阜康，皆陛下恭勤所致也。"上曰："勤政忧民，帝王常事。朕不以繁华为乐，盖以民安为乐尔。"因顾侍臣曰："李昉事朕，两入中书，未尝有伤人害物之事，宜其今日所享如此，可谓善人君子矣。"②

---

① 〔元〕脱脱等撰：《宋史·李昉传》卷二百六十五，中华书局1977年版，第9136页。

② 〔元〕脱脱等撰：《宋史·李昉传》卷二百六十五，中华书局1977年版，第9138页。

　　昉居中书日,有求进用者,虽知其材可取,必正色拒绝之,已而擢用;或不足用,必和颜温语待之。子弟问其故,曰:"用贤,人主之事;若受其请,是市私恩也,故峻绝之,使恩归于上。若不用者,既失所望,又无善辞,取怨之道也。"①

　　昉素病心悸,数岁一发,发必弥年而后愈,盖典诰命三十余年,劳役思虑所致。及居相位,益加忧畏。有文集五十卷。②

李昉自身的性格和经历,对于从事编辑工作具有重要的影响。李昉宦海沉浮数十年,政绩、文章均无大显者,除为人淳厚广受赞誉外,其最大的贡献是其编辑成就。北宋初期的四部大书中,前三部即《太平广记》《太平御览》《文苑英华》均由李昉担任主编。此外,李昉还编有《开通宝义》200卷,参编《太宗实录》。李昉文集已失传,近年所辑《全宋文》,仅录其遗文30余篇。

二、王钦若

王钦若(962—1025),字定国,宋临江军新喻(今江西新余)人,宋太宗咸平年间进士,任亳州防御推官,迁秘书省秘书郎,后因清理积案和释囚等事受到宋真宗的器重,召为翰

林学士,累官至参知政事(相当于副宰相)。真宗景德元年(1004),契丹南侵,王钦若密请南迁,为主战派寇准所阻,乃自请外出判天雄军。次年四月,自天雄军回京任资政殿大学士,刑部侍郎。天禧二年(1018),拜为左仆射兼中书侍郎同平章事(相当于宰相),两年后罢相,出制杭州。仁宗天圣元年(1023)复相,拜司空门下侍郎同平章事。天圣三年(1025)卒,谥文穆。

王钦若在政治上的作为并不显赫,但因主编宋代最大的一部类书《册府元龟》而名垂青史。但其为人有缺陷,据《皇宋通鉴长编纪事本末》卷二十二,在《册府元龟》编纂过程中,"所修书或当上意,褒赏所及,钦若即自名表首以谢;或谬误有所遣问,则戒书史,称杨亿以下所为以对。"这种功归自己、诿过同僚的做派,招致多人非议和反对。

此外,为了迎合宋真宗信奉道教的癖好,王钦若在编辑《册府元龟》的同时,以更多的精力从事推动道教的活动,如大搞天书、符瑞和封禅等迷信行为,又领校道书,编成《卤簿记》《彤管懿范》《天书仪制》《圣祖事迹》《诩圣真君传》《五岳广闻记》《罗天大醮仪》等道教书,凡600余卷,为宋真宗时的道教活动起到了推波助澜的作用。

宋仁宗对王钦若有着比较清楚的认识,对其评价也较为允当,虽在即位之初起用王钦若为相,但对辅臣说:"钦若久在政府,观其所为,真奸邪也!"负有时望的辅臣王曾答称:"钦若与丁谓、林特、陈彭年、刘承珪,时谓之'五鬼'。奸邪险伪,诚如圣谕。"①

第二节 《太平广记》的修撰

一、《太平广记》的成书过程

《太平广记》是一部古代野史、小说的总集,也可以称之为以野史、笔记小说为主要内容的专门性类书。明代谈恺在重刻此书后说:"按宋太平兴国间,既得诸国图籍,而降王诸臣,皆海内名士。或宣怨言,尽收用之,置之馆阁,厚其廪饩,使修群书……又以野史传记小说诸家,编成五百卷,分五十五部,赐名《太平广记》。"②

《太平广记》为太平兴国二年(977)三月,李昉等奉宋太宗之命编纂而成。参与其事者还有扈蒙、李穆、汤悦、徐铉、王克贞、宋白、张泊、董淳等。

所谓野史,是相对于正史而言,即私人修撰。正史多为官修或者是私人修撰却得到了朝廷的认可,如班固之于《汉书》,范晔之于《后汉书》,陈寿之于《三国志》等,地位较高,而野史的编纂者多非史官,编纂体裁、体例不拘成规,因不能接触皇家档案,因此内容多为亲身见闻以及街谈巷议、道听途说,故其地位不能和正史同日而语,历来被人轻视。但是,野史中也有非常宝贵的资料,它可以不受约束,且多为当事人

---

① 〔元〕脱脱等撰:《宋史·王钦若传》卷二百八十三,中华书局1977年版,第9564页。
② 〔宋〕李昉等编:《太平广记》,中华书局1961年版,第2页。

所写所记,可以不必为尊者、贤者讳,因此可以弥补正史的不足,成为正史的有益补充。

所谓小说,多指涉及神仙鬼怪、琐闻逸事的作品,包括神话、志怪、志人与传奇,写作随意,良莠不齐,内容庞杂,形式不一。《汉书·艺文志》云:

> 小说家者流,盖出于稗官,街谈巷语、道听途说者之所造也。孔子曰:"虽小道,必有可观者焉,致远恐泥,是以君子弗为也。"然亦弗灭也。闾里小知者之所及,亦使缀而不忘。如或一言可采,此亦刍荛狂夫之议也。①

作为至圣先师的孔子虽然认为小说也有可观之处,但是不能致远,因此"君子不为"也!班固则认为,小说作者乃"闾里小知者"。因此,小说历来不登大雅之堂,在正统学者眼中,地位更次于野史。

正因为如此,在宋代之前,还没有人对野史、小说进行系统的整理。而《太平广记》正是这样一部被鲁迅在《中国小说史略》中称为"不特稗说之渊海,且为文心之统计"②的书。

太平兴国三年(978),《太平广记》完成,历时一年半。

二、《太平广记》的编辑体例

《太平广记》全书500卷,另目录10卷。按内容性质分为92门(大类),如神仙、异人、精察、俊辩、权幸、豪侠、伎巧、博戏、诙谐、酷暴、妖妄、灵异、畜兽、水族等。92门之下又分为

---

① 陈国庆编:《汉书艺文志注释汇编》,中华书局1983年版,第163页。
② 《鲁迅全集·中国小说史略》第9卷,人民文学出版社2005年版,第104页。

150余小类，汇集了自汉、魏至宋初的小说、笔记、野史等500多种古籍的资料。对于这些资料，有的是片段摘引，有的是整篇抄录，很多散佚的古籍，往往依赖《太平广记》得以保存。对于书中摘引的每一个故事，均标出小题，文后注明所摘书名，便于读者查核。

三、《太平广记》的编辑特色

（一）注意故事的完整性

对于篇幅较少的笔记小说，《太平广记》往往全篇收入，如卷三为神仙类之三，整卷只录"汉武帝"一则，几近万字。编者把《汉武故事》一书中关于汉武帝好神仙之事征引殆尽，使读者一目了然。另外，卷四八四至四九二所编"杂传记"类，共收录《李娃传》《东城老父传》《柳氏传》《长恨传》《无双传》《霍小玉传》《莺莺传》《周秦行纪》《冥音录》《东阳夜怪录》《谢小娥传》《杨娼传》《非烟传》《灵应传》等14种传奇，多数长达数千言，对于保存唐代传奇的原貌、推动宋元平话杂剧以及明清小说和戏剧的发展，贡献巨大。

（二）征引广博

据近代学者邓嗣禹《太平广记篇目及引书引得》统计，《太平广记》引书总数达475种。这些古籍，集先秦至宋初野史小说之大成，连编修官徐铉的《稽神录》也被征引，堪称自古来之轶闻、琐事、僻笈、遗文汇为一编。

（三）体例严谨，主次分明

《太平广记》对于每个大类，均根据内容多少，决定卷数的多寡。如"神仙"类共有55卷，为各类之冠；"鬼"类有40

卷,"诙谐"类有 8 卷,"雷"类有 3 卷,"雨""山""石"类各为 1 卷。这种分配,使读者在开卷之初,即对其内容多寡有了一个整体的认识。

第三节 《太平御览》的编撰

一、《太平御览》的成书过程

太平兴国二年(977)三月,李昉、扈蒙等人奉宋太宗赵光义之命开始修撰《太平御览》,至太平兴国八年(983)十二月成书,历时 7 年,共 1000 卷,初名《太平总览》,因宋太宗为夸示自己好学不倦,命人日进三卷,一年读毕,因此改名为《太平御览》。该书征引浩博,据统计,引书多达 2579 种。这些书,十之八九已经失传,因此,《太平御览》不但是一部重要的综合性资料工具书,而且是保存古代佚书最为丰富的类书之一。

二、《太平御览》的编辑体例

《太平御览》内容上的编排,系按照《易经·系辞》所言进行的:"天一、地二;天三、地四;天五、地六;天七、地八;天九、地十。天数五,地数五,五位相得而各有合,天数二十有五,地数三十,凡天地之数五十有五,此所以成变化而行鬼神也。"①这段话的意思是:天以奇数一、三、五、七、九为天数,地以偶数二、四、六、八、十为地数。天数是五个奇数,地数是五

---

① 周振甫:《周易译注》,中华书局 1991 年版,第 242 页。

个偶数。五个奇数或偶数相加而得到和数，天数的和数是二十五，地数的和数是三十。天地之数相加是五十五，这是可以确定变化而贯通鬼神的。

因此，《太平御览》在内容编排上分为55部，即天部、时序部、地部、皇王部、偏霸部、皇亲部、州郡部、居处部、封建部、职官部、兵部、人事部、逸民部、宗亲部、礼仪部、乐部、文学部、治道部、刑法部、释部、道部、仪式部、服章部、服用部、方术部、疾病部、工艺部、器物部、杂物部、舟部、车部、奉使部、四夷部、珍宝部、布帛部、资产部、百谷部、饮食部、火部、休征部、咎征部、神鬼部、妖异部、兽部、羽族部、鳞介部、虫豸部、木部、竹部、果部、菜部、香部、药部、百卉部。

在每部之下，又分为若干子目，子目之下又根据内容多少再分细目，如《地部》中的主要山脉单独列子目，如昆仑山、终南山、嵩山、华山、泰山、衡山、太行山等。同时，又在某些卷前按地域列出子目，子目之下再列举具体的山脉，如"江东诸山"下有敬亭山、盖山、九华山、牛诸山、芜湖山、望夫山等，"会稽东越诸山"下有稷山、麻山、剡山、括苍山、天姥山、昆山、武夷山等。

三、《太平御览》的编辑特色

（一）内容丰富，征引浩博

如前所述，《太平御览》共分55部，每部之下又细分为5363个小类，某些小类下面又有附类，计有63个附类。如此繁多的部类，超过了以往所编的任何类书，可以说其内容囊括了自然界和人类社会的主要知识，正如宋人蒲叔献所言："备天地万物之理,政教法度之原,理乱废兴之由,道德性命之奥。"①堪称当时的一部百科全书。

《太平御览》所征引的书籍,因过于浩博,致使它问世千年,人们还未搞清楚它究竟引了多少书。据马念祖1959年所著的《水经注等八种古籍引用书目汇编》,仔细核实,其所引之书为2579种。

(二)保存佚书,类书之冠

《太平御览》为古代类书中保存宋以前文献最多的一部大书,所引古书,十之七八今已失传,今之学者,多赖其寻找断简残篇,如农书《范子计然》《氾胜之书》等,早于北魏贾思勰《齐民要术》几百年,原书早已失传,其主要部分幸赖《太平御览》得以保存。正如清代学者阮元所说:"存《御览》一书,即存秦汉以来佚书千余种矣。"②正因为它保存了大量的佚书,又征引浩博,包罗万象,因此,《太平御览》被称为"类书之冠"。

(三)文、注分开,眉目清晰

《太平御览》每引一部书,皆先标书名,若引两段以上,则从第二段开始标以"又曰"以示区分,且以时代先后顺序排列征引书籍。

《太平御览》对注文的处理方法,也超越了前代类书。余嘉锡《四库提要辩证》卷八著录《荆楚岁时记》称:"《艺文类聚》《初学记》岁时部引此书,皆正文与注相连,不加分别。惟

---

① 〔宋〕李昉等撰:《太平御览》(影宋刻本),中华书局1960年版,卷首。
② 〔宋〕李昉等撰:《太平御览》(影宋刻本),中华书局1960年版,卷首。

《太平御览》时序部引用尤多,于正文作大字,注文则作双行小字,附于本句之下(不似今本总注于每节之后),极为明晰。"①这是编辑方法上的一个进步,可避免不加区分造成二者混淆的弊病。

第三节　《文苑英华》的编纂

一、《文苑英华》的成书经过

如前所述,《太平广记》为500卷,诏修于太平兴国二年(977)三月,翌年八月完成;《太平御览》1000卷,亦诏修于太平兴国二年,此书尚未完成,宋太宗认为"诸家文集其数至繁,各擅所长,蓁芜相间"。于是又于太平兴国七年(982)九月下诏,抽调《太平御览》监修人员李昉、扈蒙、宋白、徐铉等,着手编纂《文苑英华》,后又命苏易简、杨徽之、王祐等参修,其目的在于"武功克敌"之后,急需"以文德致治",即"以文化成天下"。这些官员奉宋太宗之命,"阅前代文集,撮其精要,以类分之,为千卷。雍熙三年②十二月壬寅书成,号曰《文苑英华》。……帝览之,称善,降诏褒谕。以书付史馆。赐器彩各有差"。③

《文苑英华》1000卷,是继《文选》之后的又一部诗文总集,可以看作是昭明太子萧统所编《文选》的续作。《文选》收

① 余嘉锡:《四库提要辨证》,中华书局1980年版,第445页。
② 为公元986年。
③ 〔宋〕王应麟撰:《玉海》卷五四,江苏古籍出版社1987年版,第1022页。

文始自先秦,讫于南朝梁初。《文苑英华》收文则起自南朝梁末,讫于唐末五代。其中收梁末至隋文约占十分之一,唐文约占十分之九,于《文选》可谓承上启下,继往开来。

二、《文苑英华》的编辑体例

《文苑英华》选录梁末至五代期间2200人的各类文学作品20,300余首(篇),其编辑体例一如《文选》,但稍有增广。首先,按文体分为三十八类,即赋、诗、歌行、杂文、中书制诰、翰林制诰、策问、策、判、表、笺、状、檄、露布、弹文、移文、启、书、疏、序、论、议、连珠、喻对、颂、赞、铭、箴、传、记、谥哀册文、谥议、诔、碑、志、墓表、行状、祭文等。其次,每类文体下又按内容分为若干子目,如"赋"的下面又分为"天象""岁时""地类""水""帝德""邑居""宫室"等,"诗"的下面又分为"天部""地部""帝德""应制""省试""乐府"等。第三,每类目之下,按时间顺序排列诗文作品,可谓脉络清晰,杂而不乱。

三、《文苑英华》的评价

(一)优点

佚文佚著,得以保存。《文苑英华》一书卷帙浩繁,保留了大量的佚文佚作。宋白在进呈该书时曾道:"席缙经史,堂列缣缃,咀嚼英腴,总揽翘秀,撮其类别,分以部居,使沿沂者得其余波,慕味者接其妍唱。"[1]为校勘该书出力甚多的南宋学者周必大在《平园续稿》卷十五《文苑英华·序》中说:"是时印

---

① 〔清〕徐松辑:《宋会要辑稿·崇儒》,中华书局1957年版,第2247页。

本绝少,虽韩、柳、元、白之文尚未甚传,其他如陈子昂、张说、张九龄、李翱等诸名士文集,世尤罕见,修书官于宗元、居易、权德舆、李商隐、顾云、罗隐辈,或全卷收入。"这些人的文集,能够流传下来的十不及一,后人对文集的辑佚工作,主要依靠这部大书。清朝官修《全唐诗》《全唐文》《四库全书》时,都曾利用此书。

《四库全书》中所收的76家唐人诗文集,其中李邕、李华、萧颖士、李商隐等人的集子,即是从其中辑录而成。

(二)缺陷

弃取失当,体例驳杂。清代学者李慈铭评价《文苑英华》中所收录的赋"陈陈相因,最无足观"[1]。由于是一部大书,选文的时间跨度较长,加之仓促上马,急于求成,因此难免粗制滥造。而参与编纂的扈蒙、宋白、吕蒙正、苏易简等人,多为词章之士,学识并不渊博,不免有"赶鸭子上架"之嫌,因此,必然存在弃取失当、分类失调、体例驳杂的弊病,其严谨程度和实际价值远不及《文选》。比如《文苑英华》中选录了大量的诏诰、书判、表疏、碑志、试帖诗、策论、公牍等艺术水准不高的文章。有些赋、诗内容贫乏空洞,纯属堆砌辞藻,敷衍成文,毫无艺术美感可言,而另一方面,有些千古传诵的名篇,如李白的《早发白帝城》《黄鹤楼送孟浩然之广陵》《梦游天姥吟留别》,杜甫的"三吏""三别"等名篇,《文苑英华》竟全部失收。宋之问的诗选了130多首,而柳宗元的诗只选了1首,其

---

[1] 〔清〕李慈铭著:《越缦堂读书记全编》,张桂丽辑校,上海古籍出版社2021年版,第1945页。

诗题为《观庆云图》:"五云从表瑞,藻绘宛成图。柯叶何时改,丹青此不渝。非烟色尚丽,似盖状应珠。渥彩看犹在,轻阴望已无。方得遇翠幄,那羡起苍梧。欲识从龙处,今逢圣合符。"[1]这种该有却无,该无却有的滥收尺度,造成了《文苑英华》又滥又缺的选录结果,从而大大降低了其自身的学术、资料价值。因此在当时虽获宋太宗认可,但长期被搁置,其后又经过数次校勘、重修,直到南宋嘉泰四年(1204)才定本梓行,前后共历217年才得以面世。即使如此,这部书在明清两代也不被学者所看重。可见,编辑质量是图书能否得以广泛传播的关键因素。

第四节　《册府元龟》的编纂

一、《册府元龟》的编纂过程及书名含义

宋太宗死后,其三子赵恒即位,是为真宗。赵恒见其父生前所编的三部大书《太平广记》《太平御览》和《文苑英华》,既心生羡慕,又有所嫉妒,因此,在他即位后第八个年头,便诏令王钦若、杨亿等人,也要编纂一部大书,意在与其父一争高下。这个时候,小说总集《太平广记》、诗文总集《文苑英华》、百科全书性质的类书《太平御览》均已完成,应该说编纂大书的空间所剩不多,于是,宋真宗想到了一个题目——《历代君臣事迹》,即专门著录历代帝王将相、士大夫等阶层的事

---

① 〔宋〕李昉等编:《文苑英华·诗》第二册,中华书局1966年版,第884页。

迹,其目的在于以历代君臣作为范例,使后世的统治者都能从中取得经验教训,并以此作为行事的鉴戒。

这部《历代君臣事迹》自景德二年(1003)开始编修,至大中祥符六年(1013)完成,历时十年之久,是宋代四部大书中编纂时间最长的一部。在编纂过程中,宋真宗赵恒亲自过问编修事宜,亲自审阅书稿,随时提出修改意见。他仿照其父宋太宗"日进三卷"读《太平御览》的办法,也是每天审阅书稿,一般是当天看完,有时甚至看到深夜。

在编修期间,宋真宗对编修官的起居饮食都有特殊供应,每次宋真宗亲临崇文馆观察编书情况,都分别对编修官给予不同的赏赐,甚至赠土特产,按旧例土特产只能赐近臣,由此可见宋真宗对编纂此书的重视程度。

书成之后,宋真宗亲自作序,改名为《册府元龟》,"册"是简册,后代指书籍;"府"是储藏东西的府库;"元龟"即大龟。古人迷信,认为龟可用来占卜,能预见未来,测定吉凶,引申为鉴戒,因此亦称为龟鉴。《册府元龟》的含义即"这是一部蕴藏丰富,可以供君臣上下为政行事借鉴的典籍"。用现代语言来说,《册府元龟》是具有政事历史百科全书性质的类书,是一部大型史料分类汇编。

二、《册府元龟》的内容

《册府元龟》共计1000卷,另有目录10卷,音义10卷。现仅存正文1000卷,目录10卷和音义10卷均已失传。该书专门辑录自上古至五代的历代君臣事迹,按事类、人物分门编撰,选用材料以正史为主,概括全部十七史,即《史记》《汉书》

《后汉书》《三国志》《晋书》《宋书》《南齐书》《梁书》《陈书》《魏书》《北齐书》《周书》《隋书》《南史》《北史》《新唐书》《新五代史》，也采用经、子等书，只是不收杂史、小说。《册府元龟》在开始修撰时，唐、五代各朝实录大都保存完整，因此，唐、五代史事更为详备。如研究唐代历史，可以在《册府元龟》中找到丰富的史料。进一步说，要研究唐太宗李世民的生平事迹，在帝王部的帝系、诞圣、名讳、运历、创业、统纪、告功、帝德、功业、纪应等许多门类中都有相关的记载，在这些材料的基础上，不难形成一部较为全面完整的《唐太宗传》，而这是很难从其他类书和史书中得到的，由此可见研究门径的重要。《册府元龟》总字数达940万字，约超过《太平御览》一倍，可谓后来居上。

三、《册府元龟》的编辑体例

就编辑水平而言，《册府元龟》超过了其他三部大书。《册府元龟》和其他类书的不同之处在于，它并非只是按类编排，原文照录，而是将全书内容分为31部，部前有总序，详述本部事迹的沿革，相当于一篇小史。31部包括帝王、闰位①、僭伪、列国君、储宫②、宗室、外戚、宰辅③、将帅、台省、邦计、宪官、谏诤、词臣、国史、掌礼、学校、刑法、卿监、环卫④、铨选、贡举、奉使、内臣、牧守、令长、宫臣、幕府、陪臣、总录、外臣等。

---

① 闰位指非正统的帝位。
② 储宫为太子居住的宫室，借指太子和太子之位。
③ 宰辅指辅佐帝王执政的高级官吏。
④ 环卫即禁卫。

31部下又分为1104门,每门有小序,说明本门的内容,相当于一篇总论。小序之后即罗列历代人物事迹材料,各门材料按年代先后排列,可谓条理分明,体系完整。但是,它所引用的书籍和文献均不注明出处,此为该书编辑体例的一个缺陷。

四、《册府元龟》的评价

关于《册府元龟》,《四库全书总目》是这样评价的:

> 惟取六经子史,不录小说。于悖逆非礼之事,亦多所刊削,裁断极为精审。考洪迈《容斋随笔》,谓其时编修官上言,凡臣僚自述及子孙追叙家世,如《郇侯传》之类,并不采取。遗弃既多,故亦不能赅备。袁氏《枫窗小牍》亦谓开卷皆目所常见,无罕觏异闻,不为艺林所重。夫典籍至繁,势不能遍为掇拾,去诬存实,未可概以挂漏相绳。况纂辑诸臣皆一时淹贯之士,虽卷帙繁富,难免牴牾,而考订明晰,亦多可资览古之助。张耒《明道杂志》称:"杨亿修《册府元龟》,数卷成,辄奏之。每进本到,真宗即降付陈彭年。彭年博洽,不可欺毫发,故谬误处皆签贴。有小差误必见,至有数十签。亿心颇自愧,乃盛荐彭年文字,请与同修。"其言不可尽信,然亦足见当时校核讨论,务臻详慎,故能甄综贯串,使数千年事无不条理秩然也。①

五、《册府元龟》的用途

(一)查阅资料

《册府元龟》将五代以前的历朝史事都经过分门编类,把

---

① 〔清〕永瑢等撰:《四库全书总目》,中华书局1965年版,第1145—1146页。

各朝同类事实集中加以排比,查阅起来非常方便,如查"和亲",可在"外臣"部中查"和亲"门,从而可以集中获得各代的和亲史料。再如查"奢侈"的材料,可在"列国君""宰辅""将帅""总录"四部中的"奢侈"门中查找,可以便捷地得到较多同类材料及相关故事。

(二)校史

《册府元龟》所收录和引用的资料,均为北宋以前的古本,与今本正史往往不同,因此可以校史,发现今本史书的差错和讹误。

(三)补史

《册府元龟》在编纂过程中,引用了大量的文献资料,如唐、五代各朝的实录、诏令、奏议等,这些文献,现在都已亡佚,而《册府元龟》往往全篇或整段录入不加改动,因此使这些文献不仅可以校史,还可以补史。如《魏书》自宋南渡之后即有缺页,清严可均辑《全后魏文》,其三十八卷有刘芳上书言乐事,引《魏书·乐志》仅一行,即注"原有阙页"。卢文弨撰《群书拾补》,仅从《通典》中补得16字,但《册府元龟》第五六七卷却载有此页全文,一字不缺。再如,宋代薛居正的《旧五代史》本已散佚,大部分亦从《册府元龟》中辑出。1949年之后,整理古籍,点校十七史,《册府元龟》是主要参考用书之一。

总之,《册府元龟》是一部非常有用的书,值得重视。

第八讲
司马光和《资治通鉴》的编撰

先来讲一段故事。

宋哲宗赵煦绍圣初年（1094），在朝廷内部发生过一场争论。大臣薛昂、林自等人为了迎合当时的政治形势，打击保守派，支持改革派，主张毁掉一部已经雕版的书籍。此举遭到了太学博士陈瓘的强烈反对。他义愤填膺，挺身而出，仗义执言，力排众议。最后，他以这部书书前有神宗的"御序"作武器，转守为攻，最终使这部书得以保存下来。

陈瓘的这一举措，真是功德无量。因为这部幸免于难的书不是一部普通的著作，而是一部堪与《史记》相媲美的史学巨著，它就是《资治通鉴》。这部书所产生的影响，不仅当时的那些发难者没有想到，即使陈瓘本人也始料未及。

第一节　司马光其人

一、身世及著述

司马光（1019—1086），字君实，陕州夏县（今属山西）人，名门望族出身。其父司马池，字和中，勤奋读书，进士出身，曾任天章阁待制,知河中府,徙知同州、杭州等。司马池有二子,长子名旦,字伯康,历任郑县主簿,知安州等,官至太中大夫。次子为司马光。

司马光自幼聪明过人,遇事沉着冷静,有流传甚广的"砸缸"之举。他在7岁时,就"凛然如成人"。有一次,他听父兄们讲《左氏春秋》,感到异常兴奋,事后居然能向家人转述,并讲解其中的主要内容。他在很小的时候,就手不释卷,嗜书如命,沉浸书海,废寝忘食,甚至到了"不知饥渴寒暑"的地步。

在各种典籍中,司马光尤喜史学,"凡百事为,皆出人下,独于前史,粗尝尽心",而且"自幼至老,嗜之不厌"。他不仅喜欢读书,对于书籍,也是爱护备至。

司马光读书,视野开阔,而且持之以恒,即所谓"君子好学不厌,自强不息",认为唯有如此,方能"推之使远,廓之使大,耸之使高,研之使深"①。司马光读书不仅熟读文献原文,而且还特别强调要弄懂书中蕴含的道理,他曾向别人介绍自己的读书心得:"书不可不成诵,或在马上,或中夜不寝时,咏其文,思其义,所得多矣。"②

由于勤奋好学,刻苦用功,司马光的学问大为长进,文章也斐然可观。宋仁宗宝元元年(1038),年仅20岁的司马光春风得意,一举进士及第,随后开始了官宦生涯。司马光

---

① 〔宋〕司马光撰:《温国文正公司马公文集》卷六十八,瞿氏铁琴铜剑楼藏宋绍兴刊本,第7页。
② 〔宋〕朱熹撰:《朱子全书》第20册,上海古籍出版社、安徽教育出版社2002年版,第570页。

虽少年得志,且长期为官,但生活简朴,不尚荣华。他言行一致,表里如一。在洛阳居住期间,仅有田三顷。其夫人病故后,不得不出卖田地料理后事。

司马光一生勤奋,著作等身。除《资治通鉴》外,还有《易说》《稽古录》《涑水记闻》《法言集注》《司马文正公传家集》(简称《传家集》)《通鉴目录》《通鉴考异》等。

宋元祐元年(1086)九月,司马光因病去世,享年68岁。

司马光除本名外,还有其他一些称谓,由于他是夏县涑水人,后人遂称其为"涑水先生",其学术笔记体著作《涑水记闻》亦因地取名。此外,司马光还有"司马温公""司马文正"的称号,其中,"温公"是其封爵,"文正"则为其谥号。

司马光有一子名康,字公休。自幼端庄谨慎,不苟言笑,颇具父风,且敏学过人,博通群书。宋元丰元年(1078),司马光在得力助手刘恕去世后,上奏朝廷,授予司马康检阅《资治通鉴》文字。

司马康"事父母至孝",其母亲去世时,他"勺饮不入口三日",痛不欲生。司马光病逝后,他"居庐疏食,寝于地,遂得腹疾,至是不能朝谒",年仅41岁而卒。

二、官宦生涯及功过得失

司马光曾写过一首《书怀》诗,其中有"所存旧业唯清白,不负明君有朴忠",这可以说是司马光一生行止的写照。他长期担任谏官,恪尽职守,兢兢业业,从维护朝廷的根本利益出发,指陈是非,直言敢谏,深得皇帝信任,即使连他的政敌也不得不承认他的忠直。

宋仁宗宝元元年（1038），司马光年方二十，中进士甲科。宋英宗赵曙继位前任谏议大夫，宋神宗赵顼熙宁初拜翰林学士、御史中丞。也就是在这一年，王安石出任参知政事（副宰相），在神宗的支持下，于熙宁二年（1069）开展了一场旨在改变"积贫积弱"局面，实现"富国强兵"的变法运动，史称"王安石变法"。为了适应变法需要，王安石特意组建了一个支持工作的机构"制置三司条例司"，此为皇帝特意恩准设立的制定三司（户部、度支、盐铁）条例的专门机构。变法的内容包括在财政方面实行青苗法、方田均税法、免役法、农田水利法、均输法、市易法等，军事方面实施置将法、保甲法、保马法等。

但王安石的变法举措遭到了司马光的强烈反对。在政治观点方面，司马光属于保守派，主张法制永远不变，坚持"先王之法，不可变也"。他认为，周威烈王命晋大夫魏斯等为诸侯，是弃"先王之礼"，废"祖宗之法"。司马光不仅自己反对变法，而且与韩琦、文彦博等人一起站到了变法的对立面，甚至成为反对变法的首脑人物。

北宋熙宁三年（1070），司马光因反对王安石变法，出知永兴军。次年，判西京御史台，居洛阳十五年，专门从事《资治通鉴》的编撰。哲宗即位，还朝任职。元丰八年（1085），任尚书左仆射兼门下侍郎，主持朝政，排斥新党，废止新法，数月后去世。

司马光为官一生，完成了里程碑式的巨著《资治通鉴》，功高盖世。同时，他在政治上保守、固执，对政敌采取无情打击、残酷斗争的方式，也做了不少错事。其是非功过，留待后人评说。

第二节 《资治通鉴》的编撰过程

在了解《资治通鉴》的编撰过程之前,可以先来了解司马光的《进书表》。这篇文字不长,却写得非常有感情。先是向皇帝报告自己编辑这部大书的初衷:"专取关国家兴衰,系生民休戚,善可为法,恶可为戒者,为编年一书。"然后是报告编书的过程——辟官署,设书局。再是报告编书所耗费的心血:"研精极虑,穷竭所有,日力不足,继之以夜。遍阅旧史,旁采小说,简牍盈积,浩如烟海,抉摘幽隐,校计毫厘。"再是介绍《资治通鉴》的体例和规模:"上起战国,下终五代,凡一千三百六十二年,修成二百九十四卷。又略举事目,年经国纬,以备检寻,为目录三十卷。又参考群书,评其同异,俾归一途,为《考异》三十卷,合三百五十四卷。"最后是报告自己为编书所付出的代价以及愿望:"臣今骸骨癯瘁,目视昏近,齿牙无几,神识衰耗,目前所为,旋踵遗忘。臣之精力,尽于此书。伏望陛下宽其妄作之诛,察其愿忠之意,以清闲之宴,时赐省览,监前世之兴衰,考当今之得失,嘉善矜恶,取是舍非,足以懋稽古之盛德,跻无前之至治。俾四海群生,咸蒙其福,则臣虽委骨九泉,志愿永毕矣!"①

一、《资治通鉴》的雏形

司马光自幼酷爱史学。早在宋仁宗嘉祐年间,他就开始

---

① 〔宋〕司马光编著:《资治通鉴·进书表》卷二百九十四,中华书局1956年版,第9607—9608页。

酝酿编写一部史书。经过一番辛勤笔耕,他首先编写了一部《历年图》。这部书记载了自战国至五代后周时期1362年间的历史,每年为一行,60年为一重,5重为一卷,共5卷。

司马光在短时间内完成《历年图》,得力于仁宗时期杰出的天文学家刘羲叟。刘的《长历》把每一年的节气、星象、朔闰等逐一排定,为司马光编写《历年图》考定年月日,以保证记载内容的准确可信奠定了坚实的基础,也为日后编纂《资治通鉴》提供了依据。

这部《历年图》虽然只有5卷,但却简明扼要地勾勒了历代治乱兴衰的轨迹。宋英宗治平元年(1064),司马光将这部书献给了皇帝。治平三年(1066),司马光又在《历年图》的基础上,撰成了《通志》8卷。这部书上起战国周威烈王二十三年(前403),下终秦二世三年(前207),记载了两个世纪以来战国七雄盛衰兴亡的事迹,大致相当于《资治通鉴》中的前8卷,即《周记》5卷和《秦纪》3卷。

宋英宗看过《通志》之后,对司马光的学问十分赞赏,特地批准在崇文院设立书局,供给笔墨纸张、图书资料,命司马光继续编纂《历代君臣事迹》,此即后来的《资治通鉴》。

二、设立书局

宋英宗对司马光编书极为重视和支持。治平三年(1066)四月,他批准司马光在崇文院建立编书机构即书局,特批可以随时借阅龙图阁、天章阁、秘阁及三馆(史馆、昭文馆、集贤院)的皇家典藏。当时的三馆、秘阁总称为崇文院,是北宋时期规模最大的国家图书馆;龙图阁、天章阁是专门为纪念宋太宗、宋真宗所建,除了收藏二人的真迹、文集外,还收藏大量的图书、典籍等重要文献。在这些常人无法涉足的地方,保存着极其丰富的历史典籍,集中了各式各样的重要文献。这些图书资料,为《资治通鉴》的顺利编纂奠定了坚实的基础。此外,宋英宗还特意赏赐参与编书的人员笔墨纸张以及日常零用。这些做法也是对司马光等人的一种鞭策和激励。

治平四年(1067)正月,英宗病逝,神宗即位。神宗时年20岁,他对司马光的人品、学问非常敬重,对《通志》的编撰也很重视,不久就命司马光进读《通志》。神宗对司马光的工作非常欣赏,认为历史的经验有助于国家的治理,当即将《通志》命名为《资治通鉴》,并赐予序文,称其:"博而得其要,简而周于事,是亦典刑之总会,册牍之渊林矣。"①

三、人员配备

除了设立书局并提供必要的物质条件外,宋英宗还特许司马光自行挑选协修人员。司马光慧眼独具,挑选了三位得力的助手即协修开展工作。

(一)刘恕

刘恕(1032—1078),字道原,筠州高安(今江西高安)人。他天资聪颖,过目成诵,18岁时即成为进士,官和川令。他精于史学,博闻强记,《宋史》称其:"自太史公所记,下至显德②

①〔宋〕司马光编著:《资治通鉴·序》,中华书局1956年版,第33页。
②显德为后周年号。

末,纪传之外至私记杂说,无所不览。上下数千载间,巨微之事,如指诸掌。"尤其是"魏晋以后事,考证差谬,最为精详"。①有一次,刘恕与司马光一同游万安山,道旁有一墓碑,碑主为五代时一位不知名的将领,刘恕却能将这位将领的生平都讲出来,司马光回家后查阅相关资料,果如刘恕所言。

刘恕与司马光志趣相投,深得司马光赏识,司马光在给宋英宗的奏折中说:"馆阁文学之士诚多,至于专精史学,臣得而知者,唯刘恕耳。"②在撰修《资治通鉴》的过程中,不独"讨论编次,多出于恕",而且司马光在"遇实事纷错难治者,辄以诿恕"。③可以说,刘恕具有统揽全局之才,对于修撰《资治通鉴》出力最多,相当于现在所说的常务副主编。

在具体分工上,刘恕主要负责魏晋南北朝至隋这一段的起草工作;唐以后,五代十国时期,国家分裂,群雄竞逐,头绪繁多,史籍纷杂,其他人员难以胜任,因此这一部分工作,也曾交给刘恕去做。

熙宁九年(1076),刘恕从江西南康赴洛阳与司马光讨论编书中的问题,在洛阳逗留数月。归途中不幸中风,右手右足不能动弹,但依然苦学如故,"少间,辄修书,病亟乃止"。④

元丰元年(1078),刘恕病逝。这位才华横溢、学识渊博的史学家,只活了46岁,没有能够等到《资治通鉴》的完成。

刘恕的著作有《十国纪年》《疑年谱》《年谱略》《通鉴外

---

①②③〔元〕脱脱等撰:《宋史·文苑传》卷二百三,中华书局1977年版,第13118页。

④〔元〕脱脱等撰:《宋史·文苑传》卷二百三,中华书局1977年版,第13119页。

纪》及《目录》等。

（二）刘攽

刘攽（1023—1089），字贡夫，一作贡父、赣父，号公非，临江军新喻（今江西新余）人，宋仁宗庆历六年（1046）进士，其才学为欧阳修、王安石所赏识，与王安石为"忘形论交"之契友，曾任曹州、兖州、亳州、蔡州知州等地方官二十余年，后在汴京任馆阁校勘。宋哲宗时，官至中书舍人。刘攽学问淹贯，治学严谨，不仅精通六经，而且"博记能文章"，"尤邃史学。作《东汉刊误》，为人所称"。[①]其文章、政事均有过人之处，而史学造诣尤为深邃。《汉书》文字艰深，晦涩难懂，刘攽与其兄刘敞、侄刘奉世合作，著《汉书标注》，又独著《汉威仪》等，时称"三刘《汉书》之学"。刘攽为人疏隽率性，不修威仪，幽默风趣，喜于谐谑，虽数招怨毁，终不能改。

刘攽入书局时44岁，主要负责两汉部分的起草工作。但是他只在书局工作了5年的时间。熙宁三年（1070）四月，他因与王安石实行新法的主张存在分歧，被王安石调离汴京，到泰州（今江苏泰州）去做通判。

（三）范祖禹

范祖禹（1041—1098），字淳甫（纯甫），又字梦得，成都华阳（今四川华阳）人，自幼父母双亡，由叔祖父范镇抚养成人。仁宗嘉祐八年（1063），范祖禹进士及第，曾在资州（治所在今四川资中）任龙水县县官。范祖禹入书局时年仅30岁，是年

---

① 〔元〕脱脱等撰：《宋史·刘敞传》卷七十八，中华书局1977年版，第10388页。

纪最轻、在书局工作时间最长的一位。

范祖禹天资聪颖，思维敏捷，勤奋好学，善于文辞。他曾为皇帝讲书，每讲之前必正襟危坐，精心准备，讲时，"开列古义，参之时事，言简而当，无一长语，义理明白，粲然成文，苏轼称为讲官第一。①"

在编修《资治通鉴》的15年间，范祖禹忠于职守，专心致志，主要负责唐代部分的起草工作。司马光晚年身体状况欠佳，元丰五年（1082）患轻度中风，于是预作《遗表》以防不测，由此更加倚重范祖禹，许多工作如唐、五代部分的修定，都由范祖禹代为完成。

《资治通鉴》完成后，范祖禹自著《唐鉴》一书，叙述唐高祖至唐昭宗三百年间的兴衰治乱并附有论断306篇。因此，他又被称为"唐鉴公"。他的儿子范温到汴京大相国寺游玩时，人们纷纷指着范温叫"鉴公之子"，可见范祖禹和《唐鉴》的影响。

范祖禹在政治上也是王安石变法的反对派，元祐时官至龙图阁学士，绍圣时变法派重新执政，范祖禹连遭贬逐，死于贬所广南西路化州（今广东化州）。

刘恕、刘攽、范祖禹三个助手不仅精通业务，长于著述，而且在政治上与司马光志同道合，同属反对王安石变法的保守派。由此可见，司马光为自己选配的这个编写班子，无论是业务水平还是政治态度，都是非常理想的。《资治通鉴》完

---

① 〔元〕脱脱等撰：《宋史·范镇传》卷九十六，中华书局1977年版，第10799—10800页。

成之后,司马光的儿子司马康对其好友晁补之说:"《资治通鉴》之完成,盖得人焉。史记、前后汉则刘贡甫,自三国历七朝而隋则刘道原,唐迄五代则范纯甫。此三公者,天下之豪杰也。"可见,人员配备得当,分工合理,展其所长,是《资治通鉴》取得成功的保证。

四、编辑程序

关于《资治通鉴》的编辑程序,宋代学者李焘在《进续通鉴长编表》中曾有所披露:"臣窃闻司马光之作《资治通鉴》也,先使其僚采撷异闻,以年月日为丛目。丛目既成,乃修长编。"其实,还有一项重要工作李焘没有提及,那就是最后一道环节——定稿。下面分别说明。

(一)制作丛目

即编写出《资治通鉴》的提纲。具体又分为两项工作:

1. 标出事目。即在入选《资治通鉴》的历史资料中,以典型事例标出题目,然后再依照时间顺序排列起来,形成一个系统的纲目。

2. 附注资料。记载以所列事目为主的同时,更加广泛地搜集新的资料,然后把这些新资料附注在相关事目之下。附注材料的要求是,凡是与史事相关的资料,都需要按照年月日依次添加。无日者,附于其月之下,称是月;无月者,附于其年之下,称作是岁;无年者,附于其事之首尾;有无事可附者,则应估计其时之早晚,附于一年之下。

总之,这种广泛搜集资料的做法,所体现的是一种巨细靡遗、宁滥勿缺的原则。

（二）勒成长编

即编写成《资治通鉴》的草稿。过去所说的"长编"，就是现在所说的底稿或是草稿。勒成长编的过程大体分为三个环节。

1.筛选资料。就是对制作丛目阶段所收集的资料进行鉴别。这就要求通读文献，去伪存真。为此，司马光在致范祖禹的信中特别指出："其修长编时，请据事目下所该新旧纪、志、传及杂史、小说、文集，尽检出一阅。"①无论材料出自何处，在取舍标准上都一视同仁。

2.编排资料。一是将资料区别为三种类型（即事同文异者、彼此互有详略者、事迹及年月不符者）；二是对每类资料都提出相应的处理办法。在资料的取舍上，还明确规定了一个指导原则：无论诗赋、诏诰，还是妖异、诙谐之类，只要能够反映历史某一侧面，就将其收集起来，否则宁可舍弃。

3.统一书法。书法是古代史官在修史时所遵循的体例、原则。在《答范梦得书》中，司马光特别就史学中经常遇到的记年、记人、记事三个问题，提出了个人见解。关于记年方面，司马光特别注意年号的统一，即凡一年内有两个年号者，仅使用后一个年号，这样就克服了同年多号歧出之弊。关于记人方面，司马光注意吸取纪传体史书的长处，使编年体文献中的人物也变得丰满、生动起来。关于记事方面，采取先举其纲、后原其详的做法，经常运用追叙法来说明事情的原

---

①〔宋〕司马光撰：《司马文公传家集·答范梦得》，商务印书馆1941年版，第19页。

委。由于书法的相对统一,使得"长编"虽然成于众人之手,却是浑然一体,如冶于一炉。

司马光为编制"长编"确立的原则是:"宁失于繁,毋失于略。"这是因为,"长编"仅仅是《资治通鉴》一书的草稿,要为本书的最后定稿最大限度地提供选择余地,就应当坚持"多多益善"的原则。

此外,司马光还规定了"长编"的书写格式:正文全部以大字书写,其余歧异不同的资料一律用小字附注于正文之下,从格式上做了严格的区分。

(三)删削定稿

就是在长编的基础上删繁就简,由博返约,取精用弘,去粗取精,反复删改,形成定本。这一工作主要由司马光一人完成。

从长编到定稿,往往不是一次完成的。有时需要粗略删改,成为"广本",并寄给有关助手阅读,然后再细删,加工润色,成为定稿。

在删改定稿的过程中,取舍是否得当,考证是否精确,文字是否清楚,体例、格式是否前后统一,都是必须解决的问题。这是非常细致、繁难的工作,其艰巨程度可想而知。在《与宋次道书》中,司马光曾就《长编》中长达六七百卷的唐史说到:"自课三日删一卷①",自前秋开始删起,"须更三年,方可粗成编,又须细删",最终要删至"数十卷"。最终,司马光用了大约4年的时间,将其删减至81卷定稿。

---

① 宋时书籍多为卷轴装,每卷长约四丈。

司马光删削定稿的工作主要分为两项：

第一，粗删。主要是对长编资料的删繁就简，由博而约，去粗取精。

第二，细删。主要包括考订同异，统一体例，统一史观以及文字上的加工润色等。

由此可见，整个删削定稿工作，不仅需要一流的史学造诣和文字驾驭能力，还需要兢兢业业的精神和坚忍不拔的毅力。司马光以高度负责的工作态度，极其出色地完成了定稿工作。正如刘恕之子刘羲仲在其《通鉴问疑》一书中所说："先人在书局，止类事迹，勒成长编，其是非予夺之际，一出君实手笔。"可以说，司马光是名副其实的主编。

这种制作丛目、勒定长编、删削定稿三位一体的编书步骤，具有很强的科学性。具体而言，编制丛目，等于为全书制定了大纲、细目，形成了全书的基本框架；勒成长编，是搜集群籍、兼收并蓄、广采异说的过程，确保了史料的齐全完整，没有重要遗漏；删削定稿，是对全书进行统一调整、润色文字的过程，从而保证了观点、体例、笔法的一致性。经过三个阶段的工作，实现了史料的取舍得当，文字语言的连贯流畅、优美，达到了众手之作如出一人之手的效果。

司马光采用的这一方法，对于大型史书的编纂具有重要的借鉴意义，也对以后的学术界产生了深远的影响。

五、全书完成

宋神宗元丰七年（1084）底，《资治通鉴》全书及《目录》《考异》各30卷宣告完成。如果从宋英宗治平三年（1066）四月书局成立算起,全书共用了19年时间。这正是司马光从48岁到66岁,学问成熟、造诣精深的时期。如果从司马光作《历年图》开始,则经历了30年左右的时间。因此,司马光在《进书表》中称"臣之精力,尽于此书",绝非夸大之辞。这部编年体史书,耗费了司马光毕生的心血,因此,《资治通鉴》也成为司马光一生中最重要的著作。

据有关资料记载,《资治通鉴》的草稿在洛阳堆满了两间屋子,黄庭坚曾翻阅过其中的数百卷,均是字迹工整,没有一点儿潦草,编书者的严肃认真、一丝不苟,于此可见一斑。

六、刊刻

宋神宗元丰八年(1085)九月,范祖禹、司马康、刘安世、黄庭坚等人,又对《资治通鉴》进行了重新校勘,成为定本。第二年,即宋哲宗元祐元年(1086)十月,才将定本交由杭州雕版。此前一个月,司马光因病去世,没有见到《资治通鉴》的刊行,成为永久的遗憾。

第三节　《资治通鉴》的内容及编辑特色

一、内容

《资治通鉴》是有史以来最大的一部编年体史书。全书294卷,目录30卷,考异30卷。该书上起战国周威烈王二十三年(前403),下迄五代后周周世宗显德六年(959),叙述了1362年间的历史,是我国编年史中时间跨度最长的一部巨著。这部史书侧重于政治、军事等方面,是一部脉络清晰、内容宏富、文笔优美的历史巨著。

二、编辑特色

《资治通鉴》为编年体史书的编纂树立了一个典范,概而言之,其编辑特色为:

(一)取材广泛,网罗宏富

司马光在《进书表》中说,为了编辑《资治通鉴》,"遍阅旧史,旁采小说,简牍盈积,浩如烟海"。凡是能够搜集到的图书资料,他都尽量找来参考。《资治通鉴》的取材,虽然主要来源于"正史",但对于稗官野史、百家谱录、正史别集、墓志碑碣、行状别传等资料,司马光也给予足够的重视。根据高似孙《纬略》一书的记载,《资治通鉴》所采用的图书,除了"正史"之外,仅杂史就达322种之多。有人估计,司马光参考过的资料,约有3000多万字。

取材广泛,网罗宏富,是《资治通鉴》的编辑特色,也是其取得成功的保证。

(二)略古详今,主次分明

作为一部编年体通史,《资治通鉴》继承了《史记》所开创的略古详今的优良传统,在全书比重划分上,充分体现了主次分明的特点。具体而言,在全书294卷中,战国秦汉622年,有68卷;魏晋南北朝369年,有108卷;隋唐五代371年,有118卷。

就全书的史料价值而言,也是后大于前,因为越是往后,取材越广,网罗越富,取舍越难,编写的工作量越大。据章太炎考证,《资治通鉴》于西汉部分全采《史记》《汉书》;东汉部分十之七八取自《后汉书》;魏晋至隋,采自正史的史料,也有十之六七;至于唐代,正史中的史料还不到一半,大多取自皇家档案及稗官野史。

(三)自著考异,说明取舍

古人注书,一般偏重于注音释义,在文字训诂方面下功夫。如南朝宋裴骃的《史记集解》,唐司马贞的《史记索隐》,唐张守节的《史记正义》,通称"史记三家注",是注释《史记》的代表作,它们和唐颜师古的《汉书注》一样,主要是考证文字,订正谬误,属于训诂派。只有南朝宋裴松之为《三国志》作注时,才与训诂派大为不同,在内容上进行了大量的补充和增订,对原著的注释方式进行了创新。

由于晋陈寿的《三国志》内容过于简略,裴松之便不再侧重于注文释义,而是兼采众书,增补事实,并注意辑录异闻,辨证是非讹异。正如《四库全书总目》卷四十五评价裴松之注所说:

> 一曰引诸家之论以辨是非,一曰参诸书之说以核讹异,一曰传所有之事详其委曲,一曰传所无之事补其缺佚,一曰传所有之人详其生平,一曰传所无之人附以同类。[①]

裴松之的注引书约200种,注文超过《三国志》正文的三倍,名为注书,实为补史。因此,裴松之注与《三国志》正文相辅相成。读《三国志》,不可不读裴松之的注。实际上,裴松之注的价值很高,丝毫不亚于《三国志》的正文,甚至过之。

---

① 〔清〕永瑢等撰:《四库全书总目》,中华书局1965年版,第403页。

裴松之这种别开生面、独出心裁的注书方法，直接影响了司马光。

《通鉴考异》主要不是罗列事实，而是说明异同，辨别是非，重点在于考证，即在书中逐条说明史料的异同、取舍的理由，使人不仅可以从中了解《资治通鉴》取材的依据，而且还可以鉴别它的记载是否准确。

《通鉴考异》还纠正了旧史的许多错误，同时保存了许多古书的内容片断，为人们了解和校勘古书提供了大量的资料。

司马光在删削定稿过程中创立的考异法，成为中国古代史学的一个优良传统，对后来的史学家产生了深远的影响，成为许多史学家治学的一个工具。如南宋李焘的《续资治通鉴长编》和李心传的《建炎以来系年要录》，清代徐乾学的《资治通鉴后编》，毕沅的《续资治通鉴》，夏燮的《明通鉴》等，都在不同程度上受到司马光考异法的影响，继承了司马光自注异同的体例。以考订史实见长的清代乾嘉学派，也是遵循了司马光重视考异的学术方法。如钱大昕的《廿二史考异》、王鸣盛的《十七史商榷》、赵翼的《廿二史札记》，均为这个学派的代表作。

（四）叙事详尽，文笔简洁

"十七史"篇幅众多，部头硕大，读起来非常困难。中国史学发展到宋朝，一共编著了正史十七部：《史记》《汉书》《后汉书》《三国志》称"前四史"；加上《晋书》《宋书》《南齐书》《梁书》《陈书》《魏书》《北齐书》《周书》《隋书》就成了"十三史"；在"十三史"的基础上，加上《南史》《北史》《新唐书》《新五代史》，形成了"十七史"。因此宋朝文天祥曾对蒙元代丞相博罗说："一部十七史，从何说起！我今日非应博学宏词科，何暇泛论！"《资治通鉴》刊行之后，在很大程度上减少了人们阅读史书的繁难。

由于司马光等人对历代史实和典章制度非常熟悉，对史料的处理又有一个由粗到精、由繁到简的过程，能够提纲挈领、融会贯通，做到了详而不杂、疏而不漏。所以，《通鉴》不仅逐年逐月、条分缕析地记载了1368年间的重大历史事件，而且还兼述了天文、地理、水利、兵制、财政税赋以及政府机构和典章制度方面的情况。因此，为《资治通鉴》进行音注的胡三省曾说："读《通鉴》者，如饮河之鼠，各充其量而已。"

《资治通鉴》在对重大历史事件尤其是战争或战役的描写中，充分体现了叙事详尽的特点。如对赤壁之战的叙述中，魏、蜀、吴三国谋臣良将大部分登场，涉及曹操、刘备、孙权以及周瑜、诸葛亮、黄盖等几十个人物。相关记载散见于《后汉书》《三国志》中的许多"纪""传"之中，头绪纷繁复杂，难以理清来龙去脉。《资治通鉴》把各种史料集中起来，经过剪裁、润色、穿插，不仅把这次战争的起因、经过和结局，讲得清清楚楚，而且把许多处境相同、性格不同的历史人物，描绘得栩栩如生，成为文学史上的名篇。

《资治通鉴》总篇幅约300万字，同其囊括古今的丰富内容相比，堪称简明扼要。它虽是集体编修，史料又取自各类史书，但经过一番精雕细刻、锤炼陶冶的加工，做到了简明生动、通俗流畅，文字风格前后统一，如出一人。

第四节　《资治通鉴》在编辑体例上的局限

《资治通鉴》行世之后，广受赞誉，它不仅成为同《史记》《汉书》相媲美的历史巨著，而且重振了编年体史书的雄风，使其面目从此为之一新。但是，《资治通鉴》也有自身的缺陷。从其体例上来说，主要有以下两点：

一、详政治、军事，略经济、文化

《资治通鉴》基本上是一部历代政治军事史或兴衰治乱史，对于历代典章制度虽有叙述，但远远不如纪传体史书中的"书"或"志"详细系统。尤其是有关经济制度和社会市场等，记载都比较简略。如载"租庸调制"，仅二十余字："初定租、庸、调法，每丁租二石，绢二匹，绵三两，自兹以外，不得横有调敛。"对于哲学、宗教、文学艺术、科学文化等，叙述更少。如项羽的《垓下歌》、刘邦的《大风歌》等，《资治通鉴》皆不收录，但对于"诗赋有所讥讽"者则采之，如卷一百四赵整作《酒德之歌》、卷一三四百姓为袁粲作哀歌。杜甫这样在文学史上举足轻重的人物，甚至只提到一次。柳宗元是政治人物，文学地位虽低于杜甫，司马光却把他的《梓人传》《种树郭橐驼传》两篇作品收录进来。《资治通鉴》写白居易很多，因为他是翰林学士，多次上书，时时评论朝政。晚唐藩镇割据，朝廷姑息，司马光对杜牧的文章十分欣赏，将其《注孙子序》《罪言》《原十六卫》《战论》《守论》五文摘入《资治通鉴》卷二百四十四。又如韩愈，乃文起八代之衰、积极捍卫儒家道统的文人，但却对其学术文化贡献只字不提,只收录其《谏迎佛骨表》及《送文畅师序》。

《资治通鉴》专记鸠摩罗什译经,却不记玄奘译经,又详细记载北魏太武帝、北周武帝以及唐武宗三次大规模的禁佛毁佛事件;记陈群的九品中正制,却不记隋代开进士科取士。凡与政治无关者,多不录取。对此,顾炎武的解释是:"此书本以资治,何暇录及文人?"[①]刘宋文帝元嘉十五年(438)立儒、玄、文、史四学,司马光发表评论,认为四学其实是等而下之,不值得重视,"臣光曰:《易》曰:'君子多识前言往行以畜其德。'孔子曰:'辞达而已矣。'然则史者儒之一端,文者儒之余事;至于老、庄虚无,固非所以为教也。夫学者所以求道;天下无二道,安有四学哉!"

二、纪年方法不当

尽管司马光不主张区分正统和闰位,并声称只是借年号以记事,并没有尊卑褒贬,实则不然。如有关三国的记载,只采用曹魏年号,并不注明孙吴和刘蜀相应的年号;有关南北朝的年号,只采用南朝年号,又不注明北朝相应年号,从而造成以一朝一国的年号为纲,系以几朝几国的事迹,实际上未能回避主从、尊卑、褒贬等主观色彩问题。

另外,在同一年中,凡是先后有过两三个年号的,《资治通鉴》一律用最后一个年号纪年,如汉献帝建安二十五年

---

① 〔清〕顾炎武著,〔清〕黄汝成集释:《日知录集释》,岳麓书社1994年版,第928页。

（220）正月改为延康元年，十月魏文帝曹丕又改为黄初元年。在建安、延康、黄初三个年号中，《资治通鉴》用曹魏黄初元年纪年，但记载的史实，又主要是汉献帝时的事情。这就容易造成年号与事迹自相矛盾的情况，不符合客观实际。

再有，《资治通鉴》在目录和每卷之前总述年代的时候，又不用干支纪年，而是用《尔雅·释天》中的岁阴、岁阳等名词作纪年符号。这些名词并不常用，使用起来非常不便。

第五节　关于《资治通鉴》的评价

《资治通鉴》是和《史记》相媲美的一部史学巨著，司马光也成为和司马迁齐名的史学家。

对于《资治通鉴》的评价，大多持肯定、赞扬的态度。《四库全书总目》称："（著者）皆通儒硕学，非空谈性命之流，故其书体大思精，为前古所未有。而名物训诂，浩博奥衍，亦非浅学所能通。"[1]

现代学者、著名文献学家张舜徽先生评曰："所谓取精用宏，神明变化，惟《通鉴》足以当之。其于近代则兼采十六国史，于南北朝则兼采八朝所撰之私史，于唐、五代则兼采实录及诸家记载。其中理董两晋南北朝纷乱时史实，最为繁剧。自称到洛八年，仅了得晋、宋、齐、梁、陈、隋六代，可知当日用力之艰苦。朱熹亦云：'《南北史》除了《通鉴》所取者，其余只是一部好笑底小说。'（见《朱子语类》卷百三十四）可知其剪

---

[1]〔清〕永瑢等撰：《四库全书总目》，中华书局1965年版，第420页。

裁镕铸之功,早已为学者所钦服矣。虽其修书之时,有二刘、范氏助纂长编,而笔削一归司马。观其取范氏所纂《唐纪》长篇六百卷,删减为八十卷,此是何等手段! 非有刚健之气,弘通之识,曷克臻此。……博采广收,包罗弘富,而又善于剪裁,不使过冗,此其所以在编年史之为冠绝古今之作。"[①]

总体而言,《资治通鉴》编辑体例严谨,规模宏大,脉络清晰,史料充实,考证详细,叙事生动,繁简得宜,堪称一部史学巨著,但其本身也存在不少的错误,如史学家严耕望指出:《资治通鉴》对云台二十八将的排列顺序有误;两《唐书》将"特勤"误为"特勒",《资治通鉴》对此并无纠正,将错就错,《资治通鉴》卷一六四:"土门自号伊利可汗,号其妻为可贺敦,子弟谓之特勒。"《通鉴考异》:"诸书或作特勤,今从刘昫《旧唐书》及宋祁《新唐书》。"

高安陈汝奇在《陈氏甘露园长书四论》中认为,《资治通鉴》将只见诸野史的杨贵妃、安禄山之事纳之正史而失之客观。又如唐代宦官鱼弘志,《新唐书》仇士良传作"鱼弘志",《旧唐书》偶有误为"鱼志弘",《资治通鉴》卷二四五大和九年十一月壬戌作"鱼志弘",《资治通鉴》卷二四六开成五年正月己卯又作"鱼弘志",相互矛盾。《晋书》载吕光的第一个年号"太安",而《资治通鉴》记载为"大安"。再如,《资治通鉴》记年方式多有不当之处,如齐人伐燕的时间(前313),司马光舍《史记》的纪传体,未据《纪年》详加考查,只增加齐威王十年,减少齐湣王十年,以求与《孟子》记载齐宣王伐燕的事迹相同,宋朝

[①]《张舜徽集·爱晚庐随笔》,华中师范大学出版社2005版,第19—20页。

朱熹经考订认为是齐湣王十年,据今人考证,实际上为齐宣王七年,另乐毅伐齐中也有不少错误。又如,《资治通鉴》在记述隋炀帝西巡行程中出现诸多失误,六月二十三日以后由张掖前往焉支山的时间,提前到高昌王六月十七日到达张掖的当天。《通鉴》卷十五(汉纪七)文帝后二年:"八月,戊戌,丞相张苍免。"但据《二十史朔闰表》文帝后二年八月丁卯朔,月内并无戊戌。吴玉贵著有《资治通鉴疑年录》,归纳出《通鉴》纪时所发生错误,共计得出888例,可补此方面的缺失。

朱熹在《朱子语类·历代一》中,对《资治通鉴》有直接的批评:"温公不喜权谋,至修书时颇删之,奈当时有此事何?只得与他存在。若每处删去数行,只读著都无血脉意思,何如存之,却别作论说以断之。"又说:"温公修书,凡与己意不合者,即节去之,不知他人之意不如此。《通鉴》之类多矣。"明代严衍熟读《资治通鉴》,著有《资治通鉴补》,列举通鉴有七病——漏、复、紊、杂、误、执、诬。

近人岑仲勉认为,《通鉴》对牛僧孺所说"失一维州,无害其(吐蕃)强"的评价有偏颇之嫌,司马光还不惜歪曲事实,玩弄文字游戏。岑仲勉还写有《通鉴隋唐纪比事质疑》,自称纠正《通鉴》的谬误共计670余条。

第九讲
郑樵和《通志》的编撰

第一节　郑樵其人

郑樵(1104—1162),字渔仲,宋福建路兴化军莆田(今福建莆田)人,因其长期隐居于夹漈山(今莆田西北之西岩)中读书治学,故人称"夹漈先生",又自号"溪西逸民"。郑樵先辈为当地大族,其父郑国器曾为太学生。

郑樵自幼受家庭熏陶,刻苦读书,对六经、诸子百家之学尤感兴趣,但特立独行,不满当时社会上空谈理学、侈讲辞章的学风。郑樵16岁时,其父亡故,家道中落,为了不中断学业,郑樵和其堂兄郑厚结庐夹漈山中,谢绝人事,不应科举,"寒月一窗,残灯一席,讽诵达旦",一生以编纂著书为业。他曾说:"三十年著书,十年搜访图书。"①《宋史》称其"好著书,不为文章,自负不下刘向、杨雄。"②

---

① 〔宋〕郑樵:《夹漈遗稿·与景韦兄投宇文枢密书》,中华书局1985年版,第19页。
② 〔元〕脱脱等撰:《宋史·儒林》卷一百九十五,中华书局1977年版,第12944页。

郑樵早年即有志于编纂通史,他对司马迁编纂的《史记》推崇备至,佩服得五体投地。因此,他志向远大,治学务求广博。他在给皇帝的上书中自称:

> 臣本山林之人,入山之初,结茅之日,其心苦矣,其志远矣。欲读古人之书,欲通百家之学,欲讨六艺之文而为羽翼,如此一生,则无遗恨。①

为此,郑樵发愤读书,"游名山大川,搜奇访古,遇藏书家,必借留,读尽乃去"②。

在博览群书、搜集资料的过程中,郑樵"用十年为经旨之学","三年为礼乐之学","三年为文字之学","五六年为天文地理之学","为虫鱼草木之学","八九年为讨论之学,为图谱之学,为亡书之学"。他力求对各门学科都深入学习,最后达到融会贯通的地步。他对那种只讲义理辞章之学,用"空言"著书,以"虚言"作笺注的治学方法极为不满,认为这种方法只能使读者"因疑而求,因求而迷,因迷而妄",因此主张实学,把书本知识和客观实际相结合,进行总结和概括,找出其中的规律。这是郑樵基本的学术思想和治学方法。

郑樵虽为一介寒儒,没有获得功名,但凭借其刻苦与勤奋写下了大量的著述,他自称"山林三十年,著书千卷"。其著作有84种之多,现今可考者有57种,大致可分为九类:史类18种,经类13种,礼类5种,乐类1种,小学类9种,诸子类1种,天文类3种,医方类6种,文类1种。

---

① 〔宋〕郑樵:《夹漈遗稿·献皇帝书》,中华书局1985年版,第10页。
② 〔元〕脱脱等撰:《宋史·儒林》卷一百九十五,中华书局1977年版,第12944页。

　　南宋绍兴二十七年(1157)，在侍讲王纶、贺允中的引荐下，郑樵得到宋高宗赵构的召见。在皇帝面前，郑樵陈述了自班固以来历代编纂史书的缺失。正如他在《通志·总序》中所言："自《春秋》之后，惟《史记》擅制作之规模，不幸班固非其人，遂失会通之旨，司马氏之门户自此衰矣。班固者，浮华之士也，全无学术，专事剽窃。""由其断汉为书，是致周秦不相因，古今成间隔。……后世众手修书，道傍筑室，掠人之文，窃钟掩耳，皆固之作俑也。……迁之于固，如龙之于猪，奈何诸史弃迁而用固，刘知幾之徒尊班而抑马?"[①]这些见解，得到宋高宗的赏识："闻卿名久矣，敷陈古学，自成一家，何相见之晚耶?"[②]随后，郑樵被授以右迪功郎、礼兵部驾阁之官职。但时间不长，即为御史叶义问所弹劾，改监潭州南岳庙。郑樵离开中枢之后，竭尽全力，潜心编纂，完成了一部200卷的大书《通志》。书成之后，郑樵被任命为枢密院编修官，兼摄检详诸房文字，1162年春，郑樵因病去世，终年59岁。

第二节　《通志》的基本情况

　　前已述及，郑樵一生勤于著书，著作等身且门类繁多，但其最大成就莫过于《通志》。

一、《通志》概述

　　《通志》是继司马迁《史记》之后的又一部大型纪传体通

---

　　① 〔宋〕郑樵撰:《通志二十略》，中华书局1995年版，第2—3页。
　　② 〔元〕脱脱等撰:《宋史·儒林》卷一百九十五，中华书局1977年版，第12944页。

史，它上起三皇，下迄隋代（礼、乐、刑、政至唐），共200卷，包括本纪18卷，年谱4卷，二十略52卷，世家3卷，列传115卷，载记8卷。由此看来，在编辑体例上，《通志》基本上承袭《史记》，但亦有所创新。具体而言，纪、传、世家、年谱全仿《史记》中的本纪、列传、世家和表，仅改"表"为"年谱"。《史记》所创之"书"，《汉书》改名为"志"，后世多所仿效。郑樵贬抑班固，改"志"为"略"，"略者，举其大纲云"。"载记"源于《东观汉记》，用以记述新市、平林、公孙述等反对王莽诸人。唐编修《晋书》时，因十六国①皆在中土，又不受晋封爵，难以列入世家，于是援引《东观汉记》编辑之法，于本纪、列传之外，另编"载记"。对此，唐刘知幾在《史通·题目》中称其："可谓择善而行，巧于师古者矣。"②郑樵在编纂《通志》时，本着"会通百家"的思想，保留了"载记"一体。

二、《通志》的编纂方法

（一）纪传

对于纪传的编纂，郑樵所采用的方法是"即其旧文，从而损益"，就是将各史人物纪传进行重新编辑，具体方法有三种。第一，删削。即删去诸史重复材料和次要语句及论赞部

---

① 从东晋永兴元年（304）匈奴贵族刘渊建立汉国起，到南朝宋文帝永嘉十六年（439）北魏统一北方止，北方少数民族和汉族上层分子先后建立了16个政权，史称"十六国"。因其统治者大多为匈奴、鲜卑、羯、氐、羌五个少数民族，故又称"五胡十六国"。

② 〔唐〕刘知幾著，〔清〕浦起龙撰：《史通通释》，上海古籍出版社1978年版，第92页。

分。第二,联缀。即会通古今,对前史人物进行分类编排。第三,迁移。即把原来旧史中放在甲处的材料根据史实移到乙处,使叙述更为科学合理。

（二）年谱

郑樵对于司马迁《史记》中的"十表"极为赞赏,认为:"太史公括囊一书,尽在十表。"又说:"按司马迁之法,得处在表,用处在纪传,以其至要者条而为纲,以其滋蔓者厘而为目。后之史家既自不通司马迁作表之意,是未知迁书之所在也。"郑樵认为:"表者,一书之要也,不可以记繁文;表者,一书之本也,不可以记末节。""犹衣裳之有冠冕,木水之有本原。"因此,在年谱的编纂上,郑樵创立了"纲举目张"的方法,做到"意明而语约",举其大要,略其细枝末节。在年谱的选材上,主张史贵征实,认真考证,纠正前史之讹误。

第三节　《通志二十略》的内容及评价

《通志》的最大成就在于"二十略"的创制,正如《四库全书总目》所说:"（郑樵）平生之精力,全帙之精华,惟在二十略而已。"

一、基本内容

（一）名称之来历

郑樵在《通志·总序》中说:

> 江淹有言,修史之难,无出于志。诚以志者宪章之所系,非老于典故者不能为也。不比纪、传,纪则以年包事,

传则以事系人,儒学之士皆能为之。惟有志难,其次莫如表。所以范晔、陈寿之徒,能为纪、传而不敢作表、志。志之大原,起于《尔雅》。司马迁曰《书》,班固曰《志》,蔡邕曰《意》,华峤曰《典》,张勃曰《录》,何法盛曰《说》,余史并承班固谓之志,皆详于浮言,略于事实,不足以尽《尔雅》之义。臣今总天下之大学术而条其纲目,名之曰《略》,凡二十略,百代之宪章,学者之能事,尽于此矣!其五略,汉、唐诸儒所得而闻;其十五略,汉、唐诸儒所不得而闻也。[①]

由此可见,郑樵对其"二十略"颇为自得和自负,以其有超越古今之气概。

(二)《通志二十略》之内容

《通志二十略》具体分为二十略,即《氏族略》6卷,《六书略》5卷,《七音略》2卷,《天文略》2卷,《地理略》1卷,《都邑略》1卷,《礼略》4卷,《谥略》1卷,《器服略》2卷,《乐略》2卷,《职官略》7卷,《选举略》2卷,《刑法略》1卷,《食货略》2卷,《艺文略》8卷,《校雠略》1卷,《图谱略》1卷,《金石略》1卷,《灾祥略》1卷,《昆虫草木略》2卷。

这二十略大概可以归为以下几类:

第一类:天文、地理、礼、器服、乐、职官、选举、刑法、食货、灾祥十略,其内容在前史中基本都可以找到,郑樵只是作了一些加工,不少材料抄自《通典》和前朝各史。

第二类:六书、七音、艺文、校雠、图谱、金石六略,其内容均属于文化方面,为《通典》所缺少,而且,除《艺文略》外,其

---

① 〔宋〕郑樵撰:《通志二十略》,中华书局1995年版,第5页。

他各略在前史中也少有涉及。在六略之中,最有价值、最富有创建的是《艺文略》和《校雠略》。《艺文略》是一部宋以前图书的分类目录,郑樵打破了传统的四部分类法(经、史、子、集)的束缚,建立了比较健全的三级分类法。具体而言,是把所有图书分为若干大类,即经类、礼类、史类、诸子类、艺术类、医方类、类书类、文类。大类之下又分为若干小类,如经类分为易、书、诗、春秋、国语、孝经、论语、尔雅、经解等9小类;史类分为正史、编年、霸史、杂史、起居注、故事、职官、刑法、传记等9小类;诸子类分为道家、释家、法家、名家、墨家、纵横家、杂家、农家、小说、兵家、天文、历数、算术、五行等14小类;文类又分为楚辞、别集、总集、诗总集、赋、赞颂、箴铭、碑碣、制诰、表章、启事、四六、军书、案判、刀笔、俳谐、奏议、论、策、书、文史、诗评等22小类。有的小类之下又分细目,如史类传记小类之下又分为高隐、孝友、忠烈、名士、交游、列传、家传、列女、科第、名号、冥异、祥异等12细目。应该说,郑樵的这一分类方法是比较科学合理的,是目录学史上的一大进步。

　　《通志二十略》中与编辑出版学关系最密切的是《校雠略》。在这部书中,郑樵根据前人的经验和自己的读书心得,提出了许多带有规律性的见解,如:"书之易亡,亦由校雠之人失职故也。盖编次之时,失其名帙。名帙既失,书安得不亡也。""编书之家,多是苟且,有见名不见书者,有看前不看后者。"①

---

① 〔宋〕郑樵撰:《通志二十略》,中华书局1995年版,第1809页。

在《校雠略》中，郑樵非常注重图书的编辑体例，他认为编辑体例是否科学有条理是书籍能否流传的关键，他在"编次必谨类例论"中说：

> 学之不专者，为书之不明也。书之不明者，为类例之不分也。有专门之书则有专门之学，有专门之学则有世守之能。人守其学，学守其书，书守其类。人有存没而学不息，世有变故而书不亡。以今之书校古之书，百无一存，其故何哉？士卒之亡者，由部伍之法不明也。书籍之亡者，由类例之法不分也。类例分则百家九流各有条理，虽亡而不能亡也。①

此外，郑樵在很多地方也都谈到了编辑体例的重要性，如标题中的"编次必记亡书论""编次失书论""编次之讹论""编书不明分类论""编次有叙论""编次不明论"等。

第三类，氏族、都邑、谥三略，均为郑樵独创。《氏族略》叙述了姓氏的来源，将姓氏由来归纳为三十二类，即以国为氏，如唐、虞、夏、周；以邑为氏，如尹、苏、毛、刘、冯；以乡为氏，如陆、庞、裴、资；以亭为氏，如欧阳；以地为氏，如傅、涂、嵇、西门；以姓为氏，如姚、姜、任；以字为氏，如林、方、牛、潘；以名为氏，如轩辕、汤、童、栗；以次为氏，如孟、仲、季、丁、祖；以族为氏，如左、景、索；以官为氏，如史、师、司马、寇、司徒；以爵为氏，如王、侯；以凶德为氏，如闻、兀、黥；以吉德为氏，如冬日、老成；以技为氏，如巫、屠、卜、干将；以事为氏，如窦、车、青牛；以谥为氏，如庄、严、康、武、文、穆；以爵系为氏，如公

---

① 〔宋〕郑樵撰：《通志二十略》，中华书局1995年版，第1804页。

孙、王子；以国系为氏，如唐孙、滕叔；以族系为氏，如仲孙、臧孙；以名氏为氏，如士季、士思、伯宗；以国爵为氏，如夏侯、戎子；以邑系为氏，如原伯、温伯；以官名为氏，如师宜、尹午等。此外，还有代北复姓、关西复姓、诸方复姓、代北三字姓、代北四字姓等。

在《氏族略》中，郑樵先是按照自己的32种分类法列出了氏族目录，然后分别叙述这32种姓氏的来历并注明了各种姓氏的音律（平上去入）。最后，又对姓氏的演变规律进行了总结，为总论13篇，即同名异实、改氏、改恶氏、汉魏受氏、变夷、变于夷、别族、避讳、音讹、省文、省言、避仇、生而有文等。

郑樵在《谥略·序论》中说："生有名，死有谥，名乃生者之辨，谥乃死者之辨，初不为善恶也。"①

《谥略》把古代的210种谥法划分为上谥、中谥、下谥三种类别加以论述。上谥包括"神、圣、贤、文、武、成、康、献、懿、元、章、景、宣、明、昭、温、让、厚、纯"等131种，这些谥号都是用于国君和长辈以及君子。中谥包括"怀、悼、愍（闵）、哀、隐、幽、冲、夷、惧、息、携、愿、微"等14种，这些谥号主要用于闵伤和无后者。下谥包括"野、夸、躁、伐、荒、炀、戾、刺、荡、亢、千、专、轻、苟、介、暴、虐、愎、悖、凶、慢、忍、毒、恶、侈、惑、靡、溺、伪、妄、谄、诬、诈、谲、诡、奸、邪、慝、蛊、危、覆、败、饕、费"等65种，这些谥号，主要用于野蛮残暴和奸佞小人。

第四类为《昆虫草木略》，属于博物范畴，为其他史书所无。郑樵仿《尔雅》体例，搜求各种方言异名，分别对草、木、

---

① 〔宋〕郑樵撰：《通志二十略》，中华书局1995年版，第785页。

蔬、稻粱、果、鱼虫、禽兽的名称及来历进行了注释。如木类中对"杜仲"的解释为："杜仲曰思仙,曰思仲,曰木绵。其叶类辛夷,嫩时可食。江南人谓之绵芽。"①再如对"寄生"的解释:

> 寄生,生于木上,有两种,一种大者叶如石榴,一种小者叶如麻黄,其实皆相似。云是鸟粪感木而生,入药,以桑上者良。一名宛童,一名寄屑,一名寓木。《尔雅》云:"寓木,宛童。"诗云:"茑与女萝,施于松上。"大者曰茑,小者曰女萝,生松上者曰松萝。②

又如关于"木兰"的解释为："木兰曰林兰,曰杜兰。皮似桂而香,世言鲁班刻木兰舟,在七里洲中,至今尚存。凡诗咏所言木兰舟即此也。"③

二、关于《通志二十略》的评价

(一)扩大了史书的编辑内容

郑樵在"会通"思想的指导下,对各种学术源流进行了考辨,正如他在《通志·总序》中所言:"综天下大学术而条其纲目,名之曰略,凡二十略。百代之宪章,学者之能事,尽在于此矣。"其中的氏族、六书、七音、都邑、谥、校雠、图谱、金石、昆虫草木九略,为郑樵所创制,从而把史书编辑内容扩大到前所未有的范围,对后世产生了重要的影响。

(二)开启了专业史编撰的先河

郑樵创制的"二十略"对各种事物和现象从古到今、分门

---

①②③〔宋〕郑樵撰:《通志二十略》,中华书局1995年版,第2014页。

别类地进行论述,实际上是研究各门学科的专史或专书,如《六书略》《七音略》是文字音韵学史,《昆虫草木略》是动植物史的一部分,《校雠略》是中国历史上第一部研究编辑校勘理论与方法的专著。

(三)为后世史书的编纂提供了范例

《通志二十略》这一别具新意的史书编辑形式,受到了读者和编者的重视。明神宗万历年间,王圻仿《文献通考》编纂《续文献通考》,"既辑辽、金、元暨国朝典故以续其后",又仿《通志》"增节义、书院、氏族、六书、谥法、道统、方外诸考以补其遗"。①到了清代,又有仿《通志》体例编纂的《续通志》640卷,以及仿《二十略》体例编辑的《皇朝通志》(清之后改为《续通志》)126卷,可见《通志二十略》影响之广。明人龚用卿撰《刻通志二十略序》引时人之言,称《通志二十略》是郑樵"自得之学,非寻常著述之比",可谓切实之论。

《通志二十略》取材广泛,内容丰富,其发凡起例颇有见地。但门类太广,学科众多,一人之力不免有捉襟见肘之弊。因此,有些"略"不够充实,过于简略。如《食货略》仅有两卷,明显单薄。因此,从价值上讲,《通志二十略》的地位不如《通典》。这一方面与郑樵贪多务广、精力不足有着直接的联系,但也与郑樵的眼界、见识、经历有关。杜佑长期为官,又留心当时的政治制度和措施,有实际生活经验。郑樵则为一介寒儒,长期困居山中,见闻不广,不免对前人的资料及成果照搬照抄,局限性过大。因此自流传以来,多遭诟病,但总体而论,

---

① 〔明〕王圻:《续文献通考·引》,明万历刊本,第41—42页。

《通志二十略》还是一部水平较高的著作,正如《四库全书总目》所言:

> 樵恃其该洽,睥睨一世,谅无人起而难之,故高视阔步,不复详检,遂不能一一精密,致后人多所讥弹也。特其采摭既已浩博,议论亦多警辟,虽纯驳互见,而瑕不掩瑜,究非游谈无根者可及。至今资为考镜,与杜佑、马端临书并称"三通",亦有以焉。①

第四节　郑樵的编辑思想及成就

在《校雠略》中,郑樵提出了较为系统的编辑思想,对后世学术发展产生了重要影响。

一、创立了"类例"的概念

所谓"类例",是指对图书进行科学分类。郑樵认为:"学之不专者,为书之不明也;书之不明者,为类例之不分也。""类书犹持军也。若有条理,虽多而治;若无条理,虽寡而纷。类例不患其多也,患处多之无今所纪者,欲以纪百代之有无,广古今而无遗。"②

郑樵还阐明了类例对于分编中国学术源流,学者学习研究以及古代文化典籍保存的意义。他说:"类例既分,学术自明,以其先后本末具在。"③这就说明,明类例可以考察学术发

① 〔清〕永瑢等撰:《四库全书总目》,中华书局1965年版,第449页。
② 〔宋〕郑樵撰:《通志二十略》,中华书局1995年版,第1804—1806页。
③ 〔宋〕郑樵撰:《通志二十略》,中华书局1995年版,第1806页。

展情况,图书按学术类别进行编辑,可做到条理分明,有助于读者了解书籍的具体内容并以之为依据,考察其源流的演变。

二、提出了"纪百代之有无,广古今而无遗"的编书原则

郑樵认为:"古人编书,必究本末,上有源流,下有沿袭,故学者亦易学,求者亦易求。"[1]不仅要记有,而且要记无。因此必须"通录图书之有无"。关于记无,郑樵认为一可以使专门之学书目完备,便于读者考辨源流;二可以为后人提供线索,根据书目所记而求得亡书。关于记有,郑樵认为一代之书,如不及时著录,不仅专门之学不完备,而且现有之书容易亡佚。这些见解,都很有价值,足资后人取法。

三、提出了编录图书的规则和方法

郑樵在总结前人编录图书经验和教训的基础上,创造了超越前人的图书编录规则和方法。首先,要区分异同。一类之书应集中在一起,不应分散;反之,不同类的书,亦不能合为一类。同时,还要避免一书入两类,一书散见入各类或者该入此类而又入彼类的差错。其次,同类书的编排要有次序。应按成书先后,或整部或单篇的次序进行编排;朝代之书按朝代编排,非朝代之书,则以类聚。第三,编辑人员要有专长,能久任,一丝不苟,认真校勘。郑樵认为,书的质量好坏,关键在于编辑人员的素质和责任心,因此他提出"校书之

---

[1] 〔宋〕郑樵撰:《通志二十略》,中华书局1995年版,第1807页。

任不可以不专"，并且要久任不变。"若欲图书之备，文物之兴，则校雠之官岂可不久其任哉！"①第四，要以书类人，不以人类书。即不能把一个人不同类的著作统统编入该人名下，而应该以学术发展、学科类别为标准进行归类，以有利于辨析学术流派。

四、总结了搜集图书资料的方法

搜集遗文故册、断简残篇等图书资料，是古代编辑活动的重要组成部分。郑樵在编纂《通志》及其他著作时，深感搜集资料之重要。他强调官府搜访遗书的必要性，认为官府不仅要搜访古书，而且还要搜访当代的新书，以免日后亡佚。他说："观国家向日文物全盛之时，犹有遗书，民间所有，秘府所无者甚多，是求之道未至耳。"②郑樵还根据自己"十年搜访图书"的经验，总结了带有规律性的八条求书方法："一曰即类以求，二曰旁类以求，三曰因地以求，四曰因家以求，五曰求之公，六曰求之私，七曰因人以求，八曰因代以求。"③郑樵的"求书八法"不仅为后代藏书家奉为圭臬，而且为后世图书的搜访和大型图书的编纂工作提供了经验和借鉴。

五、提出了辑佚的理论原则

由于编次失误和社会动荡，中国古代文献多有散佚，因此辑佚之学应运而生且不断发扬光大。郑樵对于辑佚之学

---

① 〔宋〕郑樵撰：《通志二十略》，中华书局1995年版，第1812—1813页。
② 〔宋〕郑樵撰：《通志二十略》，中华书局1995年版，第1810页。
③ 〔宋〕郑樵撰：《通志二十略》，中华书局1995年版，第1813页。

非常重视,总结了几条带有规律性的结论,如"阙书备于后世",即"古之书籍,有不足于前朝,而足于后世者";[①]"亡书出于后世",即"古之书籍,有不出于当时,而出于后代者";[②]"亡书出于民间",即"古之书籍,有上代所无,而出于今民间者"[③]。

郑樵还认为,有的书虽然亡佚了,但可以从其他书中求得,因为该书的内容有可能保存在其他书籍当中,如"唐人小说多见于语林","近代小说多见之集说"。这些见解,对于辑佚工作均具有启发和借鉴意义,对后世产生了重要的影响。

①②③〔宋〕郑樵撰:《通志二十略》,中华书局1995年版,第1810—1812页。

第十讲

马端临和《文献通考》的编撰

第一节　马端临其人

马端临(1254—1323),字贵与,号竹洲,饶州乐平(今江西乐平)人,生于世代书香官宦家庭,其父马廷鸾长期任南宋国史院编修、实录院检讨等官职,因职务之便,得以博览许多珍贵文献,收集到不少重要资料,尤其对于和国计民生有关的象历术数、典章制度之学,多有涉猎。另外,马廷鸾还仿宋吕东莱大事记体例,撰有《读史旬编》80卷,又集诸儒之说而订正史事之得失并兼及制度之沿革。马端临耳濡目染,自幼受到了良好的家庭教育和儒家精神的熏陶。

南宋末年,马廷鸾曾一度为宰相,因与当时权臣贾似道不睦,故托病辞职,告老还乡。元军攻陷临安(今杭州)之后,马廷鸾马端临父子深怀亡国之痛,绝意仕进,转而研读经史,埋头著述。

协助父亲编写撰述,为马端临编撰《文献通考》奠定了坚实的基础。他自称:"业绍箕裘,家藏坟索,插架之收储,趋庭之问答,其于文献盖庶几焉。"又称:"家传鼎鼐之谱,幼翻馆阁之储,知前代之典章,识当世之体要。"①

元世祖至元二十年(1283)前后,马端临为续编杜佑《通典》天宝以后之事迹和配补司马光《资治通鉴》的纪与志,开始着手编纂《文献通考》,他"辄加考评,旁搜远绍,门分汇别"②,至大德十一年(1307),一部348卷的鸿篇巨著《文献通考》编纂完成,历时二十余年。

《文献通考》完成之后,并未引起人们的重视,直到元仁宗延祐六年(1319),即《文献通考》编成11年之后,由朝廷派出的真人王寿衍寻访有道之士时,发现了《文献通考》手稿68册,遂上奏举荐。三年之后,元朝统治者下令将《文献通考》镂版印行。此时,马端临已65岁,经过近三年的校勘和两年的刊刻,全书才刻印完成。

马端临终生绝意科举,隐居不仕,以编书、著书、教书为业,除《文献通考》外,他还著有《多识录》153卷,《义根守墨》3卷,《大学集传》1卷,但均失传。

第二节 《文献通考》的含义及内容

一、书名的含义

在编辑体例和编写方法上,《文献通考》基本仿照《通典》,之所以加上"文献"两字,是因为马端临对"文献"有着自己的理解,他在《文献通考》的自序中说:

---

①②〔元〕马端临撰:《文献通考》,中华书局1986年版,第3页。

凡叙事,则本之经史,而参之以历代会要以及百家传记之书。信而有证者从之,乖异传疑者不录,所谓"文"也。凡论事,则先取当时臣僚之奏疏,次及近代诸儒之评论,以至名流之燕谈,稗官之记录,凡一话一言可以订典故之得失,证史传之是非者,则采而录之,所谓"献"也。其载诸史传之记录而可疑,稽诸先儒之论辨而未当者,研精覃思,悠然有得,则窃著己意,附其后焉,命其书曰《文献通考》。①

由此可见,"文"就是可靠的史实,"献"就是有价值的议论。

二、《文献通考》的内容

《文献通考》共348卷,在内容上共分24个门类,即田赋、钱币、户口、职役、征榷、市籴、土贡、国用、选举、学校、职官、郊社、宗庙、王礼、乐、兵、刑、经籍、帝系、封建、象纬、物异、舆地、四裔。前17门和后2门虽和《通典》的类目名称不同,但都是仿效《通典》的成规,主要是增补唐天宝以前的材料,天宝以后至宋嘉定末年则进行续编,只有经籍(图书目录)、帝系、封建、象纬、物异5个门类为《通典》所无,是马端临新创。正如马端临自序所言:"俱效《通典》之成规。自天宝以前,则增益其事迹之所未备,离析其门类之所未详;自天宝以后,至宋嘉定之末,则续而成之。曰经籍,曰帝系,曰封建,曰象纬,曰物异,则《通典》元未有论述,而采摭诸书以成之者也。"②

"经籍考"采录了历代著作书目,"帝相考"叙述了历代帝

---

①②〔元〕马端临撰:《文献通考》,中华书局1986年版,第3页。

王姓氏出处及其统治时期,"封建考"叙述了历代封爵建国事略,"象纬考"属于天文学的范畴,叙天象及其变化,"物异考"叙述各项事物的灾异。

这24个门类,涵盖了封建社会从经济基础到上层建筑的诸多内容。从时间跨度上来说,是从上古至宋末,但就具体内容而言,有关宋代的内容,则占全书的一半以上,是全书的主干。

第三节 《文献通考》的编辑体例和方法

一、编辑体例

《文献通考》的编辑体例是,每门有小序,置于卷首,叙述该门类典章制度的源流和演变,每门之下又分若干子目(类),每一门下的内容也按时间先后排列。如"田赋考"先以5卷的篇幅叙述历代田赋制度(上古至南宋宁宗),然后分别考察水利田(又包括湖田围田、沙田芦场)、屯田、官田等。

二、编辑方法

《文献通考》具体的编排方法是,不限于排列材料,而是先列史实,后附评论,再附己见,有叙述,有考证,有论断。其中,叙述部分有很高的史料价值,因为其编写的主要资料是来源于当时已经失传的宋代国史和已经残缺的"会要";评论部分则主要引用宋人的议论和著作,这些议论和著作有的已经失传,因此价值也很高。而马端临自己的"考",其中有许多精辟的见解,也包含不少重要的史料。

为了使史实、参考材料、评论和编者的见解有明显区别,马端临采取了一种新的编排方式,即所引诸史事实顶格写,补充材料低一格写,各家评论又低一格,自己的看法附于评论之后,加上一个"按"字以示区别。这样的编排,使得全书条理分明,眉目清晰。

第四节 《文献通考》的编辑特色及成就

与杜佑的《通典》相比,《文献通考》堪与之并驾齐驱,甚至后来居上。《通典》材料可贵在唐,而《文献通考》材料以唐中叶至宋最为珍贵,各有重点,取舍各异。《四库全书总目》评其云:

> 大抵门类既多,卷繁帙重,未免取彼失此。然其条分缕析,使稽古者可以案类而考。又其所载宋制最详,多《宋史》各志所未备。案语亦多能贯穿古今,折衷至当。虽稍逊《通典》之简严,而详赡实为过之,非郑樵《通志》所及也。①

清乾隆皇帝在重刻此书时,亲自作序,称:

> 惟会通古今,该洽载籍,荟萃源流,综统同异,莫善于《通考》之书。其考核精审,持论平正。上下数千年,贯穿二十五代,于制度张弛之迹,是非得失之林,固已灿然具备矣。……因时以制宜,理得而事举,则是编也。诚考据之资,可以羽翼经史,裨益治道,岂浅鲜也哉!②

---

① 〔清〕永瑢等撰:《四库全书总目》,中华书局1965年版,第697页。
② 〔元〕马端临撰:《文献通考》,中华书局1986年版,第1—2页。

总之,《通考》的编述年代比《通典》长,取材范围也比《通典》广,包括了南宋嘉定末年(1224)以前历代政治、经济、文化、艺术等各方面的沿革材料,在详实而又可靠的材料基础上,系统叙述了自远古至宋代典章制度的历史,具有很高的文献价值,被誉为"得千古史学之大全",概而言之,《文献通考》的编辑成就主要表现在:

第一,《文献通考》规模宏大、门类繁多、取材广博、内容详赡,是一部具有很高学术价值的通史巨著。

第二,完善了典志体通史的编辑体例。史著题材在唐宋以前不外纪传、编年二种。纪传体中的志书虽可以系统叙述典章制度的内容,但多取断代形式,互不衔接。而编年体更不便于系统叙述经济文化和社会制度内容。自典志体出现之后,此问题方得以解决,其优点在于将分见于纪传和编年的史料,在以类相从的新形式下,重新予以适当的组织,给读者以完整而系统的知识。因此,有志于制度史研究者,不可不读《文献通考》。

第三,发展了分门别类汇纂史料的编辑方法。马端临虽以《通典》为蓝本,但并不拘泥于原有的门类,而是在继承中创新。在编辑结构上,"而其每门著述之成规,考订之新意,各以小序详之"①《文献通考》的每一门均设有小序,合载于卷首,介绍本门的编纂规则及自己考证的新意,每门之下又分为若干子目,每门和每目的内容均按时间先后排列,这种分门别类地系统研究、纂述历代典制发展变化的方法非常

––––––––––––

① 〔元〕马端临撰:《文献通考》,中华书局1986年版,第3页。

科学。

第四，创造了文、献、注合一的编辑方法。"文"即叙事,事实;"献"即论事,有价值的议论;"注"即按语,编者的独立见解。具体而言,即以经史为本,参考历代会要及百家传注之书,又收集时臣的奏疏与议论,并从精选的文献中引出自己认为恰当的议论。即以叙事、论事、考订三者进行"通考",勾勒出典章制度沿革发展的面貌。另外,凡所引文献必标出其书名和人名,向读者说明其研究汇集了当时学界的成果,表现了其纯正的学风。这种编辑方法,实开后世历史考证学之先河。

第五,创立了辑录众说的证史方法。马端临非常重视历代史论,"凡一话一言可以订典故之得失,证史传之是非者",均加以随事附记。因此,《文献通考》一书不仅有历代典制的记载,而且有近时诸儒对历代典制的评价,使读者可以及时了解到当时及后人对一些典章制度的看法及施行的效果等情况。

第十一讲
解缙和《永乐大典》的编纂

第一节　解缙其人

解缙（1369—1415年），字大绅，又字缙绅，号春雨，又号喜易，明初江西吉安府吉水人。洪武二年十一月初七日（1369年12月6日），出生于吉水鉴湖（今江西省吉水县文峰镇）的一个书香之家。洪武二十一年进士，官至翰林学士。祖父解子元，元至正五年（1345）进士，授安福州判官，迁太史院校书郎，除承务部、东莞县尹，在元末战乱中死于乱兵之手。父亲解开，二魁胄监，五知贡举，以父死节赠官参知政事不拜，明初授以官又不受，一心从事著述、办学，培养人才。母亲高妙莹，不但贤良淑慧，而且通书史、善小楷、晓音律。解缙生长在这样的家庭，从小就受到良好的教育。解缙同僚杨士奇在《东里文集》中评解缙："自幼颖悟绝人，五岁教之书，应口成诵；七岁赋诗，诗有老成语；十岁日诵数千言，终身不忘；十三（岁）尽读四书诸经，贯穿其义理，宿老不敢难也，而文思溢发。"洪武二十年（1387）参加江西乡试，名列榜首（解元），年仅18岁；次年，会试第七，廷试与兄纶、妹夫黄金华同登进士第,年仅19岁。

在科举的道路上,解缙可谓一帆风顺,春风得意。由于他年少登科,因此"甚见爱重,常侍帝前"。但他的仕途却充满了坎坷,这与他锋芒毕露、纵情任性有关。

有一次,朱元璋在大庖西室对解缙说:"朕与尔义则君臣,恩犹父子,当知无不言。"①于是,血气方刚、露才扬己的解缙即日便上封事万言,草拟了著名的《大庖西封事》,对时政进行了毫不留情的批评和指斥。也是在这篇奏疏中,解缙向朱元璋提出了编纂一部大型新颖类书的建议和设想:

> 臣见陛下好观《说苑》《韵府》杂书,与所谓《道德经》《心经》者,臣窃谓甚非所宜也。《说苑》出于刘向,多战国纵横之论。《韵府》出元之阴氏,抄辑秽芜,略无可采。陛下若喜其便于检阅,则愿集一二志士儒英,臣请得执笔而随其后,上溯唐、虞、夏、商、周、孔,下及关、闽、濂、洛,根实精明,随事类别,勒成一经,上接经史,岂非太平制作之一端欤?又今六经残缺,《礼记》出于汉时,踳驳尤甚,宜及时删改。访求审乐之儒,大备百王之典,作乐书一经以惠万世。……一洗历代之因仍,肇起天朝之文献,岂不胜哉!②

随后,解缙又上了《献太平十策》,认为:"当今之急务,王政之大端,不过十事而已。一曰参井田均田之法,二曰兼封建郡县之制,三曰正官民,四曰兴礼乐,五曰审辅导之官,六

---

①〔清〕张廷玉等撰:《明史·解缙传》卷一百四十七,中华书局1974年版,第4115页。
②〔清〕张廷玉等撰:《明史·解缙传》卷一百四十七,中华书局1974年版,第4115—4116页。

日新学校之正,七曰省繁冗,八曰薄赋敛,九曰务农,十曰讲武。"①这实际上是批评朱元璋政令屡改,杀戮太甚,因此引起朱元璋的不悦。

表面来看,朱元璋对解缙的编辑志向和才能十分欣赏,但并未让他付诸实践。在朱元璋看来,解缙年少登科,锋芒毕露,是"涵养未至"。因此,在解缙的父亲进京朝见时,朱元璋说:"大器晚成,若以尔子归,益令进学,后十年来,大用未晚也。"②朱元璋让解缙返乡读书,实际上是免了解缙的官职。

解缙在返乡八年中,闭门纂述,改修《元史》,又撰成《宋书》,删订《礼经》。朱元璋去世之后,其孙朱允炆即位,是为建文帝。解缙求书于礼部侍郎董伦,被召回后授以翰林待诏的小官职。尽管结束了政治流放生涯,但其编辑才智和政治抱负仍无法得以实现。而且,时隔不久,他就遭人弹劾而贬官:"归八年,太祖崩,缙入临京师。有司劾缙违诏旨,且母丧未葬,父年九十,不当舍以行,谪河州卫吏。"③

永乐时期,解缙受到重用,被擢为正六品侍读,并奉命总裁编纂《太祖实录》,对建文帝时所编纂《太祖实录》中有关"靖难"之事及不利于朱棣的言论重新编修。因编修符合朱棣的旨意,被赐以银币。

永乐二年(1404),解缙被提升为翰林学士兼右春坊大学士,受到永乐皇帝的重用,参与机务,一时诏令制作,皆出其手。也就是在这个时期,解缙得以施展自己的编辑才能,实

---

① 《明经世文编》卷十一,上海书店出版社2019年版,第90页。
②③ 〔清〕张廷玉等撰:《明史·解缙传》卷一百四十七,中华书局1974年版,第4119页。

现了当初编纂一部大书——即后来的《永乐大典》的理想。

永乐三年(1405),朱棣召解缙入宫,磋商立太子之事。原来,明成祖永乐皇帝朱棣有三个儿子,长子朱高炽、次子朱高煦、三子朱高燧。在立谁为太子的问题上,朝中大臣支持长子高炽者居多。当时成祖的意思是想立次子高煦为太子,但又碍于嫡长继承的宗法礼节,为此他私下征求解缙的意见。解缙直言说:"皇太子仁孝,天下归心。"①朱棣听后心有不悦,对此议犹豫不决。解缙为说服皇上,又称朱高炽的儿子朱瞻基(即后来的明宣宗)为"好圣孙"。由于朱瞻基深受朱棣的喜爱,解缙的话对朱棣确立朱高炽为太子起到了一定的作用。朱棣最后同意立长子高炽为太子,次子高煦为汉王,并令解缙撰写立储诏书,以告天下。因此,朱高煦对解缙恨之入骨。

朱高煦自以为有战功,又深得朱棣宠爱,常存夺嫡之心。见此情形,解缙上疏劝阻说:"启争也,不可。"朱棣认为这是离间他们的父子关系,对解缙颇为怨恨。永乐四年,朱棣赐黄淮等人二品纱罗衣,而独不给解缙。漠国公邱福将朝廷机密"传达延外",高煦却嫁祸解缙"禁中语"。永乐五年,解缙又被诬为"试阅卷不公",贬为广西布政司参议。临行前,礼部郎中李至刚因与解缙有宿怨,又对解缙进行诬陷,遂又改贬交趾(今越南),命督饷化州。

永乐八年(1410)解缙入京奏事,正遇朱棣北征未归,故

---

① 〔清〕张廷玉等撰:《明史·解缙传》卷一百四十七,中华书局1974年版,第4121页。

只好觐谒太子高炽而返。于是朱高煦又乘机向朱棣进谗言说:"伺上出,私觐太子,径归,无人臣礼!"①朱棣为此震怒,诏令将解缙逮捕入狱。解缙在狱中受尽严刑拷打,并株连多人。永乐十三年正月十三日(1415年2月22日),锦衣卫都指挥佥事纪纲将囚犯名册上呈朱棣,朱棣看到有解缙的名字,便问了一句很含糊的话:"缙犹在耶?"朱高煦得知此事,害怕朱棣重新起用解缙,于是买通纪纲,密令用酒将解缙灌醉,而后拖到积雪中将其活活冻死,年仅47岁。一代英才,竟落得如此下场!朱棣之无情,狱吏之残忍,于此可见一斑。

解缙被害后,家中财产被抄没,妻子、儿女、宗族都流放到辽东。

在解缙被害后的第二年,也就是明永乐十四年(1416)七月,朱棣为了平息人们的怨恨,又以谋反的罪名将纪纲处死,并将他的全家不论老幼全部发配戍边。

仁宗朱高炽即位后,诏归解缙妻子、宗族,谥解缙为文毅。宪宗成化元年(1465)复其官,赠朝议大夫。

解缙死后,初葬于江西吉水仁寿乡。嘉靖年间,当时的知县罗黄裳因担心河岸坍塌危及解缙墓,下令将解缙墓迁移至县城东门外的东山亭。如今,这个地方位于江西吉水县气象局大院一隅。墓碑上的字迹已斑驳不清。解缙墓南北长500米,庄严肃穆,墓前有名人石刻,以及石门、石人、石马、石羊、石猴等众多雕像。

---

① 〔清〕张廷玉等撰:《明史·解缙传》卷一百四十七,中华书局1974年版,第4121页。

解缙墓正面碑石为楷书"解文毅公之墓"六字,无起文和落款。碑石上面为"明右春坊大学士"大字,两侧是一副对联:"太平十策纾民意 永乐大典惠斯文"。江西省人民政府于1987年12月28日公布解缙墓为江西省文物保护单位。

解缙不仅在学术上取得了卓越的成就,而且在诗歌、书法、散文等方面也很有成就。他才气横溢,下笔不能自休。尤工五言诗,现存诗五百余首。他的古体歌行,气势奔放,想象丰富,逼似李白,而律诗绝句,亦近唐人。他又擅长书法,尤善狂草,墨迹有《自书诗卷》《书唐人诗》,明吴宽《匏翁家藏集》称:"永乐时,人多能书,当以学士解公为首,下笔圆滑纯熟。"

解缙的著作有《白云稿》《东山集》《太平奏疏》等。现在留存下来的有《解文毅公集》16卷及《春雨杂述》1卷、《古今烈女传》3卷。后人对他一生的评价是:"义节千秋壮,文章百代尊。"

第二节　《永乐大典》概述

迄今为止,《永乐大典》仍是世界上最大的一部百科全书。该书连同凡例、目录在内,共计22,937卷,分装为11,095册,总字数约为3.7亿字。可惜的是,由于战乱和火灾,这部大书损失殆尽,已不能见到当初的规模了。

《永乐大典》于永乐元年(1403)七月十九日开始纂修,永乐二年十二月二十一日成书,皇帝朱棣赐名为《文献大成》。但由于朱棣不满意,决定扩大重修。永乐六年(1408)底,全书告成,朱棣亲自作序,正式定名为《永乐大典》,简称《大典》。永乐元年七月,朱棣在给解缙的上谕中说:"天下古今事物,散载诸书,篇帙浩穰,不易检阅。朕欲悉采各书所载事物类聚之,而统之以韵,庶几考索之便,如探囊取物尔。尝观《韵府》《回溪》二书,事虽有统而采摘不广,纪载大略。尔等其知朕意:凡书契以来经史子集百家之书,至于天文、地志、阴阳、医卜、僧道、技艺之言,各辑为一书,毋厌浩繁。"①

《永乐大典》的编纂团队,可谓阵容强大,除翰林学士解缙之外,朱棣又加派太子少师姚广孝为监修,儒臣文士参加编校、圈点、缮写等达2000余人,书成时已扩充到2180人,包括正总裁3人,副总裁25人,纂修347人,催纂5人,编写332人,看样57人,誊写1381人,教授10人,办事官员20人,可谓机构庞大,人员众多,盛况空前。

《永乐大典》修成之后,初藏于南京文渊阁。永乐十九年(1421),明成祖朱棣决定迁都北京,《永乐大典》随之北迁,藏于皇宫文楼。

由于该书部头过大,卷帙浩繁,故未能刻版印刷。嘉靖三十六年(1557),皇宫失火,经过抢救,《永乐大典》幸免焚毁,于是明世宗朱厚熜命大臣徐阶、高拱监督儒生109人摹写副本一部,历时五年,于明穆宗隆庆元年(1567)完成。从此,《永乐大典》的正副本分藏于皇宫的文渊阁和紫禁城外的皇史宬(皇史宬现为明清档案馆)。明朝灭亡时,文渊阁被焚,《永乐大典》正本被毁,副本传至清代。

①《明实录·太宗实录》,卷二十一,上海书店1982年版,第72册第393页。

《永乐大典》尽管如此得以保全,但并不受重视。清世宗雍正年间,将其由皇史宬移至东交民巷翰林院,清高宗乾隆年间重新清点时,已失去2422卷,尚存9000余册。1860年英法联军入侵北京时,《永乐大典》因收藏于使馆附近,被外国人掠去不少。光绪元年(1875)清点时,已不足5000册。1900年,八国联军攻入北京,烧毁翰林院,《永乐大典》再次遭到劫掠。除被烧毁一部分外,又被肆意践踏,甚至当炮车陷入泥泞时,以之垫道。剩下的一部分几乎全被侵略者盗运回国。遭此劫难之后,《永乐大典》仅剩64册。1949年后,一些国家陆续还回若干册,经多方搜求,仅存220册(其中60册存台北"中央图书馆")。经日本学者岩井大慧统计,中外现存《永乐大典》共计797卷,约合原数的3.4%。

《永乐大典》的命运,折射出国家的兴衰对于文化的重大影响。

第三节　《永乐大典》的编辑特色

一、详备无遗,不厌浩繁

明成祖朱棣贪大求全,好大喜功,认为《永乐大典》应与帝国气派相称,故而下令要求编辑者:"上自古初,下及近代,经、史、子、集与凡道、释、医、卜、杂家之书靡不收采。诚以朝廷制作所关,务在详备无遗,显明易考。"①从《永乐大典》所收

---

① 《永乐大典》第1册,中华书局1986年版,凡例。

集的大量书籍和资料来看,确实做到了详备无遗,不厌浩繁。比如,唐代的《艺文类聚》收书1431种,宋代的《太平御览》收书1690种,《永乐大典》则收书达七八千种之多,约等于以前类书总和的五六倍,可谓应收尽收,应有尽有。编辑《永乐大典》主要利用了皇家图书馆文渊阁的全部藏书,但永乐皇帝犹嫌未足还指派苏敬书等人分赴各地访求搜购图书,从而为《永乐大典》的编纂奠定了坚实的基础。

二、以韵统字,以字系事

《永乐大典》以《洪武正韵》为纲,按韵分列单字,每一单字之下,详注音韵训释,备录篆、隶、楷、草各类字体,依次将有关天文、地理、人事、名物以至奇闻异见、诗文词典,随类收载。有时一字之下,则收录整部著作。单字注解中的书名和作者名均以红色标记,极为醒目,便于翻检。明成祖称其为"揭其纲而目毕张,振其始而末俱举"。检索者可以"因韵以求字,因字以考事,自源徂流,如射中鹄,开卷无所隐"①。

三、照章辑录,一字不易

《永乐大典》所辑录的书籍,完全按照原书整段、整篇甚至整部抄录,一字不易地分别编入有关事目之中。这种照录原著、不加改易的编纂方法,给后人从中辑录古书佚文提供了极大的方便。从《永乐大典》中辑录的古书佚文,不但比较完整,而且相当真实地保持了原著的本来面目。如《续资治

---

① 郭伯恭:《永乐大典考》,商务印书馆1962年版,第11页。

通鉴长编》520卷,《旧五代史》130卷,《东观汉记》24卷,以及《建炎以来系年要录》《水经注》等,都是在编修《四库全书》时,从《永乐大典》中辑录出来的。尤其是宋代薛居正的《旧五代史》,自欧阳修的《新五代史》流传之后,《旧五代史》就湮没无闻。清人在修《四库全书》时,将其由《大典》内辑出,又根据《册府元龟》等书逐条补录,按原书合为一编,从而成为"二十四史"中的一种。根据张忱石所编《〈永乐大典〉中辑出的佚书书目》,辑出佚书约为590余种,可见其包罗宏富,如同典籍宝山、知识渊薮。

四、装帧设计别具一格

全书采用印有朱丝栏的上等白宣纸抄写,每半页8行,大字占一行,小字为双行,每行28字,均为点画端庄凝重的楷书。对于其中涉及的名物器什、山川地形等皆以白描手法绘为图形,形态逼真,精细工致,堪称古代典籍插图中的精品。书中凡征引书名和圈点,均以朱笔为之,颇为美观。上鱼尾内标有"永乐大典卷××",下鱼尾内记每卷页码。每册高营造尺1尺5寸6分(约50厘米),宽9寸3分(约30厘米)。封面裹以黄色绸布,包背装。每册30至50页不等,有的1卷1册,也有的2卷或3卷1册,但以2卷1册居多。每册外封左上角以蓝黑两种颜色印以边框,内题"永乐大典"四字,其下为双行小字注明起止卷数。右上角印一蓝色方框,题该卷所属韵母,下注该册为该韵目之第几册,因此,查找、使用极为方便,真如探囊取物。

《永乐大典》虽是中国编辑出版史上最大的一部类书,但由于成书仓促（不到4年），又出于众人之手，因此在编辑体例上存在明显缺陷，大多只是停留在抄写、采录的层面，而且前后不一、自相矛盾之处并不鲜见。如《窃愤录》应隶于"窃"字之下，编者却将其错隶于"录"；《灌顶经》应隶于"灌"字之下，但编者却将其错隶于"顶"之下，因此造成全文割裂，内容不连贯。这也足以证明，《永乐大典》在全书的编辑体例上没有进行细致的推敲。《四库全书总目》评其为：

> 惟其书割裂庞杂，漫无条理，或以一字一句分韵；或析取一篇，以篇名分韵；或全录一书，以书名分韵，与卷首凡例多不相应，殊乖编纂之体。疑其始亦如《韵府》之体，但每条备具始末，比《韵府》加详。今每韵前所载事韵，其初稿也。继以急于成书，遂不暇逐条采掇，而分隶以篇名；既而求竣益迫，更不暇逐篇分析，而分隶以书名。故参差无绪，至于如此。然元以前佚文秘典，世所不传者，转赖其全部全篇收入，得以排纂校订，复见于世，是殆天佑斯文，姑假手于解缙、姚广孝等俾汇存古籍，以待圣朝之表章，有莫知其然而然者，正不必以潦草追咎矣。[①]

内容丰富、部头硕大，使得《永乐大典》具有集大成性的学术价值和文献价值，为古今中外图书编纂史所罕见。但是，由于成书仓促，体例不严，使其存在明显的缺陷。更为遗憾的是，此书尚未刊行，即遭战乱之厄运，并没有发挥出其应有的作用。

---

① 〔清〕永瑢等撰：《四库全书总目》，中华书局1965年版，第1165页。

第十二讲

《萝轩变古笺谱》述略

笺纸是用于诗文唱和、书札往来的纸张。最初的笺纸，就是将质地较好的大张宣纸裁成小幅，后来逐渐演变成在素纸上印刷或轧制条纹、图案，再后来，就是采用木版水印的方法，在纸上印刷彩色的图画，相当于一幅国画小品。这种印上彩色图案(也有在有颜色的纸上印上单色的图案)的笺纸，就称为"画笺"或者"花笺"。笺纸既是文人爱物，也是文房清玩。将众多的"画笺"或"花笺"分门别类地编排在一起，结集成线装的书册，就是笺谱。从文献学的角度来看，笺谱属于谱牒学的范畴；如果从编辑出版史的角度来看，笺谱又可作为木版水印工艺的代表。

先来聊一段往事。

1963年初春的一天，浙江嘉兴南湖书画社的臧松年在海盐人高可安的陪同下，来到一个叫沈荡的小镇，从一家农户手中买到了一部《萝轩变古笺谱》，这部笺谱当时用来夹鞋样子，经过讨价还价，最后以30元成交。然后，臧松年又把这部书以40元的价格卖给了嘉兴古籍书店。在当时，三四十元相当于一个普通工人或机关干部的月工资，不算是小数目。但是，臧松年和嘉兴古籍书店做梦都没有想到，他们所收购的竟然是一部国宝级的海内孤本。因为，这部书刊印于明天启六年（1626），是目前存世最早的一部笺谱。

真正的故事还在后面。

嘉兴古籍书店收购到这部书后，并不清楚其价值，于是想请人鉴定一下。当地的一位老干部史念主动请缨，和另一位工作人员带着这部笺谱专程到上海，请上海博物馆馆长徐森玉过目。

徐森玉（1881—1971），名鸿宝，字森玉，清末举人，曾任京师图书馆编纂部主任及教育部佥事、北京大学图书馆馆长、故宫博物院副院长及古物馆馆长等职。新中国成立后，任上海文物保管委员会主任、上海博物馆馆长、中央文史馆副馆长等，是国内屈指可数的目录学家、版本学家和鉴定家。1950 年 6 月 11 日，郑振铎在致唐弢的信中说："森老为今之'国宝'，应万分的爱护他。别的老人们徒有虚名耳，他乃是真真实实的一位了不起的鉴别专家，非争取他、爱护他不可。他是一个'全才'，他的一言，便是九鼎，便是最后的决定。应该争取做他的徒弟，多和他接触，多请教他。如果他离开了上海，文管会准定办不成，且一件东西也买不成。华东方面千万要拉住他，不可放松。"[1]周恩来总理也尊称其为"森老"，可见徐森玉在文物界的地位和分量。

徐森玉见到这部来自乡间的《萝轩变古笺谱》，异常惊喜，因为，从封面"清绮斋收藏"的图章来看，可知此书是海盐大藏书家张宗松、张宗楠的旧藏。而且，他知道这是海内孤

---

[1]《郑振铎全集·书信》第 16 卷，花山文艺出版社 1998 年版，第 216 页。

本,是他和郑振铎(郑振铎已于1958年因空难去世)梦寐以求的宝物,于是决定要把这部书留在上海。

嘉兴方面得知这是海内孤本,是国宝,当然不能同意。将书拿到上海是请求鉴定的,并不是来出售的。但徐森玉坚决不予归还,一定要入藏上海博物馆。双方僵持不下,上海市文化局副局长方行只好请中共上海市委宣传部部长石西民出面协调。由于当时浙江省委宣传部部长曾是石西民的部下,因此和嘉兴商量,最后以上海博物馆所藏16幅明清书画精品作为交换条件,徐森玉一口答应,此事方尘埃落定。

第一节 《萝轩变古笺谱》的作者

关于《萝轩变古笺谱》的作者,由于人们长期未见到足本,因此难以断定。日本学者大村西厓曾购得《萝轩变古笺谱》下册,大正十二年(1923)1月由东京图本丛刊会出版印行时,大村西厓将书名中的"萝轩"误认为清代翁嵩年的号,由此断定笺谱为清康熙年间刊印本,并写下了如下跋语:

> 翁嵩年,字康贻,号萝轩,钱塘人,康熙戊辰进士,以文章名东南,官广东学道。矢心谨恪,务得真才。先是学使者以琼州在海外檄生童赴雷州考试,嵩年曰:"吾岂以一人易于千万人命乎? 出入忠信,何畏焉?"竟渡海,后著为令甲,事竣归里,退休于西湖别业,以诗酒书画自娱乐,卒时年八十二。所著有《天香书屋稿》《白云山房集》《友石居集》及《笺谱》。张浦山称曰:"嵩年善山水,以枯瘦之笔作林峦峰岫,气质古雅疏拙,画家习气,毫发不能犯。其笔端

洵士人之高致,艺苑之别调也。"予以平生未得多见嵩年画为恨,然征诸浦山之言而又睹是谱,亦足以窥嵩年才分气格也。顾此书可以资于工艺图案者固多,然而未广行于世,是亦可为憾焉。于此予谋复刻以弘其传云。

大正壬戌立冬 归堂学人大村西厓识

正因为没有其他的版本进行参照,因此很长一段时间,人们只能采信大村西厓的说法。但是,郑振铎、徐森玉等精通版本的学者,从笺谱的版刻形制和绘画风格等方面审视,怀疑其并非清代刻本。为了弄清本原,郑振铎还曾委托赵万里从南北公私藏家中访求此笺谱的全帙本,但奔走多年没有结果。因此,郑振铎在撰写《中国古代木刻画史略》时,也不得不暂从大村西厓的说法:

受了胡正言的影响,清初的笺肆或出版家也印行些"笺谱",像《殷氏笺谱》(约1650年)《萝轩变古笺谱》(约1670年)等。《殷氏笺谱》迄未见到原书。《萝轩变古笺谱》则有复刻本。《萝轩》是康熙时人翁嵩年所辑。他号萝轩,固以命名。他们的彩色木刻画的刷印方法,全仿之胡正言,没有什么新的创作,不过其工致精彩处却能追得上《十竹斋》。①

入藏上海博物馆的《萝轩变古笺谱》,终于解开了其真正作者问题的谜团。

原来,《萝轩变古笺谱》是福建漳州人颜继祖和南京刻工吴发祥合作印制的,这在颜继祖明天启六年(1626)十二月所做的《笺谱小引》中说得非常明白:

---

① 《郑振铎全集·艺术 考古文论》第14卷,花山文艺出版社1998年版,第347页。

　　吾友吴发祥性耽一壑,卜居秦淮之干,志在千秋,尚友羲皇以上。闭门闲白日,挥麈自如;饮酒读离骚,唾壶欲缺。尝语余云:我辈无趋今而畔古,亦不必是古而非今。今所有余,雕琢期返于朴,古所不足,神明总存乎人。自结绳易书,笔墨传松楮,上及系帛,通问笺束,出乎人间。或藻绘以争工,偏支离而入俗。于焉刻意标新,颛精集雅,删诗而作绘事;点缀生情,触景而摹简端。雕镂极巧,尺幅尽月露风云之态,连篇备禽虫花卉之名。大如楼阁关津,万千难穷其气象;细至盘盂佩剑,毫发倍见其精神。少许丹青,尽是匠心锦绣;若干曲折,却非依样葫芦。眼界顿宽,笑已陈皆为刍狗;图书有据,立不朽而奉蓍龟。固翰苑之奇观,实文房之至宝。三山纸贵,户满王谢风流;四海名高,人倾芝兰臭味。玄黄已勒,缥缃而掩映;梨枣岂随,金石以销沉。故是家珍,应与世共。[1]

　　颜继祖,字绳其,漳州龙溪人,明万历四十七年(1619)己未科进士,历工科给事中。《明史》记载他:"崇祯元年正月论工部冗员及三殿叙功之滥,汰去加秩寄俸二百余人。又极论魏党李鲁生、霍维华罪状。又有御史袁弘勋者,劾大学士刘鸿训,锦衣张道濬佐之。继祖言二人朋邪乱政,非重创,祸无极。帝皆纳其言。"[2]崇祯帝的信任,使得颜继祖更加放言无忌,其官职也不断提升,擢为太常少卿,以右佥都御史巡抚山

---

　　① 〔明〕吴发祥编:《萝轩变古笺谱》,西泠印社出版社2017年版,第1—4页。

　　② 〔清〕张廷玉等撰:《明史·颜继祖传》卷二百四十八,中华书局1974年版,第6424页。

东。清兵入关,颜继祖奉命专防德州,济南因此空虚,援兵逗留不至,济南沦陷。一些官吏乘机弹劾颜继祖,他辩解说:"臣兵少力弱,不敢居守德之功,不敢不分失济之罪。请以爵禄还朝廷,以骸骨还父母。"[1]但终不为崇祯帝原谅,遂下狱被杀。

在明朝的官僚集团中,颜继祖是比较有才能、有作为的一位。这篇小引是他在中进士七年之后所作。小引末有印记称"白门散吏",则应断定为崇祯元年上疏言事之前。《明史》没有他在入仕之前的记载,因此吴发祥当是以布衣与之交游并请其作序的。

关于作者吴发祥的生平事迹,文献记载甚少。据清陈作霖《金陵通传》:"吴发祥,江宁人,居天阙山下,恂恂儒者,学极渊博,日手一编不少倦。"又根据明顾梦游《顾与治诗集·寿吴发祥八十》诗:"少君二十岁,别君三十年。"考顾梦游生于1598年,卒于顺治十七年(1660),年62岁,由此推算,吴发祥当生于明万历六年(1578),天启六年(1626)《萝轩变古笺谱》之成,当在吴发祥48岁之时。

"萝轩"系吴发祥自称,所谓"变古",按照吴发祥自己的说法:"我辈无趋今而畔古,亦不必是古而非今。今所有余,雕琢期返于朴,古所不足,神明总存乎人。"从这段话来看,"变古"是权衡古今变化而选择、裁取的意思。这可以从明末李克恭的《十竹斋笺谱》序言中找到旁证,李克恭说:"昭代自嘉隆以前,笺制朴拙,至万历中年,稍尚鲜华,然未盛也,至中

---

[1] 〔清〕张廷玉等撰:《明史·颜继祖传》卷二百四十八,中华书局1974年版,第6425页。

晚而称盛矣！历天崇而愈盛矣！"[1]这也恰如唐孙过庭《书谱》所言："质以代兴，妍因俗易。虽书契之作，适以记言，而淳醨一迁，质文三变。"从《萝轩变古笺谱》的整体风格来看，的确是在"朴拙"与"鲜华"之间。

第二节 《萝轩变古笺谱》的内容

《萝轩变古笺谱》每面版心框高21厘米，宽14.5厘米，白口，四周单栏，每版一页两面，版口直行印"萝轩变古笺谱"六字。笺谱分上下两卷，用明代黄锦纸印制，每卷又按题材分为若干主题。

一、上卷笺画考

《萝轩变古笺谱》上卷共98面，除小引、目录外，有画诗20幅、筠篮12幅、飞白8幅、博物8幅、折赠12幅、瑚玉12幅、斗草16幅、杂稿2幅。这些画笺多用细线勾勒，雕刻精致细腻，设色沉静古雅，诸如楼台亭阁、山川风云、花鸟禽虫、车马舆服、钟鼎剑佩，一幅幅精美的版画，栩栩如生，跃然纸上。

（一）画诗笺

所谓画诗，就是以诗入画。其题目是摘取南朝及唐人描绘江南胜景的五言诗句，据此绘刻成笺纸。如"塔影入云藏"一幅，画面居中，以淡墨画山石、树木、古塔，以拱花表现白云缭绕。用来绘制笺纸的这句诗，出自明代李攀龙的《五日同

---

① 〔明〕胡正言辑：《十竹斋笺谱》，中国书店2013年版，第2—3页。

子相游天宁寺》，其中有"灯轮侵日出，塔影入云藏"的句子。李攀龙（1514—1570），字于鳞，号沧溟，历城（今山东济南）人。曾与谢榛、王世贞等倡导文学复古运动，为"后七子"的领袖人物，被尊为"宗工巨匠"。以其诗句入笺，可见李攀龙影响之大。再如"丹楼望落潮"一笺，以浓墨勾勒山石轮廓，以彩色绘制楼台、树木、水纹，给人以凭楼远眺、心旷神怡之感。诗句取自南朝陈江总的《侍宴玄武观诗》，其中有"翠观迎斜照，丹楼望落潮"。

（二）筠篮笺

筠的本意为坚韧的竹皮，《礼记·礼器》："其在人也，犹竹箭之有筠也，如松柏之有心也。"①筠篮即精美的竹篮，竹篮中盛满各种鲜果和花卉，显得更为美妙动人。《萝轩变古笺谱》中的12幅筠篮笺画，所绘者分别为：佛手、碧桃、牡丹、石榴、珊瑚、桃子、梅花山茶、兰竹、竹石、青松灵芝、萱花、月季、莲藕。这些花果，都是文人雅士的钟爱之物，而且也都具有美好的寓意，比如兰竹的清高，牡丹的富贵，桃子的长寿，石榴的多子，青松、灵芝的康健，莲藕的多情，等等。将这些花果采入篮中，满载而归，有一种陶然忘机的感觉。

（三）飞白笺

飞白堪称《萝轩变古笺谱》的独创。笺纸上不着任何颜色，初看空空如也，侧光而视，方发现有各种图案隐约其间，如轻轻抚摸纸面，则会有明显的凹凸感。这就是拱花这一工艺的魅力。笺谱中的12幅笺画包括蜂蝶2幅，蝴蝶2幅，蜻

---

① 王文锦：《礼记译解》，中华书局2001年版，第309页。

蜓、蚱蜢天牛、蝴蝶豆娘、蜜蜂、蜘蛛蝴蝶、蝗虫、蜂、螳螂各1幅,栩栩如生,跃然纸上。吴发祥将其命名为飞白,可谓一语双关,既是飞虫白羽,也有飞笔留白之意。

(四)博物笺

博物为博学博闻、方知名物之意。笺谱中8幅有关博物的笺画实际是在向人们讲述一个个典故,如"曹氏书仓"一笺,绘有奇石堆集,中间为图书、画卷。曹氏指东汉学者曹曾,字伯山,济阴(今山东定陶、菏泽一带)人,官至谏议大夫。其家财巨富,收藏图书甚丰,达万余卷,曹曾还勘正上古书名,以利流传。前秦王嘉《拾遗记》载,曹曾书垂万余卷,"及世乱,家家焚庐,曾虑其先文湮没,乃积石为仓以藏书,故谓曹氏为书仓"。说明曹曾为了保存图书,不遗余力,竟修建石头房子以收藏图书,后世因之称为"曹氏书仓"。

再如"载茗一车",画一两轮花车,车内放置七八个瓷质茶叶罐。该典出自晚明时期夏树芳所撰《茶董》一书。书中《脑痛服愈》一章记载,隋文帝杨坚尚未发达之时,曾经梦到有神人更换了他的脑骨,自此之后便头疼不止。一个偶然的机会,杨坚遇到了一位高僧,高僧告知山里有一种茗草,只要服用了,头疼病就不会犯了。这种茗草就是茶。杨坚派人到山中采来,饮用后果然奏效。于是,一些善于溜须的文人便说:"穷《春秋》,演《河图》,不如载茗一车。"意思是不论苦心造诣去钻研《春秋》,还是殚精竭虑去演绎《河图》,都不如喝好茶来得快活。

(五)折赠笺

折赠即折枝相赠之意。在这方面最为著名的就是陆凯赠范晔诗:"折花逢驿使,寄与陇头人。江南无所有,聊赠一枝春。"其目的是借折花来表达一种感情。笺谱中的12幅折赠笺画,所选诗句多出自《诗经》《楚辞》及古语,意味深沉隽永。"制芰荷以为衣兮",出自屈原《离骚》:"制芰荷以为衣兮,集芙蓉以为裳。"意思是用荷叶、荷花来作为自己的衣裳,形容美好而纯洁的心性与节操。

又如"欲忘人之忧,则赠之以丹棘"一笺,绘忘忧草两枝,花为红色,有全开者,有半开者,有含苞待放者,虽寥寥数笔,却摇曳多姿。这句话出自晋代崔豹《古今注》。丹棘又名忘忧草,赠人可以收忘忧之效。

(六)珣玉笺

珣玉12幅亦以拱花为之。传说玉有美德且能辟邪,历来受到帝王将相、达官显贵和文人雅士的喜爱。笺谱中的12幅珣玉包括佩刀柄、古玉璏、革勾玉带、雕玉盘螭、琥、瑧珌、璩、蟠螭珌、雕玉蟠螭、雕玉蚩尤环、鹿卢等,其中也有一些典故,如"雕玉蚩尤环"一幅,笺画为带纹饰的臂环,传说黄帝战胜蚩尤后,将蚩尤头像雕在环上,戴于手臂以辟邪。

(七)斗草笺

斗草是古代一种颇为文雅的游戏。南朝梁宗懔《荆楚时岁记》记载,五月五日,民间有斗百草之戏。人们相聚在一起,接对花草名称,以试知识多寡,乐此不疲。笺谱收入的16幅斗草分别为:露桃、紫薇、虞美人、百合花、金丝桃、剪秋萝、斗草、淡竹花、洛阳花、白蝴蝶、野菊花、蓝菊、凌霄花、拾草、天花、葵心。除"天花"之外,皆为人间草木。据佛经载,佛说法至精彩处,天花会从天而坠,给信徒带来惊喜。

《萝轩变古笺谱》上卷之后有杂稿两幅，当为后来补入者，其中一幅为"云鹭"，以绿线勾祥云，以拱花印制白鹭，给人以高洁、淡远之感。吴发祥以此为笺画题材，意为云中白鹭，可喻隐者，在一定程度上，也可以说是夫子自道。第二幅为"陇上云"，绘墨梅一株，枝干作嶙峋之态，梅花仿佛云朵。其题目出自苏轼《次韵奉和钱穆父、蒋颖叔、王仲至诗四首见和》一诗，诗云："谡谡松下风，霭霭陇上云。聊将窃比我，不堪持寄君。"

二、下卷笺画考

《萝轩变古笺谱》下卷共90面，除目录外，有选石12幅、遗赠8幅、仙灵8幅、代步8幅、搜奇24幅、龙种9幅、择栖11幅、杂稿8幅。

（一）选石笺

"石不能言最可人"。有关石头的传说，自古以来就长盛不衰。石头形态各异，深受文人雅士喜爱，因此也赋予了石头以灵性。访石、藏石、赏石、拜石、玩石，历来都是一种高雅之事。正因为如此，石头也就成为笺纸的题材。"选石"就是从众多名石中选出优异者，可窥一斑而观全豹。

《笺谱》中的"选石"均有名目和出典。如"文石"，即带纹理的石头，《山海经·北山经》有单孤山、马成山、天池山、神囷山上皆多文石之记载。"雪浪石"，据宋杜绾《云林石谱》记载，此种石出自中山府，颜色灰黑，纹生白脉，姿态旋绕委曲，苏东坡将其命名为"雪浪石"，并做《雪浪石》诗，其中有"承平百年烽燧冷，此物僵卧枯榆根。画师争摹雪浪势，天工不见雷斧痕"的句子。"郁林石",出自《新唐书·隐逸传》,诗人陆龟蒙远祖陆绩,三国时为吴国郁林太守,罢官归乡时因无家私,船轻不禁风浪,须用石头承重压舱,人们赞此石为"郁林石",特置于姑苏陆氏门前,以彰显陆绩之清廉。"黄石",源自《史记·留侯世家》,无名老翁三试张良,传以兵书并告诉张良13年后在济北谷城山下,黄石公即其化身,张良取而供奉。"妇负石",出自明代《大理府志》,汉兵入侵大理时,观世音化身为农妇,用稻草系住巨石,背在身上,汉兵见而畏退,战乱平息,人们为此石特建观音阁。"望夫石",源于南朝宋刘义庆《幽明录》,一人远赴国难,其妻携子送别至武昌阳新县北,盼望丈夫平安归来,久立成石,故名"望夫石"。

(二)遗赠笺

"多情自古伤离别"。人们临别相赠,情真意切,将来天各一方,睹物思人,更增加了几分惆怅和温情,因此"遗赠"也就成为一个永恒的主题。

《笺谱》中8幅"遗赠"笺均有出典,如"美人赠我锦绣缎,何以报之青玉案""美人赠我金琅玕,何以报之双玉盘""美人赠我貂襜褕,何以报之明玉珠"3幅,均出自东汉张衡的《四愁诗》,诗的主题为描写山高路远,怀人愁思,也可以说是为表达郁郁不得志之作。"赠以鹿角书格,易以竹翘书格报之",出自《南齐书·庾易传》,安西长史袁彖赞赏庾易品格高尚,赠送后者鹿角书格、白象牙笔等文房用具,庾易以竹翘书格、连理几等物作为回赠。"客从远方来,遗我一书札",出自《古诗十九首》:"客从远方来,遗我一书札。上言长相思,下言久别离。"意在表达一种离别之情。"遗我绿玉杯,兼之紫琼琴",为李白《拟古十二首》中第十首的前两句,后两句为:"杯以倾美酒。琴以闲素心。"

（三）仙灵笺

"仙灵"即通灵仙物之意,史书上往往将其作为祥瑞的征兆。

《笺谱》中的8幅"仙灵"笺也均有出典,如"宜春苑鹿",绘一梅花鹿作垂首前行状。宜春苑为秦汉时皇帝园林,据唐代郑嵎《津阳门诗并序》记载,唐玄宗在芙蓉园中发现一头白鹿,隐士王旻称其为千年仙鹿。鹿角果然挂一块铜牌,上刻"宜春苑中白鹿",唐玄宗便称此白鹿为"仙客"。古代以红毛兔为祥瑞之物,根据《宋书·瑞符志》记载,只有在王者具有盛德之时赤兔才会出现,因此,《笺谱》特意收录了一枚"朱兔"笺。"双舄"即会飞的仙鞋,源于《后汉书·方术传》,汉明帝时,邺城县令王乔来京从不乘车马,皇帝颇为诧异,令人观察,发现王乔来时,每每有一对野鸭陪伴,待用网捕捉,只得到一对官鞋。

（四）代步笺

舟楫车马均为代步工具,多有神异传说,《笺谱》特以"代步"为题,收入笺画8幅。如"舟笛惊龙",源于据唐代段安节《乐府杂录》,一代吹笛圣手李谟与越州刺史皇甫政月夜泛舟吹笛,一无名老翁驾小船来听,应邀吹奏,皇甫政发现此时有两条龙也游来船侧倾听老翁笛声。李谟想要拜求技艺,老翁已入小船而去。再如"车飞金凤",来自南朝梁吴均《续齐谐记》,汉宣帝赐给大将军霍光一辆金饰车,但车插销上的金凤凰每夜飞去。有人在北山捕到一只凤凰,其随后却化作紫金冠。宣帝将呈上的紫金冠放置盘中,金冠又变成凤凰,飞回霍光车上，于是宣帝收车为御用。再如"记里大章"，据《晋书·舆服志》记载，当时有人制成记里鼓车，形制如同司南，里面有木人敲鼓，行一里则打一槌。又如"刻舟称象"，据《三国志·魏书》记载，曹操想知道孙权送来的大象重量，无人能答。幼子曹冲想出办法，将象放大船上，刻下水痕位置，再对照刻痕搬放等重物，算出大象重量，曹操闻言大喜。再如"宛渠螺舟"，是根据《拾遗记》中的一个故事绘制的。该书卷四记载："有宛渠国之民，乘螺舟而至。舟形似螺，沉行海底，而水不浸入，一名'沦波舟'。其国人长十丈，编鸟兽之毛以蔽形。始皇与之语，及天地初开之时，了如亲睹。"[①]又说：宛渠之民能"日游万里"，夜间照明，只需"状如粟"之燃石一粒，便能"辉映一堂"；若丢入小溪，则"沸沫流于数十里"。这张笺纸上就画有一只绿色的螺舟，内坐一人，螺舟在水上漂行，兴起微微波浪。

（五）搜奇笺

《笺谱》中收录的24幅"搜奇"笺，在全书中占有很大的比重。"奇"为奇特、奇异、奇人、奇事、奇物之意，"搜"极为搜集、搜罗之意。《笺谱》采用修辞中的借代法，以某物代指某人某事。

如"辋川帚"，据唐代冯贽《云仙杂记》记载，田园诗人王维性好净洁。他在辋川山谷隐居时，每日有十余人为其扫饰房屋，其中两个童子专门拥帚扫地，不容有浮尘存留。再如"书画船"，画面上水中荡漾的一只小船上，放满了帙册画轴。

---

① 〔前秦〕王嘉撰：《拾遗记》，上海古籍出版社2012年版，第32页。

这涉及有关宋代大书画家米芾的一个掌故。米芾痴迷书画，所到之处，必以书画相随。崇宁年间，米芾为江淮发运，曾在船上挂牌云："米家书画船"。黄庭坚《戏赠米元章》诗云："沧江静夜虹贯月，定是米家书画船。"再如"花裀"，裀同茵，是古时的坐垫。五代王仁裕《开元天宝遗事》记载，学士许慎远性情洒脱，在花园聚会不准备帷幄、椅凳。他让仆童为自己扫聚落花为坐垫，表示自有花为茵，何须坐具，其风雅之态，跃然纸上。

再如"遗瓢"，画面上一枝条扶疏的古树，上挂一水瓢。此画出自东汉蔡邕《琴操》："许由无有杯器，常手掬水。人见由无器，以一瓠遗之，由操饮讫，挂于树枝，风吹树，飘动历历有声，由以为烦扰，遂取捐之。"又如"六国印"一笺上绘六方官印，形制各异，此典出自《史记·苏秦列传》，战国纵横家苏秦劝说六国合纵抗秦，苏秦任纵约长，任相六国，后人遂称苏秦佩六国相印。再如"换鹅"，画面上有一白鹅由布包捆扎，旁有一奇石，上置纸笔，此典出自《晋书·王羲之传》，王羲之生性爱鹅，很想买道士所养之鹅。道士请王羲之书写《道德经》相换。王羲之欣然提笔完成，笼鹅而归。又如"唾壶"一笺，出自南朝宋刘义庆《世说新语》记载，大将军王敦被晋元帝疑忌，无用武之地，酒后常吟诵曹操名句："老骥伏枥，志在千里；烈士暮年，壮心不已。"同时用如意击打唾壶，壶口尽缺。

又如"唐山人诗瓢"，出自宋代计有功《唐诗纪事》，隐士唐球作诗后，将诗捻成小球，放进大瓢里。唐球病重后，将大瓢投入江中，叹称斯文苟不沉没，得者方知吾苦心。大瓢流入新河道被拾起，有识者说，这是唐山人之瓢。

（六）龙种笺

《笺谱》中有"龙种"9幅，均以拱花之法印制。自明代开始，龙生九子之说即层出不穷，笺画根据陆容《菽园杂记》刻制了龙之九子，而且根据九子不同的性格特征及其专长赋予其不同的形象，如蚍蝮性好立险，故使之作耸立之状；螭虎性好文采，故使之作衔书之态；饕餮性好水，故使之作潜水之状；金猊好烟火，故使之作腾烟之状。

（七）择栖笺

《笺谱》中的12幅"择栖"笺画分别为：鸳鸯石榴、鹦哥梅兰、梧桐灵石、嘉树乌鸦、松树雄雉、荷花白鹭、翠竹绶带、垂柳双鸭、玉兰蝴蝶、芭蕉蜜蜂、梨花飞燕、芦苇白雁，均为良禽择木而栖之意，寓意博智高洁之人，预感天时将变，需做出明智抉择。

《笺谱》以8幅杂稿殿后，题材均为古木，具有较好的寓意，如大椿象征长寿，《庄子·逍遥游》："上古有大椿者，以八千岁为春，以八千岁为秋。"五粒松则象征长生，合欢种在阶庭之前，可解人忧郁，峄阳桐可做制琴上选佳材，柽柳嫩枝叶可入药等。

第三节　《萝轩变古笺谱》的工艺

《萝轩变古笺谱》共收178幅画笺，其中，116幅为饾版，62幅为拱花。这是拱花艺术作品中现存的所能见到的最早实物。这些拱花画面，经过作者的巧妙构思，采用了两种艺术处理方式，一种全部无色，依所用淡雅纸色而定，如蝴蝶、蜻蜓、玉器等,也包括画家的钤印;一种则与饾版结合,如青山墨线配以素色拱花的行云流水,绶带翠鸟配以无色拱花的白肚等。拱花工艺使笺谱的画面富有立体感、质感和动感,真是精妙绝伦。恰如颜继祖书前小引所称:"尺幅尽月露风云之态,连篇备禽虫花卉之名。大如楼阁关津,万千难穷其气象;细至盘盂剑佩,毫发倍见其精神。少许丹青,尽是匠心锦绣;若干曲折,却非依样葫芦。""固翰花之奇观,实文房之至宝。"

从画面的色调来看,主要表现为色彩沉着古朴,静穆淡雅,诸如山景花卉,大都以单线勾勒,几乎没有重色烘染之处,给人以"朴"而不"拙","华"而不"鲜"的艺术美感。从构图上看,尽管描绘的是折枝或者花束,但其几乎贯通整个画面,显得丰满而疏朗。同时,《萝轩变古笺谱》也运用了诗画搭配的构图手法,收到了诗情画意、相得益彰的艺术效果。

在《萝轩变古笺谱》发现之前,人们根据胡正言刊刻的《十竹斋笺谱》,公认胡为饾版、拱花的发明者。但是,《萝轩变古笺谱》的发现,改写了饾版、拱花尤其是拱花发明人和发明时间的历史。因为,《十竹斋笺谱》刊刻于1644年,《萝轩变古笺谱》刊刻于1626年,两者相差18年。而且,两者之间也有着密切的联系。从内容来看,《十竹斋笺谱》也受到了《萝轩变古笺谱》的影响。如《萝轩变古笺谱》"画诗"部分,每幅以山水画表现五言诗一句,画面中的云影波光均以无色凸版压印,《十竹斋笺谱》中的"画诗"部分也同样采用了这种方法。再如"龙种"部分,两者所刻动物形象基本相同,所不同者在于《萝轩变古笺谱》全用无色凸版压印,而《十竹斋笺谱》则加绘背景并以饾版套色印制而成。

既然时间有先后,能否断定饾版、拱花工艺的发明人是吴发祥呢? 回答是否定的。这是由于在1619年至1633年之间,胡正言就刊行了《十竹斋书画谱》,其中就使用了大量的饾版彩印技术。比较公允的说法是:"胡正言最先创用饾版彩印术,刊印了写意画风为主的书画谱;吴发祥受其影响沿用饾版彩印术外,并最先创用拱花印制术,刊印了工笔画风的《萝轩变古笺谱》;其后胡正言又受吴发祥影响,饾版、拱花之术并用,刊行了同一画风的《十竹斋笺谱》。"①

《萝轩变古笺谱》同《十竹斋书画谱》和《十竹斋笺谱》相比,较少使用"掸"的技巧(在版面刷色后,再加一道较浓的颜色),故色调缺少深浅变化,且少有渲染、烘托的画法。

第四节　《萝轩变古笺谱》的重刊

1981年10月,在鲁迅先生诞辰100周年前夕,上海朵云轩经过近两年的努力,采用木版水印技术,重新刊刻了《萝轩变古笺谱》。

1964年前后,上海博物馆在得到孤本《萝轩变古笺谱》时,曾有过复刻印行之议,后因"文革"爆发而作罢。1979年4月,上海市文化局副局长方行建议复刻这部笺谱,以此纪念行将到来的鲁迅先生百年诞辰。经过几次酝酿,试刻了其中几幅画稿,到1979年11月,上海书画出版社和上海博物馆就这部笺谱的复制工作进行了第一次协商,并确定了编辑、刻

---

① 茅子良:《艺林类稿》,上海书画出版社2009年版,第110页。

印方针,作为重点出版物,争取在1981年10月前出版。

为了保证这部笺谱的印制质量,特地聘请著名书画家、鉴定家谢稚柳担任艺术顾问,上海博物馆汪庆正具体负责复制工作的编撰、组织、质量检验等。

谢稚柳(1910—1997),名稚,以字行,晚号壮暮翁,江苏武进人,幼即习画。1942年曾与张大千同赴敦煌研究石窟艺术,1943年任中央大学艺术系教授。新中国成立后,历任上海市文物管理委员会编纂,上海博物馆顾问,中国美术家协会理事,上海美术家协会副主席,国家文物局古代书画鉴定组组长。擅画山水、花鸟、人物、走兽,画风端丽典雅,书法由陈洪绶上追怀素、张旭,间及"二王"。有《谢稚柳画集》《鉴余杂稿》等。

此次刊行,还增补了上海博物馆所藏该部笺谱残本另有的拱花4幅,合计182幅画笺。

复制《萝轩变古笺谱》是一个非常繁难、艰苦的过程。为了使参加复制的人员加深对笺谱的理解,提高工作的热情和兴趣,朵云轩特意请上海博物馆的专家编选了《萝轩变古笺谱·小引》《十竹斋笺谱·序、跋》,郑振铎的《访笺杂记》及与鲁迅商讨复印《北平笺谱》的书信摘录等有关文字资料,供大家参考、学习。同时,还请来上海博物馆的老专家沈宗威为大家讲课,增强了大家搞好这项工作的信心。参加复制的李慧珠、蒋敏、王崇礼在《复制〈萝轩变古笺谱〉的体会》一文中说:"整个复制过程,要经过勾描、刻版、印制、装订多道工序,而比较重要的勾、刻、印环节又要将饾版和拱花两个部分着力搞好。""在勾描时,我们对古人表现的线条进行了细致深入的研究,发现这本笺谱,无论是山水花鸟,还是博物、题字等,线条都浑厚有力,刀锋精细,作品简练而富有质感,内含无穷情趣。因此,我们着意理解线条表现物体的各种运笔方法,做到勾出其形,不忘其神。同时,还特别注意了线条的运笔动势,将刻稿贴样勾得极其精确,便于刻工雕刻。""拱花版的勾描是颇费力气的。首先要细心揣摩原作,勾稿时要绝对忠实于原稿,否则下笔差之毫厘,刻、印就会谬之千里。其次,要根据自己的观察分析,在勾稿上做出反映不同凹凸程度的记号。这种记号是勾刻者共同商定的,便于刻板参考。""具体刻制时,则必须注意选用不同的刻刀和掌握正确的刻板技术。以刻拱花版'蜻蜓'为例。图中的蜻蜓极为工细,拱花的线条亦极其匀称,每根线条又纵横交错在一起,十分复杂。稍不留神,就会将一根细若发丝的线条刻坏,致使难以补救。为此,我们在刻制这块版时,首先用拳刀将整个蜻蜓的外围轮廓线准确地刻出来。拳刀下刀的深度、坡度及执刀的形状,都力求恰到好处。然后,用平的铲刀把表层的一层铲除干净,使底部光滑平整,在刀口的衔接处不留下拳刀的痕迹。再用微型铲刀沿着第一层的刀锋轻轻地铲除蜻蜓身体最外围的一层木屑,这样,蜻蜓身体的两个块面就显示出来了。加上两只小草虫的衬托,蜻蜓就更显得栩栩如生,鲜明突出。"[1]

在印刷用纸上,笺谱的复制亦颇费周折,尤其是染色仿旧的宣纸,不是纸张厚度不够,就是纸质太毛,不够光洁。直接用宣纸染旧,颜色不是太深就是稍浅,或是色相不准,印起

---

[1]《朵云》(3集),上海书画出版社1982年版,第127—128页。

来容易发花。根据谢稚柳的意见,经过反复试验,最后决定采用夹宣染古色,一张张挑选,剔除发花、有杂质的宣纸,一张张人工磨光,达到了较为理想的效果。

新版的《萝轩变古笺谱》由赵朴初题签,郭绍虞作序,谢稚柳作跋,上海博物馆、朵云轩撰后记。

复刻重刊的《萝轩变古笺谱》,用纸分为仿古宣纸本和素宣纸本两种,仿古宣纸本共印300部,装以精致宋锦函套,依次编号发行。

2012年秋,朵云轩又据原版复制300部,依然编号发行。与第一版相比,题签改为隶书,钤"臧松年"朱文印,内容上删去了郭绍虞的序,谢稚柳的跋和上海博物馆、朵云轩的后记。

第十三讲
《十竹斋笺谱》探微

比《萝轩变古笺谱》稍后出现的另一部笺谱是《十竹斋笺谱》。在《萝轩变古笺谱》被发现之前,人们公认《十竹斋笺谱》是存世最早、最为完整的一部笺谱。《萝轩变古笺谱》的发现虽然改变了这一事实,但是并没有因此而削减《十竹斋笺谱》的价值,因为《十竹斋笺谱》所收录的笺画不仅数量多,而且内容更为丰富,就印制技术而言,也更为成熟和完善,达到了明末木版水印的最高水准,堪称后来居上。

第一节 《十竹斋笺谱》的作者

尽管中国古代没有出版家的称谓,但用现在的眼光来看,《十竹斋笺谱》的作者胡正言,堪称名副其实、开宗立派的大出版家,在中国出版史、印刷史乃至中国文化史上都有着不可撼动的地位。胡正言(1584—1674),字曰从(《尚书·洪范》:"言曰从",胡正言其字即源于此),原籍安徽休宁,因在兄弟中排行第二,人又称次公。胡正言天资聪颖,性喜读书作文,早年与父兄一起行医。读书、行医之外,胡正言还善书法,精篆刻,长于绘画,崇祯时授职于翰林院,但尚未赴任,清兵即攻入北京。福王朱由崧仓皇南逃,竟将国玺遗失。南明小朝廷在金陵建立之后,胡正言经人举荐,重新镌刻了国玺,被授武英殿中书舍人,后挂冠而去,隐居于南京鸡笼山侧,屋前种竹十余竿,因以为号"十竹斋"。

胡正言辞官之后,把全部精力投入治印、制墨、绘画、造纸、雕版、印书之中,先后刊印了《十竹斋书画谱》《十竹斋印谱》《十竹斋笺谱》等,而尤以《十竹斋笺谱》印制水平达到登峰造极之地步。

关于《十竹斋笺谱》的刊刻缘由,胡正言自己没有留下文字说明。其友人李于坚在《笺谱小引》中道出一二:"时秋清之霁,过其十竹斋中,绿玉沉窗,缥帙散榻,茗香静对间,特出所镌笺谱为玩,一展卷而目艳心赏,信非天孙七襄手,曷克办此? 曰从庄语余曰:'兹不敏代耕具也。家世著书,不肩畚耜,忆昔堂上修髓之供,此日屋下生聚之赡,于是托焉,何能不私一艺而耻雕虫耶?'余闻而起敬曰:'诚如君言,柔翰自人文,攸赖与天章云汉并丽无穷,宁得谓伤巧乎?'遂观卒业。"可见,胡正言在笺谱刊刻方面投入如此大的精力,也仅是借此寄托一种情怀,自己并不是特别看重,甚至认为是辱没先人。但李于坚却不以为然,认为刊刻笺谱之举并非传统意义上的雕虫小技,而是足可与天地文章相提并论的大功德。因此,他坚信:"吾知曰从自不以笺名,而笺自以曰从名无疑矣。"胡正言的另一位朋友李克恭在《十竹斋笺谱序》中也概述了胡正言的家世和艺术成就,对其笺谱之作进行了专门的评述:"于是篆隶真行,一时独步,而兼好绘事,遇有佳者,即镂诸板,公诸同好,笺之流布久且多矣,然未作谱也。间作小谱数册,花鸟、竹石,各以类分,靡非佳胜,然未有全谱也。近始作全谱成,成而问叙于予,曰:'题词不喜泛泛,惟好之深者,始有情至之词,君雅好此而不一抒写其所欲言,能恝然乎?'予乃许诺,爰纵笔而臆言之。"从这段序言中也可以看出,胡正言制笺纯属个人的情感寄托和兴趣爱好,而没有功利目的,惟如此,才能达到一种超凡脱俗的境界。

第二节 《十竹斋笺谱》的内容

《十竹斋笺谱》共四卷,收图 280 余幅,明崇祯十七年(1644)印行,堪称明代版画中成就最高且集大成者。

一、第一卷笺画考

第一卷包括清供、华石、博古、画诗笺各 8 幅,奇石、隐逸、写生笺各 10 幅。

（一）清供笺

"清供"乃旧时风俗,清,清雅也;供,供奉也。"清供"就是将鲜花、瓜果、古玩、盆景、钟鼎、金石等具有清雅之气和高雅趣味的物品摆放于案头,随时欣赏把玩,以示格调高雅,不同流俗。如《红楼梦》第四十回描写探春闺房中的清供:"案上设着大鼎,左边紫檀架上放着一个大官窑的大盘,盘中盛着数十个娇黄玲珑大佛手。""清供笺"图案多为古器皿,如鼎、尊、罍、壶、瓶、簋等,亦有拂尘、如意、羽扇、珊瑚、翎毛、画轴等文玩,还有荷花、佛手、莲蓬等花果。笺画设色淡雅明快,极尽秀逸之能事。8 幅笺画均以拱花法或凸出器物上的纹饰,或表现花瓣的层次、羽毛的质感等。

(二)华石笺

"华"同"花","华石"即花卉与奇石。"华石笺"绘紫薇、桂花、梅花、桃花、辛夷、菊花、水仙、海棠等8幅花卉,又以八种奇石与之相配,奇石孔窍剔透,各具姿态,花石浑然一体,古雅可爱。笺画均采用小写意画法,形神兼备。"紫薇""桂花""菊花""海棠"4笺则用没骨手法,其余4笺勾勒轮廓,后施颜色;怪石除水仙一图外,均以淡墨勾出外形,再以水墨或淡彩罩染。通体以冷色调为主,具有超凡脱俗之感。

(三)博古笺

"博古"本为古器物之统称,后将描绘古代器物形状之画称为"博古图"。北宋宣和年间,徽宗赵佶即命人编撰摹绘《宣和博古图》,以此著录内廷宣和殿所藏古代青铜器皿,并附摹绘图、铭文拓本及释文等。因博古图案古朴典雅,形式多样,故而多受文人雅士喜爱。8幅"博古笺"的风格与"清供笺"大略一致,然所选器物更具有古意,使人从中领略周鼎商彝之遗风。8幅笺画均采用工笔画法,线条细腻,器物形态逼真,个别地方还吸纳了中国传统的界画画法,造型极其准确。笺画以拱花法印出器皿轮廓及纹饰,部分器皿图案完全以素色砑印而出,增强了器物的凹凸感和立体感。

(四)画诗笺

"诗中有画,画中有诗",是中国画和诗歌追求的一种境界。因此,古代绘画尤其是文人画历来重视诗画融合,所谓画为诗境,诗为画魂,如此方能达到"托物言志""意象骋怀"的统一。"画诗笺"中的8幅笺画以古代诗歌名句为题材,绘以山水小景,景物纯以墨笔细线勾勒,细节处略加水墨点染。"山色四时碧,湖光一望青",画江南早春景象,近树、远山遥相呼应,水面上有四只燕子飞舞,给人以生机无限之感;"潮平两岸阔,风正一帆悬",表现了水天辽阔、扬帆畅行的情景,与唐王湾的《次北固山下》诗意颇为契合;"花远重重树,云轻处处山",画出了花树繁茂、山水相连的景色;"山水开精舍,琴书列几筵",画出了与琴书为伴、寄情山水的高人雅士格调;"明月松间照,清泉石上流"一笺,则画出深秋时节,松风飒飒、流水淙淙的静谧之景,是王维《山居秋暝》的写照;"窗拂垂杨暖,阶侵瀑水寒",则画出初冬的寥落与枯寂;"入门穿竹径,留客听山泉",则画出了竹林茂密、山泉泠泠作响的清境;"塔影挂青汉,钟声和白云",融楼台、高塔、山石、树木于一笺,有一种自然天成之感。

(五)奇石笺

奇石因造型奇特、别有情趣而深受文人喜爱,宋代米芾即有拜石之举,传为士林佳话。10幅"奇石笺"所绘均为太湖奇石,并以花草点缀其间,古雅灵透,相得益彰。这些奇石或中空似洞窟之门,或颀长似清癯老者,或憨态可掬如顽童,或瘦骨嶙峋似高士。从题款来看,这10幅"奇石笺"大多为临摹之作,因此署"十竹斋临",而其中的两幅则分别署"凌五云为十竹主人写""十竹斋临五云先生笔"字样,这就说明,参与笺谱设计、刊刻的并非胡正言一人,而是有不少志同道合的朋友,凌五云即其一也。五云是凌云翰的字,其人善画山水,《笺谱》中收录其设计的样张也是顺理成章。

（六）隐逸笺

"隐逸"，通常是指特立独行之人隐居避世的行为。"隐逸笺"所绘为10位历史上著名的隐居高洁之士，分别为韩康、严光、黄石公、陆羽、安期生、列子、汉阴丈人、披裘公、林逋、陶渊明。每笺先绘人物，再题相应人物姓名，另有诗句或判词相配。如"韩康"一笺画韩康身背药锄药篓，神态安详，题为"羽盖徒相顾，云山畅独行"。韩康字伯休，见于魏晋时期皇甫谧《高士传》一书，书中记述韩康经常入名山采药，售于长安街头，因三十余年言不二价而知名。一寻常女子曾向韩康买药，还价未果，怒向韩康曰："公是韩伯休邪？乃不二价乎？"韩康大惊，知自己卖药避世仍无效果，乃逃至霸陵山中，隐而不出。再如"子陵"一笺，所画为严光隐居不仕之意。严光字子陵，为光武帝刘秀至交，刘秀称帝后，特招严光为谏议大夫，严光不为所动，辞而不受，退隐至富春江边，靠垂钓消磨时光。此笺题为"星辉犹灿烂，山色自崔嵬"，以彰显严光的高风亮节。

（七）写生笺

《十竹斋笺谱》卷一最后为"写生笺"10幅，以小写意画法画折枝花卉，分别为梅花、绣球、虎耳草、玉兰、水仙、荷花、芙蓉、海棠、山茶、栀子。笺画造型生动自然，线条柔缓多姿，设色清新淡雅，令人爱不释手。这些笺画的作者，胡正言之外，还有高友、高阳等人，这也进一步证实了《十竹斋笺谱》是一种沙龙式的创作。

二、第二卷笺画考

第二卷包括龙种笺9幅,胜览笺8幅,入林笺10幅,无华笺、凤子笺、折赠笺各8幅,墨友笺10幅,雅玩笺、如兰笺各8幅。

（一）龙种笺

"龙种笺"图案与《萝轩变古笺谱》基本相同,区别在于《萝轩变古笺谱》纯为拱花印制,而《十竹斋笺谱》则施以颜色,且添加背景。这一方面说明龙种是明末笺画的主要题材,另一方面也说明胡正言和吴发祥在制笺上有着某些相通之处。

（二）胜览笺

"胜览"即览胜,是指观赏胜景或游览胜地之意。"胜览笺"设计颇为别致,圆角单线边框居于笺纸正中,框内为楼台亭阁、山水云霞,恰似窗外之景。8种景观分别为云来宫阙、玉洞桃花、虞庭卿云、凌烟阁、凤池、三壶、玄岳藏书、兰台。第一幅"云来宫阙",框内祥云缭绕,宫殿巍峨,山重水复,令人叹为观止。另外,此笺也使人联想到杜甫《秋兴八首》中几句:"蓬莱宫阙对南山,承露金茎霄汉间。西望瑶池降王母,东来紫气满函关。"第三幅"虞庭卿云",画面主体为美轮美奂一楼台,上有彩云飘浮,虚实相间,动静呼应,极其美妙。卿云即彩云,古人以为祥瑞之兆。明代诗词名家薛始亨的《鞠歌行》中就有"箫韶成,凤凰鸣,卿云纠缦宾虞庭"的句子。第七幅为"玄岳藏书",绘曲径通幽之处,有书函堆集于石桌之上,给人以诸多联想。第八幅为"兰台",画古松盘桓,一楼一台巍然矗立于彩云之下,颇为宏伟庄严。兰台有多种含义,其一为战国楚之台名,宋玉《风赋》:"楚襄王游于兰台之宫,宋玉景差侍,有风飒然而至。"其二为汉代宫廷藏书处,设御史中丞掌管,后置兰台令史,《汉书》主要作者班固即任此职。从笺画图案来看,所绘者当为楚襄王游览登临之兰台。

（三）入林笺

"入林"即指归隐林下之意,王维诗中即有"坐觉嚣尘远,思君共入林"的句子。10幅"入林笺"所绘均为竹、石、雪、月、云,以此象征归隐之士如竹之节操,石之坚固,雪之纯净,月之皎洁,云之淡然。

（四）无华笺

"无华"即朴质无华,但在"无华笺"中,则又多了一层含义,即笺画不施颜色,纯以拱花为之,真正达到了"绚烂之极,归于平淡"的素朴境界。每笺砑印两种花卉,造型准确,刻工细腻,乍看素纸之上,空无一物,侧面而视或是轻轻抚摸,即可感知画面凹凸,图案繁复,令人赞叹设计之奇妙。

（五）凤子笺

龙有龙种,凤有凤子。古人将蝴蝶之硕大而美丽者称为凤子,即蛱蝶。晋崔豹《古今注·鱼虫》云:"蛱蝶,一名野蛾,一名风蝶。江东呼为挞末,色白背青者是也。其大如蝙蝠者,或黑色,或青斑,名为凤子,一名凤车,一名鬼车,生江南柑橘园中。""凤子笺"绘8种蛱蝶,线条细腻,造型逼真,色彩斑斓,姿态各异,栩栩如生,如同真蝴蝶落于纸上,令人不忍惊动。尽管为平面饾版所印,但因颜色浓淡深浅过渡自然,仍具有强烈的质感。

（六）折赠笺

"折赠"即折取花枝赠送友人，以表依依不舍离别之意。8幅"折赠笺"分别绘花卉两株，有主副、前后之别，绘制手法以小写意为主，双钩、没骨并用，分别为荷花紫薇、芙蓉桂花、水仙梅花、牡丹榆叶梅、玉兰海棠、黄菊墨菊、兰花灵芝、老梅新枝。这些"折赠笺"水墨重彩兼用，饾版拱花共施，生动自然，浑然一体，堪称摹绘刻印萃于一编。

（七）墨友笺

"墨友"即以笔墨喻友人。古代文人雅士常以品性高洁之物自比或喻人，遂有松、竹、梅之"岁寒三友"以及梅兰竹菊"四君子"之说。10幅"墨友笺"均为水墨小写意。之所以不施颜色，是因为文人认为水墨为文人画之正宗，设色便俗。因此，标为"墨友"恰与文人之不同流俗相契合。笺画所绘虽均为花卉，但并不直接题写花名，而是以友称之，如梅花题为"清友"，西府海棠题为"名友"，菊花题为"佳友"，桂花题为"仙友"，牡丹题为"艳友"，栀子题为"禅友"，荷花题为"浮友"，玩玩花题为"雅友"，蔷薇题为"韵友"，绣球题为"殊友"，可谓含蓄雅致，意蕴深远。

（八）雅玩笺

雅玩即为高雅玩赏之物。8幅"雅玩笺"风格与卷一"清供笺"8幅基本相同，不同者在于"清供笺"多为青铜器皿如彝、尊、鼎、簋等，"雅玩笺"则多为名瓷器物，如杯、盘、碗、盂等。8幅笺画中有7幅运用拱花技法，其中有两幅类似"无华笺"，器皿图案几近素色，只于花纹处略施颜色，堪称匠心独运，素雅至极。

（九）如兰笺

"如兰"一词，典出《周易·系辞上》，其云："二人同心，其利断金。同心之言，其臭如兰。""臭"读如"嗅"。唐孔颖达注云："言二人同齐其心，吐发言语，氤氲臭气，香馥如兰也。""如兰笺"多为胡正言临摹之作，如第一幅署"十竹斋临公调笔意"，画面上怪石嶙峋，兰花旁逸斜出，呈现勃勃生机，极具动感；第二幅署"乙酉春日十竹斋临周公调先生笔意"，画面构图疏旷，兰花自悬崖间伸展而出，与左下方之水波相映成趣，令人联想到范仲淹《岳阳楼记》中"岸芷汀兰，郁郁青青"的名句。"如兰笺"第八幅署"周乃鼎写似十竹斋主人"，"似"是奉赠的意思，可见这是周乃鼎主动为胡正言绘制的笺画。题字下钤"公""调"连珠印，可知周鼎、周公调为一人，此人善写兰草，用笔纯熟老道，实开"扬州八怪"之先河。从笺画的题署推测，周公调与胡正言志同道合，胡正言对其兰草推崇备至，所临之作，盖亦以周公调为蓝本。

三、第三卷笺画考

《十竹斋笺谱》第三卷的内容极为丰富，包括孺慕笺、棣华笺、应求笺、闺则笺、敏学笺、极修笺、尚志笺、伟度笺、高标笺各8幅。这些笺画，大多来自典籍、传说，具有浓郁的人文色彩。这也说明，作为十竹斋主人的胡正言，已经不满足于对自然界山川景物、花鸟鱼虫的描绘，而是朝着表现圣贤君子、高人雅士嘉言懿行的方向发展。

（一）孺慕笺

"孺慕"的本意是指孩童哭悼逝去的父母，后引申指代为孝敬父母。8幅孺慕笺分别绘制古代八例孝敬父母的典故，分别为反映虞舜孝行感动世人的"历耕"笺，赞美不计后母之恶的闵子骞的"闵辔"笺，表现孟宗孝感天地"哭竹生笋"的"孟竹"笺，彰显伯俞奉行孝道而泣杖的"俞杖"笺，表现老莱子取悦父母的"莱衣"笺，表现黄香为父扇枕消夏的"扇枕"笺，描绘陆绩怀揣橘子准备孝敬母亲的"陆橘"笺，刻画子路为奉养父母而在外谋求禄米的"负米"笺。

可以说，其中的每一幅笺画，都依据一个典故，仅举两例。

"历耕"一笺绘舜耕作于历山之情景。舜，姓姚，名重华，史称虞舜。舜以孝贤著称，不仅身体力行，而且提出了"父义、母慈、兄友、弟恭、子孝"的"五常之教"。舜为了赡养父母，曾在历山耕作，当地人受到舜的感化，都变得宽恕仁厚，礼让成风。《史记》载："舜耕历山，历山之人皆让畔；渔雷泽，雷泽上人皆让居；陶河滨，河滨器皆不苦窳。一年而所居成聚，二年成邑，三年成都。"①

"闵辔"一笺所绘为一车辆，用以赞美闵子骞的孝行。据唐欧阳询《艺文类聚》："闵子骞兄弟二人，母死，其父更娶，复又二子。子骞为其父御车，失辔，父持其手，衣甚单。父则归，呼其后母儿，持其手，衣甚厚温，即谓其妇曰：'吾所以娶汝，乃为吾子，今汝欺我，去无留。'子骞前曰：'母在一子单，母去四子寒。其父默然。故曰：孝哉闵子骞！一言其母还，再言三子温。'"闵子骞事又见《二十四孝》中的"芦衣顺母"。

①〔汉〕司马迁撰：《史记·五帝本纪》卷一，中华书局1959年版，第33—34页。

这些笺画大多采用修辞中的借代手法,往往仅画出典故中的某个物件以代指至孝之行。如"莱衣"为一件彩色衣裳,"陆橘"则为一枚橘子,"扇枕"则为蒲扇和枕头,"孟竹"则为竹石和新笋,"负米"则为藤杖和包袱,"俞杖"则为一竹杖,可谓"窥一斑而见全豹"。

(二)棣华笺

"棣花"典出《诗经·小雅·常棣》,其辞曰:"常棣之华,鄂不𬴐𬴐。凡今之人,莫如兄弟。"后便以"棣华"喻兄弟之情。"棣华笺"描绘8种兄弟友爱和品行高尚之事,分别为:表现亲朋间友情的"德星聚"笺;赞美周颛仁义大度、礼让三分的"投烛无忤"笺;描绘姜肱兄弟同吃同睡、亲密无间故事的"共被"笺;表现田氏兄弟和睦友爱故事的"田荆"笺;描绘孔融让梨故事的"融梨"笺;表现唐明皇李隆基兄弟怡怡、情谊深厚故事的"义竹"笺;表现元德秀德行高洁故事的"紫芝眉宇"笺;描绘春秋时期吴国四公子季札信守诺言故事的"解剑"笺。

同样,每一幅笺画也都是选取故事的一个侧面绘制而成。如其中的"投烛无忤"笺,描绘的是一支燃烧且倾倒的蜡烛。此典出自《晋书·周颛传》:"弟嵩尝因酒瞠目谓颛曰:'君才不及弟,何乃横得重名!'以所燃蜡烛投之。颛神色无忤,徐曰:'阿奴火攻,固出下策耳。'"周颛和周嵩为亲兄弟,周颛名声好于周嵩,周嵩不服,醉酒后先是骂哥哥浪得虚名,之后又把燃烧的蜡烛掷向哥哥,但周颛仍不动声色,隐忍不发,可见修养之高。

(三)应求笺

"应求"典出《周易·乾卦》,有"同声相应,同气相求"句,为响应、应和之意。应求笺所画均为友朋之间相交相得之典故,分别为:比喻君子之交如兰之相聚,清芬高洁的"如兰"笺;表现蔡邕尊重贤才、热情迎客的"倒屣"笺;寓意朋友相得益彰的"云龙"笺;表现"投我以木瓜,报之以琼琚",寓意礼尚往来的"木瓜"笺;表现"人之好我,示我周行",寓意贤者引人以正的"周行"笺;表现孔子路遇程子、一见如故的"倾盖"笺;表现热情好客的"拥篲"笺;表现陈蕃礼贤重才、优待宾客的"下榻"笺。

这些笺画大多构图简洁,却寓意深刻,以少胜多。如"倒屣"笺,仅画两只方向相反的鞋子,但表现的是蔡邕慌乱之中迎接王粲的故事。王粲为"建安七子"之冠,才华出众,深得蔡邕赏识。某日,蔡邕在家中宴客,忽然听说王粲来访,蔡邕立即起身相迎,因为太高兴,匆忙中倒拖着鞋子就跑出去了。这一举动,为后世留下了"倒屣迎客"的典故。

(四)闺则笺

"闺则"近闺训之意,指旧时妇女应当遵守或崇尚的行为规则。"闺"本指宫中小门,后专指女性居室,又引申为女性的代称。闺则笺绘8例古代女子妇德之典故。如"摽梅"笺以梅子成熟落地而寓意女子适龄当嫁;"杂佩"笺以花卉连缀指代佩玉,寓意夫妇互戒互勉;"孟机"笺绘屏风下织布之机,用孟轲母亲"断机教子"典故,寓意母亲督促子女勤奋好学,不可半途而废;"熊丸"笺绘书案和文房用具,寓意贤母教子寒窗苦读、不可懈怠;"宿瘤"笺绘桑叶竹篮,用齐闵王遇宿瘤女,因其贤淑立为皇后并在皇后助谏之下勤政爱民,齐国实现大治之事;"举案"笺绘梁鸿、孟光互敬互爱故事;"鸡鸣"笺寓意妻子催促丈夫早起,不图安逸事;"雎鸠"笺绘两只水鸟顾盼嬉戏,寓意爱情的忠贞美好。

(五)敏学笺

"敏学"即勤勉学习之意,《论语·学而》云:"吾非生而知之者,好古敏以求之者也。"《论语·公冶长》亦云:"敏而好学,不耻下问,是以谓之'文'也。"此组笺即绘8种古人勤学之故事,分别为笔花、负笈、青灯、警枕、邺架、挂角、铁砚、书绅。

"笔花"笺绘古树根雕笔筒中插有毛笔数支,其中一支笔端生花,用李白"梦笔生花"典,传说李白少年时期,酷爱写诗,经常夜以继日构思,一日忽梦见笔端绽放出花朵,从此诗思大发,日新月异,因此人们便以"梦笔生花"寓意才思敏捷,文笔优美。

"负笈"笺绘书箱担杖,寓意不畏艰苦,远求师友。《太平御览》引谢承《后汉书》云:"苏章,字士成,北海人,负笈追师,不远千里。"笈为竹制书箱,负笈即背着书箱,形如读书,亦指求学。周恩来18岁时所作《送蓬仙兄返里有感》(三首)之一,有"相逢萍水亦前缘,负笈津门岂偶然"之句。

"邺架"笺绘一书架,上有典籍堆集,此乃表现李泌家富藏书之事。韩愈诗:"邺侯家多书,插架三万轴。——悬牙签,新若手未触。"诗中所说是唐李泌家中藏书汗牛充栋,且善加保护,因其曾受封邺县侯,世称"李邺侯",其书架也称为"邺架"。需要指出的是,笺画的绘制并不符合史实,因为唐代的图书装帧形式是卷轴装,尚未出现线装形式。

"铁研"笺绘铁砚、毛笔、手卷等物,此乃表现桑维翰意志坚定之掌故。《新五代史·桑维翰传》记载,桑维翰因容貌丑陋且桑姓与"丧"谐音,主考官将其打入另册,于是有人劝其不必应考进士,可以通过其他途径谋求官职。桑维翰不为所动,更加发奋苦读,并"铸铁砚以示人曰:'砚弊则改而他仕。'卒以进士及第。"①后以"铁砚磨穿"寓意矢志不移、坚忍不拔,也用来形容读书学习下苦功。

(六)极修笺

"极修"中的"极"为至、最之意;"修",可作钻研、学习,亦有修养之意;极修,犹言通过刻苦修炼而达到最高境界。这组笺包括玄圭、调羹、尚友、爻画、典谟、洪范、韦简、铭盘。

"调羹"笺绘食鼎、汤勺、美食各一,寓意"和鼎调羹",比喻大臣辅佐君主治理国家。《尚书·说命》:"若作和羹,尔惟盐梅。"《新唐书·李白传》记载,贺知章非常赏识李白的才华,向唐玄宗举荐,"召见金銮殿,论当世事,奏颂一篇。帝赐食,亲为调羹,有诏供奉翰林"。

"典谟"笺绘竹简置于书案之上,寓意时刻牢记先哲训诫。许慎《说文解字》:"五帝之书曰五典,五帝之常道也。"典谟是《尚书》中《尧典》《舜典》《大禹谟》《皋陶谟》等篇的并称。《尚书·书序》:"典谟训诰誓命之文凡百篇,所以恢弘至道,示人主以轨范也。"

"韦简"笺绘竹简一组,其编连绳索断开,此乃取"韦编三绝"之意,寓意勤奋读书,刻苦治学。

(七)尚志笺

"尚志"意为高尚其志,崇尚气节。语出《孟子·尽心上》:

---

① 〔宋〕欧阳修撰:《新五代史·桑维翰传》卷二十九,中华书局1974年版,第319页。

"王子垫问曰:'士何事?'孟子曰:'尚志。'" 8幅尚志笺描绘8位先贤故事,分别为:蠡湖、柳下、渭钓、耕莘、南阳庐、筑岩、洙泗、赤松。

"南阳庐"笺绘群山环抱中有一树木葱茏掩映的草庐,所反映者为诸葛亮故事。《三国志·诸葛亮传》:"亮躬耕陇亩,好为《梁父吟》。身长八尺,每自比于管仲、乐毅,时人莫之许也。"刘禹锡《陋室铭》:"南阳诸葛庐,西蜀子云亭。"

"赤松"笺绘一遒劲雄健之赤松,下有道家炼丹之用具,喻赤松子故事。赤松子又名赤诵子,即神话传说中的上古仙人,相传为神农时雨师,教神农祛病延年之术。《淮南子·齐俗》:"今夫王乔、赤诵子,吹呴呼吸,吐故内新,遗形去智,抱素反真,以游玄眇,上通云天。"

(八)伟度笺

"伟度"即宏伟之气度。《续资治通鉴·宋太祖开宝四年》云:"江南君臣闻之,皆震骇,服帝伟度。"《明史·王祎传》亦载:"幼敏慧,及长,身长岳立,屹有伟度。"此组笺画皆绘并喻指历代先贤及其逸事典故,分别为:周莲、鹅经、免胄、虞琴、陶巾、羽扇、谢屐、卢椀。

"陶巾"笺绘头巾和酒器,隐喻陶渊明以葛巾漉酒故事。《宋书·陶潜传》:"郡将候潜,值其酒熟,取头上葛巾漉酒,毕,还复著之。"后以此故事作为文人放诞闲适之典。

"谢屐"笺绘木屐一双,棋盘一副,典出谢灵运登山造屐之事。《宋书·谢灵运传》中称其"登蹑常着木屐,上山则去前齿,下山去其后齿"。李白《梦游天姥吟留别》亦有"脚著谢公屐,身登青云梯"之句。

（九）高标笺

"高标"意为出类拔萃、清高脱俗之风范，南朝宋刘义庆《世说新语·德行》："李元礼风格秀整，高自标持。"唐卢照邻《还京赠别》诗云："戏凫分断岸，归骑别高标。"《旧唐书·武承嗣传附从父弟攸绪传》载："王高标峻尚，雅操孤贞。"此组笺画亦有8幅，以物喻古人品性高洁，分别为：冰鉴、达旦、齐马、思鲈、四知、麦舟、篱菊、采药。

"达旦"笺绘秉烛读书场景，典出关羽在刘备夫人户外读书，通宵达旦，破除曹操奸计。后以"秉烛达旦"形容贤明勤谨不懈。

"四知"笺绘金元宝一只，隐喻杨震辞金之事。《后汉书·杨震传》载，杨震上任时道经昌邑，县令王密夜间怀揣十金送给杨震，杨震不受，王密说夜间无人知晓，杨震正色曰"天知，神知，我知，子知。何谓无知！"王密羞愧而出。后以"四知"代表廉洁自持，不受非义馈赠。

四、第四卷笺画考

《十竹斋笺谱》第四卷包括建义笺、寿征笺、灵瑞笺、香雪笺、韵叟笺、宝素笺、文佩笺各8种，另有杂稿笺12种。

（一）建义笺

《汉书·贾捐之传》："诸县更叛，连年不定。上与有司议大发军，捐之建议，以为不当。""义"通"议"，后以"建义"指胸怀计谋，对事情的办理提出具体的意见。

"建义笺"分别描绘了8个建功立业的故事。分别为投笔、丹书、遗棠、补衮、汉节、金縢、铜柱、焚券。

"投笔"笺绘一案上摊放书册、砚台,一支笔落在地上,此为班超投笔从戎的故事。班超胸怀大志,但由于贫穷,不得不为人抄书以养家糊口。有一天,他实在无法忍受,将笔扔在地上说:"大丈夫就是要建功立业,怎么能长期抄抄写写呢?"他不顾别人的嘲笑,毅然从军,出击匈奴,又奉命出使西域,最终实现自己的抱负,受封定远侯。

"丹书"笺绘包以锦函之书册。"丹书"即记载古代圣贤遗训之书,亦指"三坟五典"。此笺所绘隐含周武王登基时向姜太公询问治国之道的故事,典出《大戴礼记·武王践阼》。武王登基后,向姜子牙请教是否还存在治国之道,姜子牙回答:"有,就在丹书之中。"他要求武王斋戒三日,然后向武王传授古圣遗训,武王如醍醐灌顶,从此心怀畏惧,谨慎从事。

"遗棠"笺典出《诗经·召南·甘棠》。召公执政时期,政通人和,国家安定,召公出行时,为了不加重百姓负担,只在一棵棠梨树下处理政务和诉讼。人们为了纪念召公,不舍得砍伐这棵棠梨树,并将其命名为"甘棠"。此笺所绘"遗棠"即喻指召公留下的盛德惠政。唐刘禹锡诗中有"闻道天台有遗爱,人将琪树比甘棠"。

"补衮"笺典出《诗经·大雅·烝民》,仲山甫个人修养极高,受人尊崇,在朝廷中举足轻重,被称为"补衮之臣"。笺画所绘为一件华丽的衮服,衮服本为天子所穿,此指天子本身,"补衮"即补救天子过错之意。

"汉节"笺绘龙头竹竿,缀以牦牛尾,典出苏武出使匈奴被扣押,坚贞不屈,在北海牧羊19年,终于不辱使命,回归汉朝。典出《汉书·李广苏建列传》。

"金縢"笺绘一只金色的匣子,典出《尚书·周书·金縢》,金縢的本意是指用金属制成的带子,将收藏文书、契约的柜子封存起来。此笺所反映的是周公大公无私辅佐成王,以事实证明自身清白,消除成王误解自己的故事。

(二)寿征笺

"寿征"即长寿的征兆。"寿征笺"绘制了8幅代表长寿的事物,分别为青鸟、大椿、南极、蟠桃、龙杖、海屋、雪藕、铜狄。

"青鸟"笺所绘为传说中为西王母取食传信的神鸟,形似仙鹤,身为青色,为祥瑞之象征,古人认为见到青鸟就预示着福寿降临。

"大椿"笺绘一盘桓曲折之椿树,下有灵芝、怪石,典出《庄子·逍遥游》,传说古代有大椿树,以八千年为一春,八千年为一秋,后以"寿木大椿"作为祝颂人长寿之词。唐杜甫诗中有"但求椿寿永,莫虑杞天崩"。

"蟠桃"笺绘桃树一棵,上有花叶和硕大桃子一枚。王充《论衡》引古本《山海经》:"沧海之中,有度朔之山,上有大桃木,其蟠屈三千里。"蟠桃是神话传说中的仙桃,三千年方结果,故食之可以长生不老。后以蟠桃寓意长寿。

"雪藕"笺绘白色莲藕置于莲叶之上,有高洁脱俗之态。藕在神话传说中为仙人所食。藕象征纯洁,纯洁又是仙人之特点,因此以"雪藕"祝颂世人如仙人之长寿。宋晏几道词《鹧鸪天》云:"碧藕花开水簟凉,万年枝外转红阳。"

(三)灵瑞笺

"灵瑞"指上天所呈现的祥瑞,《汉书》中有"若仍灵瑞符应,又可略闻矣"的记载,后引申为灵异的事物或景象。8幅

"灵瑞笺"为在郊、来仪、金芝、卿云、神龙、紫玉、嘉禾、景星。

"在郊"笺绘麒麟在郊外驰骋之状,寓意祥瑞。《礼记·礼运》:"凤凰麒麟,皆在郊椷。"传说麒麟性情温和,能活两千年,被认为是仁兽、瑞兽,麒麟出没之处,必有祥瑞到来。

"来仪"笺绘一只凤凰翩翩自天而降之状。《尚书·益稷》:"箫韶九成,凤凰来仪。"古代传说人有高德,可以使凤凰飞来起舞并伴有美好之容仪。因此,凤凰的出现也是祥瑞之兆。

"卿云"笺绘五色缤纷且成流动之状的云彩,寓意吉祥。《史记·天官书》:"若烟非烟,若云非云,郁郁纷纷,萧索轮囷,是谓卿云。卿云,喜气也。"卿云又称景云、庆云,均为吉祥、喜庆之象征。

(四)香雪笺

"香雪"为梅花代称,因梅花盛开时,远望似雪,且有暗香,故称香雪。8幅"香雪笺"或为雪中梅花,或为月下梅花,使人联想到诗句:"遥知不是雪,为有暗香来。""疏影横斜水清浅,暗香浮动月黄昏。"

(五)韵叟笺

韵叟即有雅兴韵事之人,8幅"韵叟笺"分别为著书、探梅、鸣琴、听涛、访菊、话旧、题壁、临流。

"著书"笺绘一人手持书卷,以石为枕,风神潇洒,令人艳羡;"探梅"笺绘一人头戴斗笠,骑驴前行,身旁有小童相伴,使人想到"轻轻踏破白雪堆,半为寻僧半探梅";"鸣琴"笺绘两人坐卧溪水之畔,一人抚琴,一人倾听,使人联想到高山流水谢知音;"访菊"笺绘一人在书童陪伴之下曳杖前行,神态飘逸。

（六）宝素笺

"素"乃素色。"宝素笺"即以拱花形式矸印的博古宝物，共8幅。其中有珥璧、铁券、九字玺等。

（七）文佩笺

"文佩笺"描绘8种玉佩，形状各异，绘制精美，是明代玉雕的一个缩影。

《十竹斋笺谱》最后为12幅杂稿笺，当为后来添加者，其中"青鸟"与寿征笺中的"青鸟"相同。这些杂稿笺的题材，大多来自古人诗文中的对象，如"沧海月明珠有泪"笺，"彼如君子心，秉操贯冰霜"笺，"寸心凭雁足"笺，"呦鹿"笺，"梦蝶"笺，"鹤书"笺，"鸾信"笺等，虽然难以归类，但也耐人寻味。尤其值得称道的，是其中一部分为饾版、拱花结合印制，给人以栩栩如生、出神入化之感。

第三节 《十竹斋笺谱》的收藏和重刊

《十竹斋笺谱》是胡正言及友人潜心摹绘、雕刻、印制的精品，由于耗日持久，印制复杂，加之社会动荡，因此存世量极少，所收笺纸样张，也没有得到广泛的流传，至少，在明清的信札中，还没有发现以《十竹斋笺谱》中的样张作为书写用笺的。而此书的流传，还要归功于王孝慈、郑振铎和鲁迅先生。

王孝慈（1883—1936），原名立诚，字孝慈，河北通县（今北京通州）人，父亲王芝祥清末时曾任广西布政使，后出任京兆尹（相当于北京市市长）。王孝慈毕业于广西法政学堂，曾任度支部主事、大总统秘书、政事堂机要局佥事、国务院秘书厅佥事等，授五等嘉禾章。政事之余，王孝慈酷爱中国传统文化，尤喜藏书，所存珍本秘籍，享誉京华。正如郑振铎所言："与余有同好者，在沪有鲁迅、周越然、周子竞诸氏；在平有王孝慈、马隅卿、徐森玉、赵斐云诸氏。搜访探讨，兴皆甚豪。有得必以相祝，或见一奇书，获一秘籍，则皆大喜。"①

王孝慈藏书中的一部精品，就是明崇祯年间彩色套印的《十竹斋笺谱》。1933年，郑振铎见到该书时，大为惊异其笺画之美，刻印之精，称："人物则潇洒出尘，水木则澹淡清华，蛱蝶则花彩斑斓，欲飞欲止，博古清玩，则典雅清新，若浮纸面。"②"二十年来，余罗致版画书不下千种，于此书最为加意。"③

1933年，郑振铎和鲁迅一起编辑《北平笺谱》时，郑振铎在信中曾对鲁迅说："尝于马隅卿处见王孝慈所藏胡曰从《十竹斋笺谱》，乃我国木刻之精华，继此重镌，庶易流传，北平印工当能愉快胜任。"④鲁迅当即同意，力促其成。郑振铎通过赵万里从王孝慈手中借到了《十竹斋笺谱》，委托荣宝斋复刻。

①《郑振铎全集·艺术 考古文论》第14卷，花山文艺出版社1998年版，第247页。

②《郑振铎全集·艺术 考古文论》第14卷，花山文艺出版社1998年版，第243页。

③《郑振铎全集·艺术 考古文论》第14卷，花山文艺出版社1998年版，第258页。

④《郑振铎全集·艺术 考古文论》第14卷，花山文艺出版社1998年版，第257页。

最初,荣宝斋主事者颇有难色,因为和一般的笺纸相比,《十竹斋笺谱》极为工细,其中有不少饾版、拱花,工艺复杂,非一般刻工、印工所能胜任。在郑振铎的极力争取下,荣宝斋总算答应下来。1933年底,第一册完工,效果甚佳,几可乱真。此时,王孝慈由天津回到北平,郑振铎将复刻本及时赠送,获得了王孝慈的信任。1934年初,郑振铎利用去上海的机会,又将复刻本第一册的样本拿给鲁迅欣赏,鲁迅颇为满意。1934年2月9日,鲁迅在给郑振铎的信中说:"先前未见过《十竹斋笺谱》原本,故无从比较,仅就翻本看来,亦颇有趣,翻刻全部,每人一月不过二十元,我豫算可以担任,如先生觉其刻本尚不走样,我以为可以进行,无论如何,总可以复活一部旧书也。"①两人商定以分月付款的方式委托荣宝斋翻刻此书。3月18日,鲁迅在致增田涉的信中说:"从今年开始,我与郑君二人每月出一点钱,以复刻明代的《十竹斋笺谱》,预计一年左右可成。这部书是精神颇纤巧的小玩意,但毕竟是明代的东西,只是使它复活而已。"②

由于工艺复杂,难度极高,费工费时,因此进展十分缓慢。到1934年七八月间,复刻才完成50多幅。8月5日,鲁迅收到《十竹斋笺谱》复刻的样张后致郑振铎信说:"《十竹斋》笺样花卉最好,这种画法,今之名人就无此手腕;山水刻得也好,但因为画稿本纤巧,所以有些出力不讨好了。原书既比前算多一倍,倘环境许可,只好硬着头皮干完。"③在信

---

① 《鲁迅全集·书信》第13卷,人民文学出版社2005年版,第21页。
② 《鲁迅全集·书信》第14卷,人民文学出版社2005年版,第292页。
③ 《鲁迅全集·书信》第13卷,人民文学出版社2005年版,第193页。

中,鲁迅还同意郑振铎提出的每刻印一张并刷印一张,寄存上海鲁迅家中,待全书复刻完成一半的时候,再毛装后发售,对下半部实行预约销售。8月7日,鲁迅就将其中的4幅寄给远在日本的增田涉,信中说:"全部约二百八十幅,何时可成,尚不可知,俟半数完成后拟即开始预约,先予发卖。"在信中,鲁迅还提到尽管生活环境险恶,仍要坚持把这件事情做下去:"一星期前,北平有两个和我兴趣相同的朋友(笔者按:指台静农、李霁野)被捕了。怕不久连翻刻旧画本的人都没有了,然而只要我活着,不管刻多少页,做多久,总要做下去。"①

《十竹斋笺谱》的复刻尽管进展不快,但还算顺利,到1934年底,第一册基本完成。因此鲁迅在1934年12月14日致增田涉的信中说:"《十竹斋笺谱》日内可成四分之一,其它四分之三预定明年内完工。""分四次出版,我为你定了一部,是一册一册寄去,还是合在一起送去好?"②12月29日,鲁迅又致信增田涉说:"《十竹斋笺谱》第一册,即可开始付印,预计明年一二月间可完成,出版后当即奉上。现寄样张一枚呈览。实物的纸张较此略大,当然要比样张美观些。"③1935年1月25日,鲁迅致信增田涉,再次提到《十竹斋笺谱》的进度:"《十竹斋笺谱》第一册二月底可成,预约价每册四元五角。余三册拟于今年内完成。如有遇到动乱的事,则延期或休刊。"④3月28日,鲁迅寄给郑振铎150元印制《十竹斋笺谱》的

①《鲁迅全集·书信》第14卷,人民文学出版社2005年版,第317页。
②《鲁迅全集·书信》第14卷,人民文学出版社2005年版,第333页。
③《鲁迅全集·书信》第14卷,人民文学出版社2005年版,第334页。
④《鲁迅全集·书信》第14卷,人民文学出版社2005年版,第340页。

费用,并在信中说:"画印成后,乞每种各寄下一幅,当排定次序,并序文纸板,寄上,仍乞费神付装订也。"①3月30日,鲁迅再次致信郑振铎:"《笺谱》附条添了几句,今寄回。""今年似不如全力完成《十竹斋笺谱》,然后再图其他。"②本来,鲁迅是准备像给《北平笺谱》作序那样,写一篇较为完整的序文,但由于迟迟见不到全书,因此只好写了一篇简短的牌记:"中华民国二十三年十二月,版画丛刊会假王孝慈先生藏本翻印。编者鲁迅、西谛;画者王荣麟;雕者左万川;印者崔毓生,岳海亭;经理其事者,北平荣宝斋也。纸墨良好,镌印精工,近时少见,明鉴者知之矣。"③

这就说明《十竹斋笺谱》的复刻基本按照预期进行。4月9日,鲁迅在致增田涉的信中说:"《十竹斋笺谱》第一册,日内将出版,只印了两百部,等北平送来后当即奉寄。其他三册如何,现尚不得而知。"④

1935年5月12日,郑振铎来到鲁迅家中,送来了9本刚刚印成的《十竹斋笺谱》第一卷。6月10日,鲁迅通过内山书店寄给增田涉一册,信中说:"《十竹斋笺谱》第一册,不久前出版,当时拟即寄奉,因你寄来的某个信封上写着什么旅馆的名字,就'彷徨'起来了。这次随即托老板寄到东京。其余三册,预计明春可成,但不知结果如何。"⑤到了7月17日的时

①《鲁迅全集·书信》第13卷,人民文学出版社2005年版,第424页。
②《鲁迅全集·书信》第13卷,人民文学出版社2005年版,第428页。
③《鲁迅全集·书信》第8卷,人民文学出版社2005年版,第514页。
④《鲁迅全集·书信》第14卷,人民文学出版社2005年版,第354页。
⑤《鲁迅全集·书信》第14卷,人民文学出版社2005年版,第360页。

候,《十竹斋笺谱》的复刻又有一些进展,鲁迅在致增田涉的信中说:"《十竹斋笺谱》的翻刻正在进行中,第二册完成了二十余幅。"①鲁迅还想到等书出齐之后,请增田涉在日本介绍《十竹斋笺谱》,以扩大影响和销路。8月1日,鲁迅在致增田涉的信中又说:"《十竹斋笺谱》第二册,完成了一半左右,由于营业萧条、工人有暇之故,这书进行得较快。照此进行,明春可望全部完工。"②复刻工作的顺利进行,也使鲁迅和郑振铎对这件事充满了信心,他们还想到以珂罗版技术复制陈老莲绘制的《列仙酒牌》。信中还提到,他们的这些做法也曾受到有些人的攻击:"说是何以不去革命而死,却在干这种玩艺儿。但我们装做不知道,还是在做珂罗版之类的工作。"③

按照鲁迅的预期,《十竹斋笺谱》的复刻工作应该在1936年的春天全部完成。遗憾的是,由于1935年"华北事变"发生,平津一带社会动荡,人心惶惶,许多事情都无法正常开展,这也影响到《十竹斋笺谱》的复刻。1936年2月3日,鲁迅在致增田涉的信中道:"《十竹斋笺谱》的进行太慢,第二册尚未出版。"④又过了一个多月,《十竹斋笺谱》的复刻有了一些进展,鲁迅在3月28日致增田涉的信中说:"郑振铎君因活动过多,对《十竹斋笺谱》督促不力,但现在第二册总算刻好,即将付印,全部(四册)不到明年是出不成的。"⑤遗憾的是,鲁迅

---

① 《鲁迅全集·书信》第14卷,人民文学出版社2005年版,第366页。
② 《鲁迅全集·书信》第14卷,人民文学出版社2005年版,第369—370页。
③ 《鲁迅全集·书信》第14卷,人民文学出版社2005年版,第370页。
④ 《鲁迅全集·书信》第14卷,人民文学出版社2005年版,第382页。
⑤ 《鲁迅全集·书信》第14卷,人民文学出版社2005年版,第386页。

没有等到《十竹斋笺谱》复刻的全部完成,甚至没有看到第二册的样本,就于1936年10月19日去世了。

1937年7月7日,卢沟桥事变爆发,北平沦陷,许多工作都陷于停顿。在郑振铎的努力奔走、不断督促之下,复刻《十竹斋笺谱》的工作在1941年才全部完成。由于当时没有找到其他的版本,因此对于王孝慈藏本中的缺页,无法补刻。1939年冬天,一位名为徐绍樵的书商在江苏淮城搜寻到了《十竹斋笺谱》的另一个本子,可以弥补王孝慈藏本的缺页。但荣宝斋已经复刻完成,未能及时补入。1952年5月,荣宝斋利用重印《十竹斋笺谱》的机会,将王孝慈藏本缺页部分进行了补刻,从此,《十竹斋笺谱》才有了更加完备的版本。

第十四讲
丛书和《四库全书》的编纂

第一节　丛书概说

编纂丛书是中国编辑出版史上的一个重要传统。

一、什么是丛书

"丛"字有总、聚、众的意思。把很多种书籍汇集在一起刊行，总冠以一个名称的一套书，就是丛书，也称为丛刻（如陈垣的《励耘书屋丛刻》）、丛刊（如《四部丛刊》）、丛钞（如清人刘晚荣辑《述古丛钞》）、汇刻（如民国叶德辉辑《观古堂汇刻书》）、汇刊（如清袁昶辑《浙西村舍汇刊》）、汇钞（如清钱熙祚辑《式古居汇钞》）、汇编（如明沈节甫辑《纪录汇编》）、全书（如《四库全书》）、遗集（如《四忠①遗集》）、合集（如《饮冰室合集》）等。

丛书的特点是"各存原本"，即收录在其中的书都能保存原本的面目，是一种独立的存在，如同许多树木合成丛林，而

---

① "四忠"为诸葛亮、文天祥、杨继盛、史可法。

树木又是独立的存在。当然,这是一般而言,实际并非如此,比如《四库全书》中,就有大量的被抽毁、篡改的地方,已经不是"原本"的本来面目。

二、丛书的种类

根据丛书编纂刊印主旨和内容的不同,丛书可分为两大类:

(一)综合性丛书

凡汇集各类性质的书籍或者至少收有四大部类(经、史、子、集)中两类以上的书籍,均属于综合性图书。如《四库全书》《百川学海》《汉魏丛书》《唐宋丛书》等。

(二)专门性丛书

是指按照学科分类编纂刊行的丛书,如《通志堂经解》《百衲本二十四史》《诸子集成》等。

随着学科的不断发展和西方科学的引入,丛书的内容也不仅仅限于传统意义上的经史子集,而是有了明显的扩展,丛书的范围愈加广泛,名目日渐繁多,出现了许多著名的丛书,如"万有文库""一角丛书""五角丛书""汉译世界学术名著丛书""新编诸子集成""中国古典文学读本丛书""外国文学名著丛书""少年百科丛书""青年文库""新世纪万有文库"等,直到今天,丛书还有着鲜活的生命力。

三、丛书的功用

(一)保存文献

丛书不仅在数量上占我国古代典籍的三分之一,而且中国古代的各类重要著述大都收录在丛书之中,因此过去流行一句话:"欲多读古书,非买丛书不可。"丛书收罗丰富,内容广泛,大到经史子集,小到凡人琐事,都可以在丛书中找到相应的著作。尤其是那些不登大雅之堂的"雕虫小技",因被人轻视,很难得到单独刊刻印行的机会,但进入丛书的行列之后,就得以保全下来。

（二）查找资料

由于丛书包罗万象,堪称资料宝库,为研究政治、经济、社会、军事、文化、科学等方面的问题提供了丰富的资料。

（三）辑录佚文

中国古代典籍因为长期受到人为或自然的破坏,有的已经散佚,很多学者从类书或其他著作中搜求佚文,掇拾补录,重新辑出后刊刻在丛书中。后人又可以在这些丛书中辑录一些著作的散佚文字。

（四）开阔眼界

随着影印技术的进步,许多难得一见的宋元版本可以在丛书中得以显现。如《百衲本二十四史》《四部丛刊》《古逸丛书》等,都收录了大量的宋元旧刻的影印本。

（五）传承学术

一些古籍作品在多次传抄刻印过程中产生了脱漏删节现象,在汇刻丛书时得到了重新校勘,提高了学术水平和版本价值。尤其是清代由藏书家、校勘家、版本学家所编纂的丛书,他们不但自己校勘,还延请当时的名家参与整理和勘误,经过这些名家审择精校细勘的丛书,文献和学术价值更高。

（六）繁荣出版

从理论上说，丛书的种类是没有限制的，可以无限扩展下去，如"万有文库"，按照王云五当时的设想，最终要达到一万种。另外，从技术层面上讲，"丛书"可以连续出版，不必毕其功于一役，因此比较容易操作。从读者需求角度来说，既可满足其求全的心理，又可满足其实用的需求，因此可以达到双赢：既让出版社获得经济效益，扩大了影响，又使读者获得了知识，提高了修养。可以这样讲，一些出版社正是依靠丛书站稳了脚跟，打出了品牌，树立了形象。也可以这样讲，一家出版社如果没有出版过丛书，则是不成熟的出版社；一位没有策划过丛书的编辑，则不是一位优秀的编辑。四川人民出版社的"走向未来丛书"，中国少年儿童出版社的"少年百科丛书"，湖南人民出版社的"走向世界丛书"，上海书店的"中国现代文学史参考资料丛书"，商务印书馆的"汉译世界学术名著丛书"等，在读者心目中都具有很高的地位，至今仍是人们阅读和研究的对象。

第二节　《四库全书》的编纂

《四库全书》是中国古代最大的一部丛书，收录了清乾隆时期以前有关中国政治、军事、文化、天文、地理、数学、农学及医学等领域的重要著作。它从乾隆三十七年（1772）发布征书指令，至乾隆四十六年（1781）第一部《四库全书》抄写完成，历时近10年之久；至抄写完最后一部（第七部），共经历了近18年的时间，最终完成了这一史无前例的巨大文化工程。

一、编纂目的

（一）继承中国古代编修大型图书的传统

纵观中国历史，每当改朝换代之后、社会趋于安定之时，统治者往往举全国之力编修规模宏大的图书。此举既可总括学术文化成功，又可炫耀"文治"，强化统治。三国时期曾编纂《皇览》，唐代编有《北堂书钞》《艺文类聚》，宋代编有《太平御览》《册府元龟》《文苑英华》《太平广记》，明代编有《永乐大典》，清雍正时期编有《古今图书集成》等。

清乾隆时期，中国封建社会的发展达到了一个新的高度。乾隆皇帝本人好大喜功，又喜爱附庸风雅，因此在文化上也做了许多事情。比如，他指令将珍藏内府的书画和青铜器编为《石渠宝笈》《西清古鉴》等；他还诏令开博学鸿词科，访求书籍，陆续完成了《明史》《续文献通考》《皇朝文献通考》等书籍的编纂。

（二）博取"文治修明""嘉惠艺林"之美名

乾隆本人具有强烈的名垂青史的心愿，自以为文治武功空前绝后，因此号称"十全老人"。编纂《四库全书》，固然有整理典籍、传承文化的目的，但在很大程度上也是为其本人树碑立传，以夸耀当代和来世。

（三）笼络汉族知识分子

满人入关之后，由于遭到汉族知识分子的公开反对或消极抵抗，因此康熙、雍正两朝大兴文字狱，使得许多读书人或被杀头，或被流放，或被剥夺功名，或被迫躲进故纸堆，在考据、校勘中消磨意志。到乾隆时期,民族矛盾得以缓和,很多汉族读书人通过科举进入上流社会,开始与满人合作。为了进一步化解统治者与汉族知识分子之间的尖锐矛盾和对立情绪,以利于清朝的长治久安,乾隆决定通过修书的方式将汉族知识分子集中在一起,达到收买人心的目的。

(四)通过编书,达到"禁书"的目的

乾隆深知满人虽然在政治、军事上成为胜利者,但在文化上,依然不能和汉族知识分子相比,许多汉族读书人虽然在表面上不再与统治者相对立,但在文化上则对统治者不满,而且,以前的一些典籍对于清政府的统治也不十分有利。为此,乾隆打着提倡文化的旗号征集天下遗书,对不利于清朝统治的著作加以篡改和销毁,此之谓"寓禁于征"。

二、编书前的准备

(一)搜求图书

乾隆三十七年(1772)正月初四,乾隆诏令地方各省访求遗书典籍:"今内府藏书,插架不为不富,然古今来著作之手,无虑数百千家,或逸在名山,未登柱史,正宜及时采集,汇送京师,以彰稽古右文之盛。其令直省督抚会同学政等,通饬所属,加意购访。"在诏令中,乾隆还明确了搜求图书的范围:"其历代流传旧书,有阐明性学治法,关系世道人心者,自当首先购觅。至若发挥传注,考核典章,旁暨九流百家之言,有裨实用者,亦应备为甄择。又如历代名人,洎本朝士林宿望,向有诗文专集,及近时沉潜经史,原本风雅,如顾栋高、陈祖范、任启运、沈德潜辈,亦各有成编,并非剿说、卮言可比,均应概行查明。"①乾隆的这一诏令,实际是为搜访书籍划定了范围,即:有关治理国家、教化人心之书;有关解释经典、考订制度之书;历代及本朝著名学者文人的诗文著作。同年十一月,乾隆再次诏令在全国搜访书籍,各省督抚、学政采集进献书籍数千种,但乾隆仍不满意。乾隆三十八年(1773)三月二十八日,乾隆又发出第三道诏令,限各省督抚在半年内搜访书籍。为了打消地方官和藏书家的顾虑,乾隆在诏令中特意标榜:"朕办事光明正大,可以共信于天下,岂有下诏访求遗籍,顾于书中寻摘瑕疵,罪及收藏之人乎?"同时又威胁道:"不肯将所藏书名开报,听地方官购借,将来或别有破露违碍之书,则是其人有意隐匿收存,其取戾转不小矣。"②

　　为了鼓励私人献书,乾隆还对藏书家采取了三种奖励措施:一是奖书。凡进献书籍500种以上者,赏赐《古今图书集成》一部;二是题咏。凡进献书籍中有特别名贵、珍稀的版本,则由乾隆亲自题诗其上,用后发还;三是记名。凡进献书籍100种以上者,则在《四库全书总目提要》中注明藏书家的姓名,同时也将负责采进的地方官姓名载入提要。

　　乾隆这些恩威并施的办法收到了很好的效果,各省督抚、学政积极搜访书籍,地方上的藏书家也踊跃献书,使征书活动取得了明显进展,为《四库全书》的编纂奠定了基础。

---

　　① 中国第一历史档案馆编:《纂修四库全书档案》,上海古籍出版社1997年版,第1—2页。

　　② 中国第一历史档案馆编:《纂修四库全书档案》,上海古籍出版社1997年版,第67—69页。

（二）成立机构和配备人员

乾隆三十八年（1773）二月，正式开设四库全书馆，任命皇六子质郡王永瑢负责统筹调度，命内阁大学士于敏中为总裁，朝中大臣大学士、六部尚书及侍郎为副总裁，召硕学鸿儒纪昀为总纂官。参与编书的有陆锡熊、朱筠、任大椿、邵晋涵、戴震、周永年、翁方纲、王念孙、李潢等著名学者。负责修书的馆臣360人，前后抄录、缮写人员达3826人，加上校对、装订、制作函套等直接或间接参与者，人数多达5000余人，足以说明工程之浩大。皇室督办、朝中大员、各方博学鸿儒及地方官员的通力合作，不但保证了《四库全书》所需的资源、征集图书进度，而且保证了纂修的质量。

需要说明的是，组织机构中的一些郡王、大学士、六部尚书及侍郎等为总裁和副总裁，实际多为挂名而不出力者。真正做事的是总纂官孙士毅、陆锡熊、纪昀等著名学者，其中以纪昀出力最多，贡献最大。他从四库全书馆开馆不久直到《四库全书》编纂完成，为此工作长达13年。此外，参与其事的多为各有专长的学者，如副总裁彭元瑞擅长史学、校勘学；总阅官庄存与擅长经学，谢墉擅长小学、校勘学，朱珪擅长骈文；总目协勘官李潢擅长算学，任大椿擅长经学、小学；纂修官姚鼐擅长经学、理学、古文，翁方纲擅长经学、金石学，朱筠擅长经学、小学、黄签考证，王太岳擅长骈文、天文、算学，陈际新擅长算学；缮书处分校官金榜擅长经学，洪梧擅长经学、小学，曾燠之擅长骈文，赵怀玉擅长校勘学、篆隶书；篆隶分校官王念孙擅长经学、小学、校勘学。总之，参与其事者皆为一时之选。

三、编纂过程

（一）书稿来源

1.国家固有藏书。包括皇史宬、懋勤殿、内阁大库、武英殿、昭德殿、摛藻堂等处的"内库本"和政府组织编纂的《全唐文》《皇朝文献通考》等"敕撰本"。

2.从《永乐大典》中辑出的稀有古籍。如《旧五代史》《续资治通鉴长编》《建炎以来系年要录》等。

3.由各地巡抚、总督采献的地方遗书。此类书在《四库全书》中所占比例最大。据郭伯恭《四库全书纂修考》的统计，各地采进本共有11,204种，仅浙江一省，先后进书12次，共4601种。其次是两江总督，进书3次，共1362种；再次为江苏，两次进书，共1226种。最少的是云南，仅4种。甘肃、四川、贵州三省由于忙于平定地方叛乱，无暇顾及搜访书籍事宜，完全没有进献。

4.当时著名藏书家私人进献的书籍。这类书大多为宋刻元椠，质量很高。其中献书最多者为浙江的藏书家鲍士恭、范懋柱、汪启淑和江苏的商人马裕，他们献书数量在500至700种以上，合计达2000余种。为此，乾隆特意下令奖励四人《古今图书集成》各一部。献书100种以上者，江苏有周厚堉、蒋曾莹，浙江有吴玉墀、孙仰曾、汪汝瑮，朝中大臣有黄登贤、纪昀、励守谦、汪如藻等人，乾隆各赏赐刚刚刊印的《佩文韵府》一部。据统计，在编纂《四库全书》的过程中，个人献书达到3600余种，其中仅浙江藏书家的献书就超过

2650种。[①]

（二）编辑体例

其主要体现在目录的编排上。除了将全部的图书分为经史子集四大类外，又将各大类分为若干子目，使得条理清晰，便于查检，做到了详略得当、眉目清晰。具体而言：

经部一为《易》类，二为《书》类，三为《诗》类，四为《礼》类，五为《春秋》类，六为《孝经》类，七为"五经总义"类，八为《四书》类，九为《乐》类，十为小学类。

史部一为正史类，二为编年类，三为纪事本末类，四为别史类，五为杂史类，六为诏令奏议类，七为传记类，八为史钞类，九为载记类，十为时令类，十一为地理类，十二为职官类，十三为政书类，十四为目录类，十五为史评类。

子部一为儒家类，二为兵家类，三为法家类，四为农家类，五为医家类，六为天文算法类，七为术数类，八为艺术类，九为谱录类，十为杂家类，十一为类书类，十二为小说家类，十三为释家类，十四为道家类。

集部一为楚辞类，二至七为别集类，八为总集类，九为诗文评类，十为词曲类。

这样的划分，体现了当时目录学的最高水平，但也存在不当之处，比如将"类书"分到子部，则不尽科学，因为类书属于资料汇编性质，包罗万象，很难将其归入某一类。

（三）编辑方法

《四库全书》的编辑方法集合了整理、校勘、考证、缮写四

[①] 郭伯恭：《四库全书纂修考》，商务印书馆（长沙）1937年版，第81—82页。

个步骤。首先,将征集来的图书分为"著录""存目"和"禁毁"三类。凡是符合《四库全书》收录原则的图书,均列入"著录"类,然后经过校勘、考证后,按经、史、子、集四部分类,依照特定格式重新抄入《四库全书》。"存目"就是不符合"著录"准则的书,只存书名,不收其书。这些"存目"最终编成《四库全书存目丛书》。所谓"禁毁",是指"诋毁清朝,诃其先祖"、抵触多元民族、宣传反清复明或质疑儒家经典的书,这些书不仅不予收录,而且要求"禁毁"。乾隆四十七年(1782),军机处刊印了《禁书目录》,共收书789种,大多为明末清初的反清著述。

三、全书规模

《四库全书》共收集了从古代到清乾隆朝前期的著作,包括经、史、子、集四部44类图书及日本、朝鲜、越南、印度以及欧洲等地的著作,共收书3451种,约8亿字,订为36,358册,装为6144函,是《永乐大典》的3.5倍,为迄今世界上现存的最大一部古籍。

第三节　《四库全书》的收藏、存毁及评价

一、收藏与存毁

乾隆三十九年(1774),仿照明代藏书家范钦的宁波"天一阁"式样,在北京紫禁城建造文渊阁,在圆明园建造文源阁,在热河避暑山庄建造文津阁,在盛京(今沈阳)建造文溯

阁,即"北四阁"。后来,又在江苏镇江金山寺建造文宗阁,在扬州大观堂建造文汇阁,在浙江杭州西湖行宫建造文澜阁,即"南三阁"。七部《四库全书》即分藏于上述七阁之中。

文渊阁的《四库全书》是最先完成的一部,版本价值最高,1937年七七事变爆发前曾运到上海、重庆等地,1948年被国民党政府运往台湾,现藏台北故宫博物院。1986年台湾商务印书馆将其影印行世,精装1500册。

文源阁藏本于咸丰十年(1860)被英法联军火烧圆明园时焚毁。

文津阁藏本于1915年从避暑山庄运到北京,后由北京图书馆收藏,是唯一的一部原架、原函的《四库全书》。北京图书馆门外之大街亦因此而命名为"文津街",其古籍馆名"文津楼"。

文溯阁藏本原由辽宁图书馆收藏,1966年出于安全考虑,经文化部批准,调归甘肃省图书馆代管。

文宗阁和文汇阁藏本于咸丰三年(1853)毁于太平军和清军的战火之中。

文澜阁藏本于咸丰十一年(1861)在清军与太平军的战火中损失过半。战乱平息之后,经丁丙、丁申兄弟多方搜集抄补,略复旧观。1915年至1922年又组织人力补抄4498卷,终于补齐,现藏浙江省图书馆。

二、评价

《四库全书》系统地保存了我国古代文献,又从《永乐大典》中辑出500多种非常珍贵的图书,其工程浩大,厥功至伟,为再编新书创造了条件,使新的丛书频频出现,促进了我国编辑、出版、印刷事业的发展。

但是《四库全书》中的许多书籍,在编辑过程中都经过了抽毁和篡改,已经面目全非,有些书还可以用古本校勘,有的书已没有孤本,难以恢复原貌,为后人的学术研究造成了重重障碍和多处陷阱。正如顾颉刚所言:"我常觉得影印《四库全书》是一件极蠢笨的举动,徒然使得世界上平添了许多错误的书,实非今日学术界所应许。"

总之,既要看到《四库全书》在保存古代文献方面的贡献,也要看到它的危害性,决不能一味迷信,盲目崇拜,应该理性客观、实事求是地看待它、利用它。

第十五讲
张元济与商务印书馆

　　1997年，为纪念商务印书馆创立一百周年，香港联合出版集团总裁、香港商务印书馆董事长李祖泽提议，作一首颂歌贺商务百岁。商务印书馆顾问陈原集中国文化名人、商务老前辈张元济、茅盾、叶圣陶的有关诗词作为歌词，请中央交响乐团作曲家袁音、胡海林谱曲，在商务印书馆创立100周年纪念晚会上合唱，将纪念活动推向了高潮。

　　歌词如下：

千丈之松
（陈原集张元济、茅盾、叶圣陶句成歌）

昌明教育平生愿，
故向书林努力来；
此是良田好耕植，
有秋收获仗群才。

世事白云苍狗，
风涛荡激，
顺潮流左右应付，

稳度过,滩险浪急。

论传天演,木铎启路。
日新无已,望如朝曙。

敢云有志竟成,
总算楼台平地。
从今以后更艰难,
努力还需再试。

森森兮千丈之松,
矫矫兮云中之龙。
言满天下兮,百龄之躬!

　　为了让更多的读者了解这首歌的来历,陈原在《百年颂歌:千丈之松》一文中对歌词分段进行了解释:

　　第一段(四句)系张元济为商务印书馆同仁写的一首七绝,作于1952年初。张老在诗中抒发了世纪交接之际,一群忧国忧民的智者创办这个出版机构的心情;这也表达了一个世纪以来,无数仁人志士开发民智、振兴中华的崇高意愿。历史证明,这里确实是一片良田,百年来几乎所有的智者都在这里耕耘过;也正是这块田地,培育了几代的学子。

　　第二段集自茅盾为商务八十周年纪念题词,调寄《桂枝香》。商务印书馆这家机构经历了一百年的巨变,千辛万苦,总算到解放后改革开放的今天,仍然奋斗不息。茅公沉思叹息：走过的路多么艰难啊！但是尽管浪急滩险，毕竟我们走过来了。这不能不引发商务同仁一种自豪感。

第三段集叶老(圣陶)二十年前为商务写的贺词中的两联四句。首联回忆百年前吹起了先行者的号角(严复译《天演论》，倡导物竞天择、适者生存之说)；第二联则提醒后来人：要努力啊，要像早上初升的太阳那样努力，去迎接天天出现的世界新事物。

第四段借用张老(元济)为中华职教社三十周年纪念填的词，调寄《西江月》。句序略加颠倒。表达后人对前人创业艰难的敬意，勉励同仁还要加倍奋发，才能达成先行者创业的心愿。

副歌采自张老(元济)为爱国老人马相伯翁百岁华诞的赞歌，借以表示同仁和学界对商务印书馆这家文化机构百龄大寿的礼赞，祝愿它像千丈青松那样不衰不老，像云中龙那样造福人间。但愿商务的出版物传播四方，为祖国和世界的文化文明大厦添砖添瓦。[1]

时光飞逝，转瞬之间，商务印书馆已经走过了将近130年的历程，堪称中国近现代编辑出版史上的奇迹。

商务印书馆之所以能够由一个小作坊成为中国最为重要的出版机构，是和张元济先生分不开的。无论是研究商务印书馆还是近现代中国编辑出版史，张元济都是一个绕不过去的存在。

---

[1] 陈原：《百年颂歌：千丈之松》，《北京日报》1997年4月24日。

第一节 张元济的生平

一、早期经历

张元济(1867—1959),字筱斋,号菊生,原籍浙江海盐,1867年10月25日生于广州,其父张森玉(1842—1881),字云仙,号德斋,21岁时随亲戚离开海盐,至广东潮州谋生(旧时习俗,如果遇到大的兵灾,便托人把孩子带到远方,以便保留"根苗")。张森玉成年后在广州定居,捐得一个小官职,娶江苏武进谢焕曾之女,其即为张元济之母。

张元济兄弟姊妹五人,张元济排第二,长兄元煦、三妹元淑、四弟元瀛,五妹元清早殇。

1881年,在张元济14岁时,父亲张森玉在赴广东陵水县(今属海南省)任上因操劳过度不幸病故,家道陷入贫困,到了"布衣蔬食几不给"的地步。而且,饱受同族人的欺凌和白眼。张元济上学时,毛笔即使用秃了,仍不肯换新的。直到晚年,张元济仍习惯用秃笔写小字。他一生不浪费一片纸、一个信封,这些节俭习惯,都是从小养成的。从这里也可以看到张元济少年时代生活的贫困。

张元济在童年和少年时期熟读四书五经,学作八股文,以应付科举考试。18岁那年,他参加嘉兴府的考试,以第一名成绩得中秀才;1889年,张元济23岁时,赴省城杭州应乡试,以第十名中举人。同科中还有汪康年、蔡元培、徐珂、汪大燮等人。

1892年为大考之年,张元济夫人因难产而致母子双亡,张元济悲痛不已。为了考试,他强忍悲痛,辞别老母病弟,北上京城,参加会试。会试由四月四日到十二日,共分三场,每场三天,一连九天,每场需做文章三五篇,同时还要考诗和策论。是年,户部尚书翁同龢为主考官。策论中有针对当时形势的《东三省形势》和《农政》。经过一连串的考试,张元济得中第二甲第二十四名进士,同科进士还有吴士鉴、蔡元培、叶德辉、唐文治等,此后,又经过朝考,张元济被钦点为翰林,授翰林院庶吉士。

从考中秀才算起,张元济用了八年的时间,走完了科举制度下接受传统教育的全过程。在这八年中,张元济系统学习了儒家经典,奠定了自己的国学根底,逐步形成了自己的人格和品性,同时也具备了进入封建时代上层社会的条件。这对于家道中落的张家来说,当然是一件光耀门庭的大喜事,但不幸的是,张元济刚刚被钦点翰林,他的四弟元瀛却不幸病故。元瀛比张元济小五岁,自幼不喜读书习文,崇尚汉代班超,有极强的办事能力。但张元济为了提高家庭的声望,也为了四弟的前程,对其管束极严,四弟读书稍有松懈,即动用竹板子责罚。四弟不堪忍受,又不敢告诉母亲,只好在姐姐元淑面前诉苦,但元淑出嫁之后,四弟便无处排解,因此抑郁成疾,终至不起。四弟的早逝使得张元济万分悔恨。

张元济在翰林院研习了两年,经散馆考试,改派刑部,任贵州司主事,从此开始了仕途生涯。此后,又续娶军机大臣、兵部尚书许庚身之女许子宜为妻。

二、初涉官场和维新观念的形成

1894年,中日甲午战争爆发,中国惨败;1895年,李鸿章代表清政府签订了《马关条约》,中国的危机进一步深重,严酷的社会现实使张元济开始倾向于变法维新。

1896年,张元济以第一名的成绩,与唐文治、李审之、汪大燮一起通过了总理各国事务衙门(相当于现在的外交部)考试,于次年就章京职,章京是办理文书的一种官职。

在总理衙门任职期间,张元济曾负责为光绪皇帝搜集经史子集以外的新书,如黄遵宪的《日本国志》等,给光绪皇帝留下了深刻印象。在此期间,张元济还与汪康年、梁启超等人建立了密切的联系。他非常关心《时务报》,为报馆提供信息和建议。有一段时间,张元济还居中调停汪康年和梁启超之间的紧张关系,意在变法维新,引进新的思想观念。

《时务报》是维新运动时期维新派最重要、影响最大的机关报。1896年8月9日在上海创刊,由黄遵宪、汪康年、梁启超创办,为旬刊,连史纸石印。该报由梁启超担任主笔,汪康年任总理(即总经理),是中国人创办的第一本杂志。梁启超在戊戌时期的重要文章《变法通议》《论中国积弱由于防弊》《论君政民政相嬗之理》等均发表于此报。在这些政论中,梁启超痛陈爱国救亡之迫切,呼吁变法维新之紧急,言辞恳切,感情丰富,立论新颖,在爱国知识分子和一部分开明官僚中引起了强烈反响,正如胡思敬《戊戌履霜录》所言:"士大夫爱其语言笔札之妙,争礼下之。自通都大邑,下到僻壤穷陬,无不知有新会梁氏者。"其他维新人士也纷纷撰稿,揭示日益深重的民族危机,倡言变法,抨击顽固守旧势力,因此颇受读者欢迎,数月间报纸行销万余份。

1897年,梁启超去湖南创办时务学堂,但仍负领导《时务报》之责。由于张之洞横加干预,汪康年逐渐取代梁启超而自任主笔,汪、梁之间矛盾激化,梁启超愤而辞职,因此《时务报》自第55期后再无梁文。1898年7月底,光绪帝诏改《时务报》为官报,汪康年拒不遵命,1898年8月8日停刊,共出69期。

张元济在调停汪康年和梁启超关系的经历中,切实感到人才缺乏是中国最大的问题,尤其是懂得外文和科学知识的人才太少。为此,他一方面身体力行学习英文和西学的各种知识,而且还积极创办了通艺学堂,开设了英文和算学课程,然后分科学习兵、农、商、矿、格致、制造等学科。张元济亲自拟定学堂章程,分为宗旨、事业、分职、教习、学生、课程、考试、奖励、筹款、用款、议事等章,每章各有若干条款,内容详细而周密。

需要一提的是,张元济还在通艺学堂设立了图书馆和阅报处,开始通过上海的汪康年购置中西书籍。这一过程开阔了张元济的眼界,使他认识到图书对开启民智、变法图强的重要性。同时,也使张元济对上海这座开近代风气之先的都市加深了印象。

三、变法失败与人生转折

1898年的戊戌变法是张元济人生命运的转折点。

戊戌变法的失败,平时与张元济接近的师友或下狱,或斩首,或流亡。他自己也处在性命不保之中。为了避免老母受惊,张元济表现得极为镇静,坚持天天到衙门上班,随时做好被捕的准备。一个半月之后,张元济与王锡蕃、李岳瑞同时受到清廷"革职,永不叙用"的处分。第二天,张元济看到官报,送给母亲看,母亲处之泰然,说:"儿啊,有子万事足,无官一身轻!"①对他抚慰再三,张元济深受感动,热泪盈眶。与之相对照的是,张元济的岳母却对他恶语相加,冷眼相向。

张元济被革职后,李鸿章派于式枚前来慰问,了解张元济今后的打算,张元济表示想去上海谋生。过了几天,于式枚回复说:李中堂已和盛宣怀打过招呼,帮你找出路,可先去上海。

1898年11月初,张元济举家经天津到达上海,任南洋公学(今上海交通大学前身)管理译书院事务兼总校。南洋公学创办于1896年,主其事者为盛宣怀,它与1895年创办的天津中西学堂(后改名为北洋大学堂、北洋大学)同为洋务运动的产物。译书院的主要职责是:"选诸生之有学识而能文者,将图书院购藏东西各国新出之书课,令择要翻译,陆续刊行。"在张元济的主持下,译书院投入巨资,出版了严复翻译的《原富》。《原富》现译为《国富论》,又译为《国民财富的性质和原因的研究》,是英国经济学家亚当·斯密的重要著作。张元济看到了这部书的价值,便说服盛宣怀出资2000两白银购买了这部译稿。在当时,2000两是个大数目,占译书院全年总开支的26%。除了稿费之外,张元济还付给严复20%的版

---

① 张人凤:《智民之师·张元济》,山东画报出版社1998年版,第31页。

税,这是中国近代实行版税制度最早的实例。

《原富》的出版,一方面反映了张元济引进新学的坚定信心,另一方面也体现了他作为一个出版家的眼光和气魄。

在南洋公学期间,张元济非常重视人才的培养。他和蔡元培等很多先贤一样,以培养人才为首要,他们痛感变法维新的失败是由于没有人才的基础。所以,张元济在南洋公学期间,创办了南洋公学特班,这个"特班",按盛宣怀的说法,就是为中国的将来培养"大才"。特班只有一届学生,却出了邵力子、李叔同、谢无量等杰出人物。

然而,他真正在出版领域施展才干和抱负,则是在1902年投身商务印书馆之后。

四、投身商务印书馆与开启民智

商务印书馆创办于1897年。创办人夏瑞芳,字粹芳,江苏青浦人,世代务农。父母为了摆脱贫困,到上海做小商贩,将其寄养在亲戚家中。但夏瑞芳自幼就有主见,感到寄居乡间,盲无知识,终非大计,于是偷偷跟随母亲来到上海,进入基督教会办的清心学堂读书。但不久,夏瑞芳就因为父亲病故而辍学,入外国人办的字林报馆、捷报馆当排字工。由于他聪明能干,数年后升为工头,收入渐丰。因不堪忍受英国人的傲慢无礼,他决定自谋生路。夏瑞芳与他的同事也是他的妻舅鲍咸恩、鲍咸昌兄弟以及清心学堂同学高凤池一起商议,筹资创办印刷所。他们筹资3750元,号称4000元,在上海英租界租了三幢房屋,购置了人工印刷机和中西文字盘,开办了商务印书馆。开办之初,只是一个手工作坊式的印刷工场,承接一些商业账册、票据以及教会的印刷品,并没有正规的出版物。夏瑞芳一人身兼数职,总理、校对、财务、采购、送货,夏瑞芳都亲自动手,凭借他的勤奋和头脑灵活,一年下来,略有盈余。

1900年,日本人经营的上海修文印刷局因经营不善停办,所有机器工具全部低价出让。商务印书馆以一万元价格将其收购,业务大为扩充,渐成一初具规模的出版机构,陆续出版了《华英字典》《华英初阶》《华英进阶》等工具书,《通鉴辑览》《纲鉴易知录》等文史图书。

从最初的承揽一般印刷品到正式出版书籍,商务印书馆在业务上实现了质的飞跃,精明而富有远见的夏瑞芳决定扩大书籍出版的范围。但由于自身文化水平不高,无法把握知识界的脉搏,也无法判定书稿的好坏。由于联系业务的关系,夏瑞芳结识了在南洋公学译书馆担任主事的张元济,他深知张元济的眼光、人格以及气魄,于是请张元济加盟商务印书馆。张元济看出,夏瑞芳会经营、有魄力,有一定的冒险精神,是一个开拓型的人物。经过一番思考,张元济决定接受夏瑞芳的邀请,于1902年正式加盟商务印书馆,那一年,张元济36岁。

张元济放弃在南洋公学显赫的地位,到一个弄堂的小作坊和一个小业主合作,这样的转身,时人多有猜测和不解。

直到半个世纪后,因为中风已卧床数年的张元济用颤抖的手写了一首诗,勉励商务同仁,即本讲开头所引的四句:"昌明教育平生愿,故向书林努力来;此是良田好耕植,有秋收获仗群才。"人们从诗中读到了他平生的理想,也读到这样一个事实:他自觉地把商务印书馆与中国教育的现代性变革联系起来。

与那个时代的很多人一样,张元济把中国的希望寄托于"开启民智",认为这是中国现代化的必由之路。而开启民智就要出版好书,要以"扶助教育为己任",正因为如此,张元济才接受了夏瑞芳的邀请。

张元济是翰林出身,又关注西学,堪称学贯中西,他的地位和声望无疑使商务与知识界、政界和教育界之间有了一座互通的桥梁。

"数百年旧家无非积德,第一件好事还是读书。"这是张元济晚年常写的一副对联。百年中国,许多人都在寻找国富民强之路,张元济则选择以出版昌明教育,开启民智,推动社会进步,为中华民族的文明"续命",他永远值得后人景仰。

1959年8月14日,张元济病逝于上海,享年93岁。嗜书、寻书、藏书、编书、出书,写就了张元济艰辛而又辉煌的一生。

第二节　张元济的出版活动

张元济加盟商务印书馆之后,担任了商务印书馆编译所的所长(相当于现在出版社的总编辑),他还聘请了一批扶助教育和文化建设的有识之士,如蔡元培、高梦旦、杜亚泉、夏曾佑等。

一、编印新式教科书

1902年张元济走进商务的这一年,清政府颁布了倡导兴学的《学堂章程》;1905年,延续了一千多年的科举制度被废除,成千上百所与传统私塾、书院不同的新式学堂在全国各地纷纷成立。张元济认为,教科书关系到一代乃至几代中国人的知识结构、思维方式的改变,他决定自己来编一套国文教科书。

张元济编课本的方法很独特,他不是一个人单打独斗,而是大家围坐在一起,就像今天开选题策划会一样,每个人都可以说出想法和主张,如果是被大家公认为有价值的,则详细讨论。讨论者从儿童启蒙的特点入手,由简入繁、循序渐进。往往因为一个字,大家会争论得面红耳赤。每一个字都要讨论到所有参与者都没有异议为止。每完成一篇课文,大家再轮流阅读,或加以润色,或干脆改作一篇,大家取长补短,合作融洽。

1904年4月8日,商务印书馆《最新初等小学国文教科书》第一册出版,被全国各地的学堂广泛采用。商务印书馆的发行所挤满了争购的人群,五六天之内,4000册销售一空。①1906年,全套《国文教科书》10册出齐。这套教科书在晚清时候的发行总量占到了全国图书发行总量的五分之四,印刷总量达到一亿册,成为那个时代教科书的范本。在张元济的擘划下,商务编写了从小学、中学到大学的全套教科书,其他出版机构争相效仿,不再以粗制滥造而牟利。顿时,书业风气为之一变。

---

① 张人凤:《智民之师·张元济》,山东画报出版社1998年版,第59页。

二、引进西方学术著作和文学作品

在张元济的主导之下,商务印书馆组织翻译出版了大批外国学术和文学名著,其中严复翻译的西学名著如《天演论》《原富》《法意》《社会通诠》《群己权界论》等,可以说为中国的知识界、学术界注入了一种新的空气。另外,商务印书馆还系统出版了林纾翻译的欧美小说,如《巴黎茶花女遗事》《黑奴吁天录》《离恨天》《块肉余生述》等,在社会上产生了广泛的影响。

三、影印古籍

张元济属于旧式知识分子,具有深厚的旧学基础,对于中国传统的经史子集有着准确的把握和精深的研究。他认为,将优秀的古籍想方设法保存下来并进行传播,不使之湮没,"事关国脉,士与有责"。尽管张元济是维新人士,具有开放意识和世界眼光,但是,他绝不是一个民族虚无主义者,从来没有把西学和传统文化对立起来。他说:"中国开化甚早,立国已数十年,亦自有其不可不学之事,何必舍己芸人。"又说:"睹乔木思故家,考文献而爱旧邦。知新温故,二者并重。"1927年1月21日,张元济在致傅增湘的信中说:"吾辈生当斯世,他事无可为,惟保存吾国数千年之文明,不至因时势失坠,此为应尽职责。能使古书多流传一部,即于保存上多一分效力。吾辈秉烛余光,能有几时,不能不努力为之也。"[1]

---

[1]《张元济全集·书信》第3卷,商务印书馆2007年版,第337页。

在张元济整理影印的各种古籍丛书中，其用力最勤、费神最多的当属"四部丛刊"和"百衲本二十四史"。这两部丛书在文化上的影响也最大，至今仍是海内外古籍工作者常备的基本文献。

在"四部丛刊"出版之前，中国最著名的古籍丛书当属《四库全书》。《四库全书》是好大喜功而又意在"寓禁于征"的乾隆皇帝举全国之力而成的一部大书。对于保存一些基本的文献而言，《四库全书》固然功不可没。但是，该书无论是书目选择还是抄写质量，都颇受后来学者的诟病。而以张元济一人之力编辑完成的"四部丛刊"，无论是选目的精当，还是校勘和影印的质量，都远远超过前者。

"四部丛刊"从1915年开始酝酿，到1922年初编出版，历时7年，是中国现代出版史上前所未有的浩大工程。先后印了初编、续编、三编，近500部古籍，汇集了中外所藏宋元明善本及一些精抄本。从定书目、选底本、文字校勘，到工程预估、印刷纸张，张元济都亲力亲为。而其中最大的困难就是对版本的搜集挑选，为此张元济几乎访遍了当时中国有名的藏书家。这段经历，张元济称之为："求之坊肆，丐之藏家，近走两京，远驰域外。"（域外指日本）

1928年，张元济为"四部丛刊"专程赴日访书。在一个半月的时间里，他饱览了东京、京都等地图书馆的汉籍收藏，每天不停地阅选古书。虽然那时他已是年逾六旬的花甲老人，见到好书，就如同见到了自己梦寐以求的宝贝，每天都要做笔记到深夜。每到一处，都商借拍摄，带回上海影印出版。赴日访书的直接成果则是带回了46种罕见古籍的摄影底片，其中就包括被日本静嘉堂文库收购走的皕宋楼藏书。

而今，许多宋元明的善本，则只能从张元济影印的"四部丛刊"中找到参照。

在古籍流传过程中，由于各种原因，残破、墨迹不清最为平常不过，这就需要进行修补和核校，在确保万无一失的情况下，细心地把不清楚的字迹描摹清楚，专业人士称为"描润"，但这只是校勘古籍最初步的工作。除此之外，还需要用不同的版本对照甄别，断其是非，评其优劣。

张元济凭借着深厚的国学功底，亲力亲为地对每一册古书，做了初修、精修、复校、总校的工作。他终日伏案，每天的工作量是100页，每一页都校勘到准确无误为止。直到今天，张元济校勘古籍的底稿，都令人钦敬不已。

在动荡的时代，对古籍的钩沉、校勘、整理、出版，关乎中华文化的命脉，因为，传统文化因为国家日益衰落而遭到丢弃、破坏以至沦丧。因此，张元济的工作就更需要眼光、胸怀和毅力。但商务毕竟是企业，搜集、编校古籍毕竟需要巨大的成本，因此张元济的做法难免会遭人反对。有股东在报上写文章，指责张元济收购古籍是"徇一人之嗜好"。一向文弱儒雅、性情内敛的张元济拍案而起，说："此事决不使公司于营业上有损！"

事实证明，张元济这样一个嗜书如命的文人同样善于管理和经营，"四部丛刊"初编出版以后，很快销售一空，为商务印书馆赚了100多万元。经营上的成功，为他持续做好后面的工作，奠定了坚实的基础。

在完成"四部丛刊"初编后，张元济又着手另一件堪与

"四部丛刊"相媲美的文化工程,即"百衲本二十四史"的影印。"二十四史"是指包括《史记》《汉书》《后汉书》《三国志》以及《元史》《明史》在内的24部史书,大多为官修,因此称为"正史"。张元济有感于编写、刊刻时间不一,校勘质量参差不齐所造成的版本差异,决定以最好的版本为底本,同时补入其他版本中的优质部分,从而成为价值更高的版本。因其汇集多种版本而成,故称之为"百衲本二十四史"。"百衲"二字取自于古代和尚所穿的破烂补缀起来的衣服。许多宋代版本的书传下来都有缺卷,需要配其他的宋本,还要配页,所以称之为"百衲本"。

为了编好"百衲本二十四史",张元济可谓耗尽了心力,他单为这部书所做的《校勘记》就达百余册。此外,他还亲自挑选纸张、监督印刷,克服了社会动荡、战火纷飞、原本校样屡遭焚毁等困难,历时十八载,终于完成了"百衲本二十四史"的编辑出版。其工程之宏大,堪称"前无古人,泽被后世"。据统计,"百衲本二十四史"所选版本,有宋刻善本15种、元刻善本6种、明清初刻3种。如《史记》选用宋庆元黄善夫家塾本;《汉书》选用宋景祐刻本;《晋书》则以几种宋刻本配齐;南北朝七史用的是宋眉山七史本;《隋书》《南史》《北史》用元大德刻本;《旧唐书》用宋绍兴刻本;《新唐书》用宋嘉祐刻本;《旧五代史》世无传本,用清人自《永乐大典》中所辑版本;《新五代史》用宋庆元刻本,《宋史》《辽史》《金史》均用元至正刻本,系初刻本;《元史》用明洪武刻本;《明史》则用清乾隆武英殿原刻本。

版本目录学家、图书馆学家顾廷龙曾感叹:"这么浩大的工程,都是用手写,那些校勘记,那些批注,所耗费的精力工夫无法估量,这整整十年当中张元济就是每天不间断地在做这样一件工作!"

第三节　张元济的编辑出版理念

一、昌明教育、开启民智的编辑宗旨

张元济的编辑宗旨就是"以扶助教育为己任"。他认为,办教育就应当编辑出版体例科学、符合教育教学规律和适合中国国情的教科书。教育者要杜绝当时的两种通症,一是滥读四书五经,一是盲目采用洋人课本。要为中国办现代教育,就不能沿用四书五经和那些宣传基督教教义的课本,要采用西方的各种学术,和中国的国民素质、习俗、宗教、政体等结合起来编写新的课本。博采众长,推陈出新,是张元济编辑教科书的主导思想。

张元济不仅重视知识的灌输,而且注重新式教科书修身养性之功用。他认为,编制中小学教科书,尤其是中小学修身教科书,是培养国民新的伦理道德的最有效措施。以商务的第一种新式教科书《最新教科书》为例,课本内容以提倡爱国、提高民族素质、宣扬中华传统美德、普及科学知识为特色。通过学习本国历史,"以养其爱国保种之精神,而非欲仅明了盛衰存亡之故",发挥新式教科书使"教者不劳,学者不困,潜移默化"的教化作用。在张元济的努力下,商务印书馆先后出版了《最新国文教科书》《中国历史教科书》《共和国课

本新理科》《最新格致教科书》等一系列教科书。到新中国成立前，商务印书馆的教科书约占全国市场总量的60%，为普及新知，推动中国近代科学和文化的发展做出了不可磨灭的贡献。"昌明教育生平愿，故向书林努力来"，成为张元济开启民智、传播新学编辑宗旨的最好表达。

二、创新意识和超前意识

新文化运动之中，张元济提出了"喜新厌旧主义"。19世纪初，西学开始传入中国。张元济早年曾入翰林院，饱读传统典籍。而作为编辑家，他却能积极接受和传播新思想，充分体现了他"喜新厌旧"的编辑理念。他重视西方政治法律思想的译介，除了编辑出版严复翻译的《天演论》《社会通诠》《法意》等，还出版了"帝国丛书""政学丛书""商业丛书""战史丛书"等一系列介绍西方情况的丛书。同时，他还邀请多位学者、作家编辑了《东方杂志》《绣像小说》《教育杂志》《小说月报》等顺应时代潮流的刊物。这些活动都充分体现了张元济顺应时代的编辑思想。

在张元济看来，编辑不应仅局限于顺应潮流，更应有超前的意识，即敢为时代先，开时代之先河。1902年，清廷发布新学堂章程后，各地新式学堂纷纷创办，张元济以编辑家敏锐的眼光，立即与高梦旦、蔡元培一道编写了《最新教科书》，包括国文、修身、珠算、笔算、格致、理科、农业、中外地理等，风行全国。直至1906年，清政府学部才公布第一批初等小学教科书暂用书目，在公布的102种书目中，商务版占54种。新式教科书的编制实为张元济的创举，开启了近代中国出版新式教科书之先河。

对注音字母的普及推广,也体现了张元济的开拓精神。他认为,"注音字母亦促进教育之一事"。由于他的重视,商务印书馆在1919年9月率先推出国内第一部《国音字典》和《国音学生字汇》,当时的教育部却在两个月后才正式公布注音字母。1920年,商务印书馆出版的《新法国语教科书》,首册即是以注音字母为内容,作为在初级教育中推广注音字母的教材。1921年上半年,商务印书馆又出版了《国音学讲义》《实用国音学》《国音方字图解》《国音浅说》《注音字母片》等十余种书籍。这些举措鲜明地体现了张元济不囿于常规、勇于开拓的编辑思想。

三、有所为有所不为的编辑原则

在张元济的编辑出版生涯中,他一直坚持"有所为有所不为"的原则,即有利于提高国民素质的书一定要出,于国民无利甚至有害的书则坚决不出。为了扶助教育,"学术之书,他家力量所不能出版者,本馆可以多出"。但从不肯为了赚钱去编辑出版荒诞低级、黄色淫秽的书刊。

张元济所处的时代,书业界同样存在着激烈的竞争。最为引人注目的,是商务印书馆与中华书局两大书业巨头的竞争,两者的角逐一直持续了三十余年。面对竞争,张元济坚持重义轻利、义利兼顾,有所为有所不为的编辑原则,实际是追求一种大利:既注重图书的学术价值和文化品位,同时又与市场紧密联系,实现文化追求与商业利益的结合。

四、延揽人才、尊重作者以及以身作则的大出版家风范

张元济加盟商务印书馆并主政之后，不断物色、引进编译人员，为商务印书馆奠定了人才基础。

编译所在成立之初，张元济就聘请了蔡元培为第一任编译所所长。此后，他又引进高梦旦、蒋维乔、庄俞、杜亚泉、邝富灼、丁文江、包天笑等加盟商务。这些人才，有些是前清的翰林，有的是留学西洋的硕士，有的是自学成才的青年，张元济不拘一格，唯才是用。

经过张元济的不懈努力，商务印书馆的编译队伍不断扩大。1908年有64人，1921年有160人，1925年有286人。这支队伍中，有许多学有专长、成绩卓越的学者、作家，如章锡琛（开明书店创始人）、沈雁冰、蒋梦麟（后任北京大学校长、教育部部长）、陈布雷、杨贤江、郑振铎、叶圣陶、周建人、周予同、竺可桢、周鲠生、顾颉刚等杰出人物。可以说，当时的文化精英和学术精英大多集中于商务印书馆，国内的任何一所大学都难以与之抗衡。

张元济也深知作者对于出版社工作的重要，因此对作者非常尊重，其主要体现在给以优厚稿酬、照顾作者生活。1907年，蔡元培在留学德国期间，同时为商务写稿。张元济在征得夏瑞芳的同意后，每月以稿酬的名义支付蔡元培100元，以解除蔡元培的后顾之忧。1922年，张元济规定，凡是梁启超在商务印书馆的刊物上发表文章，稿费均以千字20元计算，大大超过一般作者。张元济在致梁启超的信中说："千字二十元千万勿为外人道及。"

自从张元济在南洋公学编译馆以巨额酬金买到严复翻译的《原富》之后，严复的八种译著均在商务印书馆出版，包括《天演论》《群学肄言》《群己权界论》《社会通诠》《法意》《名学浅说》《名学》《原富》。严复所得报酬非常优厚，他在商务拥有存款和500股股票，以此维持了其晚年的生活。

张元济尊重作者，还体现在对作者的宽容上，如林纾不懂外文，以意译外国小说著称，商务印书馆出版了大量的林译小说。但林纾为了赚钱，翻译态度往往极不严肃，逐渐开始粗制滥造，导致译文质量大幅度下降。但张元济念及旧情，坚持收稿，照样付酬，并亲自改稿，不失大出版家的风度。

张元济在主持商务印书馆期间，主张高层领导人的子弟不能进商务任职。否则此风一旦养成，必不能收拾。张元济之子张树年毕业于上海圣约翰大学经济系，又在美国获得硕士学位，志愿到商务工作。对此，张元济斩钉截铁地说道："我历来主张高级职员子弟不进公司。我应以身作则，言行一致。"有了这样的前提条件，张元济对下属各部门或外地分馆发生的贪污、渎职事件，就可以做到严格按照章程处理，不予姑息。

第十六讲
近代丛书和工具书的编辑出版

第一节　概述

　　丛书和工具书的编辑出版在我国有着悠久的传统，按照《中国大百科全书·新闻出版》中丛书条目的说法，通常认为中国丛书始于南宋，宋嘉泰年间（1201—1204）俞鼎孙、俞经所编的《儒学警悟》是第一部汇辑的丛书，宋咸淳九年（1273）左圭编刊的《百川学海》是第一部刊刻的丛书。此后，各种丛书层出不穷，为众人所熟知的《四库全书》就是一套规模庞大的丛书。

　　工具书的编辑出版也有很悠久的历史。根据班固《汉书·艺文志》记载，早在周宣王时，就产生了《史籀篇》，以教幼童识字。此后，随着时代的发展，根据不同的社会需要，我国历代都相继编纂了具有工具书性质的书籍。如东汉时期许慎编著的字书《说文解字》，《十三经》中的《尔雅》，唐欧阳询主持编纂的类书《艺文类聚》，清代为配合使用《四库全书》的书目《四库全书总目》等，都具有工具书的性质。清康熙年间编印的《佩文韵府》《康熙字典》则完全是成熟的工具书。

近代以来,随着西方文明的传入,中国丛书和工具书的编辑出版也出现了新的变化和发展。

首先,新技术的传入使得丛书和工具书的编辑出版变得方便快捷,如英国商人美查创办点石斋印书局,用照相石印法印制了《佩文韵府》《四库全书简明目录》《康熙字典》等工具书;同是由美查创立的图书集成局,则用特制的扁体铅活字印制了《古今图书集成》,被时人称为"美查体"或"集成体"。

在此基础上,一些出版机构也通过编印丛书的方式,对中国古代典籍进行整理和出版,对于保存和传承中华文化发挥了极为重要的作用。如商务印书馆先后出版的"涵芬楼秘笈""续古逸丛书""四部丛刊"(初编、二编、三编),"学津讨原""百衲本二十四史""四库全书珍本""国学基本丛书""丛书集成""元明善本丛书"等。

其次,随着西学东渐,中西文明的交融为近代中国丛书和工具书的编辑出版提供了新的方向和内容。为了更好地向西方学习,英汉字典等工具书应运而出。传教士马礼逊编纂《华英字典》,开中国近代辞书编纂之先河,1899年商务印书馆编辑出版《商务印书馆华英字典》。此外,各种西方译丛亦是屡见不鲜,如商务印书馆出版的林纾"林译小说丛刊""汉译世界名著丛书"等。

再次,近代中国人的各种成果层出不穷,对这些成果的汇总和整理成为近代中国编辑出版的又一重要领域,如赵家璧主编《中国新文学大系》,1932年中华书局出版的"现代文学丛刊"等。

总之,近代中国丛书和工具书的编辑出版,既同古代丛书和工具书的编辑出版一脉相承,又紧跟时代发展的需要,出现了新的影响深远的变革。一方面,旧式文人潜心治学,收集整理古籍,将之编辑出版,如1850年伍崇辑、谭莹编刻"粤雅堂丛书",1857年藏书家瞿镛编刻家藏图书版本目录《铁琴铜剑楼藏书目录》;另一方面,近代知识分子编纂了大量的新式丛书和工具书,如北京大学研究所国学门编辑室在导师陈垣领导下编纂《艺文类聚引用书籍》《太平御览引用书籍增订目录》等学术研究用书。对于出版机构而言,一方面,官办书局延续官刻传统,如1875年湖北崇文书局辑印"百子全书";另一方面,近代兴起的民间出版机构如商务印书馆、中华书局等大量编辑出版古籍丛书,如"四部丛刊""四部备要""百衲本二十四史""聚珍仿宋版二十四史"等。

从1840年到1949年百余年的时间里,近代中国丛书和工具书在古代丛书、类书、字书和书目的基础上,在西方文明的影响下,从单纯引用新技术翻印古籍到形成自己的编辑出版特色,完整地展现了一个起步、发展、成熟的过程。

第二节 丛书的编辑出版

一、近代丛书编辑出版概述

丛书是汇集两种以上至数千种图书并冠以总名的一套书的统称。"丛"就是聚集的意思。丛书又名"丛刻""丛钞""丛刊""丛稿"等。丛书以汇集群书、保存文献为宗旨,具有

品种多、部头大、价格低的特点。对于读者而言,可以获取多
方面的知识;对于出版者来说,丛书可以创立品牌,提高声
誉。因此,凡是成熟的出版机构,大都将编辑丛书作为一项
重要工作。

从丛书的发展历史来看,近代丛书表现出综合性和专门
化两个方向。综合性丛书大多卷帙庞大,收书丰富,在编辑
出版过程中,需要投入较高成本。所以一般是由经济实力雄
厚的大书局进行综合性图书的编辑出版。如商务印书馆编
辑出版的"万有文库"第一集、第二集,"百衲本二十四史";中
华书局编辑出版的"四部备要""新中华丛书"和"中华百科丛
书";世界书局编辑出版的"ABC丛书";文化生活出版社编辑
出版的"文学丛刊";生活书店编辑出版的"世界文库",等等。

专门化丛书则呈现出百花齐放、百家争鸣的景象。各种
书局、出版社、学术团体、机构和个人编辑出版了各种各样的
专科性丛书,几乎涵盖到各种学科,涉及多个领域。比如,哲
学类的有世界书局编辑出版的"哲学丛书",宗教类的有佛学
书局编辑出版的"佛学小丛书",青少年读物类的有开明书店
编辑出版的"开明青少年丛书",政治类的有中华书局1937年
开始出版的"现代政治丛书",法律类的有大东书局1931年开
始出版的"暨南大学丛书",文化类的有商务印书馆1936年开
始出版的"中国文化史丛书",教育类的有商务印书馆编辑出
版的"国民教育文库",文学资料类的有良友图书印刷公司
1935年开始出版的《中国新文学大系》等。

二、重要丛书的编辑出版

（一）"百子全书"

1875年，湖北崇文书局辑印"百子全书"（又名"子书百家"）。全书分9类，计儒家类23种、兵家类10种、法家类6种、农家类1种、术数家类2种、杂家类28种、小说家杂事类3种、小说家异闻类13种、道家类15种，共收书101种。自先秦迄于明代，基本上包括了中国历史上的主要子书，其中有不少稀见之书，如《尸子》《计然子》《子华子》《于陵子》等。19世纪80年代起，扫叶山房用石印技术重印了"百子全书"。

（二）"古逸丛书"

"古逸丛书"是一部综合性丛书。分为初编、续编和三编。"古逸丛书"初编于光绪十年（1884），由黎庶昌刊行于日本东京使署。在日本期间，黎庶昌见到不少在中国已经亡佚和稀见的宋元刻本及旧抄本古籍，为了保存和传播这些珍本古籍而辑刻"古逸丛书"。丛书由黎庶昌的随员、精通版本目录之学的杨守敬任校勘。校刻工作始于清光绪八年（1882），完成于清光绪十年（1884）。每刻一书，先选择日本技艺精湛的刻工示范笔法，而后动工，有时对某个字修改补刻几次才满意。

黎庶昌在《古逸丛书·叙目》中解释了丛书的命名："书凡二百卷，二十六种。……以其文古本逸篇，遂命之曰'古逸丛书'"。

丛书开头为黎庶昌自序，阐明了选辑的缘由和宗旨，继以26种影刻本的叙目，即每一种书的解题，述其源流、考其版本。根据贵州省图书馆藏"古逸丛书",其所辑书目按丛书序列如下：影宋蜀大字本《尔雅》3卷,宋绍圣本《穀梁传》12卷,覆正平本《论语集解》10卷,覆元至正《易程传》6卷、《系辞精义》2卷,覆旧钞卷子本唐开元御注《孝经》1卷,集唐字《老子注》2卷,影宋台州本《荀子》20卷,影宋本《庄子注疏》10卷,覆元本《楚辞集注》8卷、《辩证》2卷和《后语》6卷,影旧钞卷子本《玉篇》零本3卷半,覆宋本重修《广韵》5卷,覆元泰定本《广韵》5卷,覆旧钞卷子本《玉烛宝典》11卷,影旧钞卷子本《文馆词林》13卷半,影旧钞卷子本《碣玉集》2卷,影北宋本《姓解》3卷,覆永录本《韵镜》1卷,影旧钞卷子本《日本见在书目》1卷,影宋本《史略》6卷,影唐写《汉书·食货志》1卷,仿唐石经写本《急就篇》1卷,覆麻沙本《草堂诗笺》40卷,另《外集》1卷、《补遗》10卷、《传序碑铭》1卷、《目录》2卷和《年谱》两卷及《诗话》2卷,影宋本《太平寰宇记补阙》5卷半,影宋蜀大字本《尚书释音》1卷,影旧钞卷子本《碣石调幽兰》,影旧钞卷子本《天台小记》。

张元济在主持商务印书馆时,仿照黎庶昌之例,遍访罕传珍本,辑成"续古逸丛书",共收书47种,由商务印书馆影印出版。其中46种是在中华民国年间印行的,第一种影宋本《孟子》,印于1919年,后因抗日战争而中辍,最后一种影宋本《杜工部集》于1957年问世,首尾相距38年。

新中国成立后,为便于珍贵版本古籍的保存和流传,国务院古籍整理规划小组决定辑编"古逸丛书三编",汇集宋元旧刊的精品、孤本,陆续由中华书局印行。为保存原书面貌,三编全部采用影印线装,每书均附有出版说明,对版本的流传和学术价值加以考证和评估。第一种影宋本《忘忧清乐集》于1982年问世,到1988年底已出版35种,1992年出齐三编的全部37种(原计划为50种)。

(三)"ABC丛书"

"ABC丛书"由徐渭南主编,共计150余种,于1928年6月由世界书局陆续出版。在丛书发刊旨趣中,徐渭南说明了"ABC丛书"的编印缘起:"西文ABC一语的解释,就是各种学术的阶梯和纲领。……我们现在就是要把各种学术通俗起来,普遍起来,使人人都有获得各种学术的机会,使人人都能找到各种学术的门径。……第二,我们要使中学生大学生得到一部有系统的优良的教科书或参考书。……这部ABC丛书,每册都写得非常浅显而且有味,青年们看时,绝不会感到一点疲倦,所以不特可以启发他们的知识欲,并且可以使他们于极经济的时间内收到很大的效果。"(该丛书的发刊旨趣刊载于各子书的首页)①

(四)"四部丛刊"

"四部丛刊"是一部大型综合性古籍影印丛书,由张元济主持辑录,商务印书馆于1919—1936年出版。

张元济在《印行四部丛刊启》中说:"自咸同以来,神州几多变故,旧籍日就沦亡,盖求书之难,国学之微,未有甚于此者。"而"四部丛刊"所收"皆四部中家弦户诵之书,如布帛菽

---

① 王余光、吴永贵:《中国出版通史·民国卷》,中国书籍出版社2008年版,第61页。

粟,四民不可一日缺者"①。这说明整理编辑"四部丛刊"的一大缘由就是为了解决读者求书之难,满足阅读的需要。

"四部丛刊"计收书504种,分为三编。初编刊行于1919—1922年,收书350种,共8548卷,线装2100册,1926—1929年重印,收书总数、版式装潢与原印相同,但调整了部分版本,再版计为8573卷,2112册。重印时还增补了某些残缺的卷叶和序跋,补录名家校语,或比勘旧刻辑成校记附在书后。1936年缩印成平装本出版。续编刊行于1934年,收书81种,共1910卷,线装500册。三编刊行于1935—1936年,收书73种,共1910卷,线装500册。

"四部丛刊"依《四库全书》的分类次序,编排成经、史、子、集四部分。经部多收汉唐经注和字书原本;史部除正史、编年、地理之外,取最古的别史、杂史、传记、载记;子部取九流十家的著作中言辞古雅、流传有序的,以及算学、兵书、医经中主要的数种;集部则采录有影响的别集与总集。丛刊对唐以前的著作收入较多,宋元以后的书籍则取舍较严。

"四部丛刊"所用底本以商务印书馆附设涵芬楼收藏的古籍善本为主,还遍访南北各图书馆,并到日本访求,反复比较,择优付印。如果古本已经卷帙不全,则以后出善本相补。

"四部丛刊"初编有《书录》可供查找,《书录》按经、史、子、集编排,每书除著录书名、卷数、撰者外,还涉及版本和收藏图记,可视作一种善本书目。续编、三编书后多附题跋,陈述版本、兼及内容,亦可资参考。上海书店曾重新影印"四部

---

① 张元济、张人凤:《张元济古籍书目序跋汇编》(下),商务印书馆2003年版,第857页。

丛刊"，合订为精装 500 册，并编有《四部丛刊初、续、三编总目》。

"四部丛刊"采用当时先进照相石印的方法，将大小不一的古籍印制成统一的规格，字体清晰便于阅览。此外"四部丛刊"发行之初曾在《大公报》上发布广告，其广告标题为《四部丛刊与书目答问》。[1]

(五)"四部备要"

"四部备要"由陆费逵、高野侯等辑校，中华书局 1920 年起排印出版。共 5 集，计收经、史、子、集各种古籍 351 种，11305 卷，线装 2500 册。后便于普及，降低成本，又出版了平装本。

经部十三经分古注、唐宋注疏、清代注疏三类，囊括十三经之重要研究成果；史部收"四部丛刊"少有的表谱考证；集部多收清代名注和词曲。1935 年印行精装 16 开句读本。次年又印行缩印本，同时编印《四部备要书目提要》。

"四部备要"有意仿效于敏中等所辑《摛藻堂四库全书荟要》，但选目更注重实用。全书用聚珍仿宋活字排印，字画清晰，精美古雅。先以 6 开线装出版，重版时放大版面，5 开线装，仍为 2500 册。1934 年又出版布面精装 16 开本 100 册，纸面平装 16 开本 280 册，将原 4 页缩成 1 页，正文注释均加句读，按张之洞《书目答问》次序重新编排。此外，"四部备要"有《书目提要》4 卷，列各书著者小传、提要、卷目，可供检索和参考。

① 李家驹：《商务印书馆与近代知识文化的传播》，商务印书馆 2005 年版，第 309 页。

"四部备要"因选书实用,字体清晰,很适合中小图书馆和文史研究者使用,流传极广。缺点是有些书底本选择不精,又经排印,不免有脱字误字,使用时遇到问题,仍须核对原书。

"四部备要"采用铅印平装,字体秀美。出版后,中华书局在报纸上刊登广告,重金征求读者意见,告示凡能指出"四部备要"排印错误的,每一字酬一元。读者纷纷来信,中华书局为此付出数千元。后来重印时将错误一一纠正,使质量更上一层楼,同时也提高了中华书局的声誉。

"四部备要"原计划分8集出齐,但在新中国成立之前只出了7集。1955年补出第8集时抽去集部所收《曾文正公诗集》3卷、《文集》3卷,增入《养一斋文集》20卷,《李养一先生诗集》4卷、《赋》1卷,《诗余》1卷,因此前后略有不同。

（六）"万有文库"

1928年,商务印书馆在编译所所长王云五策划下,开始出版大型百科全书"万有文库",至次年出齐第一集。计收入图书1010种2000册,另附大本图书10巨册。"万有文库"就是把已经出版的"汉译世界学术名著"第一集和"国学基本丛书"第一集,连同"百科小丛书""商业小丛书""工业小丛书""新时代史地丛书""算学小丛书""医学小丛书""体育小丛书"等汇编而成,因而被称为"丛书的丛书"。初印5000套,通过预约销售和大力推销,许多内地城市均以一部"万有文库"成立一个小型图书馆。1934年编印"万有文库"第二集。两集共计1721种,字数接近3亿,合共4300多册。

王云五曾这样解释编印的缘起:"质言之,我的理想便是协助各地方、各学校、各机关,甚至各家庭,以极低的代价,创办具体而微的图书馆,并使这些图书馆次分类索引及其他管理工作极度简单化。因而以微小的开办费成立一个小规模图书馆后,其管理费用降至几等于零。……我初时拟为该丛书名为'千种图书',即并合各科丛书1000种,为一部综合的大丛书。后细加考虑,尤以为不足,因我的想象中,曾寓以有10000册同样大小的有用图书,分期供应图书馆;如以千种为名,便已自定限制,将来陆续出者,即未能括入。最后考虑的结果,始定名为'万有文库',隐寓以10000册为最终目标之意,而不以千种为限。"①

依王云五在《万有文库第一集一千种目录》编辑凡例中的说明,编辑出版的原则有以下四个:"(甲)以人生必要的学识,灌输于一般读书界;(乙)所收书籍以必要者为准;(丙)全书系统分明,各科完备,有互相发明之效,无彼此重复之嫌;(丁)以最廉之价格将各科必备之书,供给于图书馆或私人藏书者。凡中等以下学校或中等学生、小学教师等购买此文库全部,即成立一规模初备之图书馆。"

具体而言,"万有文库"中各书的编排次序,颇具独创。据王云五在《万有文库第一集印行缘起》:"按拙作中外图书统一分类法,刊类号于书脊;每种复附书名片,依拙作四角号码检字法注明号码,故由文库而成立之小图书馆,只须认识号码之人管理之,已觉措置裕如,其节省管理之费不下十之

① 王云五:《商务印书馆与新教育年谱》(上),江西教育出版社2008年版,第111页。

七八。"①其中《中外图书统一分类法》原本是王云五为商务印书馆的东方图书馆而编制的。

在定价方面，王云五务求"最经济与使用之排列方法，俾前此二三千元所不能致之图书，今可三四百元致之"②。在"万有文库"的发行上，王云五为了弥补资金不足，在发行方法上也是花样翻新。如特价预定、分组发售、分期付款等等，甚至不惜运动政府部门发文支持。"万有文库"第一集出版后销路不畅，积压了大量资金。王云五通过关系使内政部、教育部以充实地方图书馆设备的名义，通令全国地方政府一律购置，其中浙江、山东、湖南、广西等省政府各汇购了数百部，从而打开销路。

"万有文库"收录各种丛书一览表③

名称	种数
万有文库	240
工学小丛书	47
百科小丛书	93
自然科学小丛书	157
科学小丛书	1
师范小丛书	26
商业小丛书	3
商学小丛书	34
国民基本丛书	1
国字基本丛书	1

---

① 王余光、吴永贵：《中国出版通史·民国卷》，中国书籍出版社2008年版，第377页。

② 王云五：《商务印书馆与新教育年谱》（上），江西教育出版社2008年版，第252页。

③ 李家驹：《商务印书馆与近代知识文化的传播》，商务印书馆2005年版，第246页。

名称	种数
国学小丛书	18
国学基本丛书	236
现代问题丛书	20
新时代史地丛书	26
农学小丛书	10
汉译世界名著	76
算学小丛书	17
学生国学丛书	19
医学小丛书	15
体育小丛书	1
万有文库简编国学基本丛书	1
万有文库简编百科小丛书	1
总数	1043

"万有文库"内容分类一览表[①]

项目	总数
自然科学	191
中国文学	155
经济	107
哲学	95
历史	74
工业科技	54
外国文学	53
农业科学	46
教育	38
传记	38
医药卫生	32
语言文字	30

---

① 李家驹:《商务印书馆与近代知识文化的传播》,商务印书馆2005年版,第246页。

续表

项目	总数
政治	28
地理	24
法律	18
艺术	14
社会科学	11
心理学	10
综合性图书	8
交通运输	5
文化科学	4
体育	4
文物考古	3
军事	1
总计	1043

　　"万有文库"第二集的总编纂人还是王云五,分编纂人则为何炳松、傅纬平、周昌寿、张天泽等。第二集正编700种,分装2000册,规模与第一集相当,合计页码也是大约12万页。大本参考书2部,分装28巨册,含索引2巨册,共约1.4万页。从内容上看,"万有文库"第二集是第一集的继承与发展,王云五在《岫庐八十自述》说:"相同者原以竟未竟之功,相异者自以弥已往之阙。"[1]在第二集中,加大了"国学基本丛书"和"汉译世界名著"的分量,分别由100种增至300种和由100种增至150种。此外,以"自然科学小丛书"和"现代问题丛书"取代第一集的农、商、医等11种小丛书,其内容构成如下表:[2]

---

① 王云五:《岫庐八十自述》,上海人民出版社2007年版,第75页。
② 王余光、吴永贵:《中国出版通史·民国卷》,中国书籍出版社2008年版,第380页。

	丛书名	种数	册数
正编	国学基本丛书二集	300	1200
	汉译世界名著二集	150	450
	自然科学小丛书初级	200	300
	现代问题丛书初级	50	50
参考书	《十通》	21巨册(含索引1册)	
	《佩文韵府》	7巨册(含索引1册)	

在抗战时期，王云五又发挥善于利用原有出版资源的专长，从"万有文库"两集中，精选图书500种，计1200册，编辑了"万有文库简编"，并出版发行，但在战时环境下销量并不是十分理想。

（七）"丛书集成"

"丛书集成"是一套大型综合性古籍丛书，由王云五主编，商务印书馆从1935年开始分批出版。

关于"丛书集成"的编辑缘起，王云五说："（万有文库）二集计划甫就，张菊生君勉余以同一意旨。进而整理此无数量之中国古籍丛书，并出示其未竟之功以为模式。余受而读之，退而思之，确认是举为必要，于是决定编一部'丛书之丛书'——丛书集成。"①在《丛书集成初编目录》中王云五又说："综计所选丛书百部，原约六千种，今去其重出者千数百种，实存约四千一百种。原二万七千余卷，今减为约两万卷。以种数言，多于《四库全书》著录者十之二；以字数言，约当《四库全书》著录者三之一。命名"丛书集成"，纪其实也。"

王云五在《丛书集成·凡例》中还写道："我国丛书号称数

① 商务印书馆编：《商务印书馆九十年》，商务印书馆1987年版，第263页。

千部,个人诗文集居其半,而内容割裂琐碎实际不合丛书体例者,又居其余之半。其名实相符者,不过数百部。兹就此数百部中,选其最有价值者百部为初编。"

据《丛书集成初编目录》所述,"丛书集成"的选择标准是:"去取之际,以实用与罕见二者为标准,而以各类具备为范围。别为普通丛书、专科丛书、地方丛书三类,各分为若干目。"其中普通丛书中,宋代占两部,明代21部,清代57部。专科丛书中,经学、小学、史地、目录、医学、艺术、军学诸目合12部。地方丛书中,省区郡邑二目各四部。

"丛书集成"原计划分订4000册,每册一号,共4000号,因抗日战争的原因,出版至3467册时被迫中断,使之成为一项未完的工程。就是这样一部没有出齐的丛书,在50年间也发挥了很大的作用,许多罕见的书就可以在《丛书集成》里找到。"其间罕见者如元刊之《济生拔萃》,明刊之《范氏奇书》《今献汇言》《白陵学山》《两京遗编》《三代遗书》《夷门广牍》《记录汇编》《天都阁藏书》等,清刊之《学海类编》《学津讨原》等。虽其间有删节,微留遗憾,要皆为海内仅存之本,残圭断璧,世知宝贵,今各图书馆藏书家斥巨资求之而不得者也。至若清代巨制,如武英殿聚珍版,知不足斋、粤雅堂、海山仙馆、墨海金壶、借月山房、史学畿辅、金华等,原刻本每部多至数百册,内容丰富精审,皆研究国学者当读之书,所谓合乎实用者,其信然矣。"①

值得注意的是,目录前有一个《丛书百部提要》,对每一

---

① 郑逸梅:《书报话旧》,学林出版社1983年版,第14页。

部丛书作了精当概括的解题。虽然只有100篇,但学术性很强,完全具有独立存在的价值,至今仍是一部重要的丛书总目提要。

"丛书集成"以排印为主,开本较小,其中有不宜排印的,改为影印。以一书一册为主,篇幅多者分为数册,少者数种合订一册。各书前注明所据底本,并标出册数顺序号码。全书依王云五所编《中国图书统一分类法》编排,是较早用现代分类法编排古籍的范例。

"丛书集成"将保留在古籍丛书里的大量笔记、丛抄、杂说以及稀见文集、零星著作汇成一集,内容丰富,很受文史研究者欢迎。但由于当时急于求成,也造成了一些标校失误或排印错误,而其中影印本据善本印刷,反较排印本优良。

1983年,中华书局在征得商务印书馆的同意后,重印了已出的部分。接着,又陆续补印了未出的533册,使"丛书集成"4000册终成全璧。为了经济实用,绝大部分以五号字排印,并加了断句。有不宜排印者则改为影印。各书顺序,按中外图书统一分类法编制目录,以便于检索。

第三节　工具书的编辑出版

一、近代工具书编辑出版概述

按照《中国大百科全书·新闻出版》"工具书"条目的解释,工具书是指比较完备地汇集资料,按照字序、分类、主题、年代、地区等特定的方法编排,以供解难释疑时查考之用的图书。

从工具书类型来看，我国历代字典、词典续作很多，但其他类型的工具书却不够丰富。据不完全统计，从两汉到明清，我国工具书的总数为597种。①到了近代时期，工具书作为一种重要的出版物类型，受到出版界和学术文化界的高度重视，出版物数量明显增多，包括百科全书、字典、词典、年鉴、书目、索引等各种类型。

中国近代比较著名的百科全书有《日用百科全书》《中华百科辞典》《少年百科全书》等。

辞书则有商务印书馆编辑出版的《新字典》《辞源》，中华书局编辑出版的《中华大字典》《辞海》。除此之外，当时比较有影响的字典、词典，还有黎锦熙主编的《国语大词典》，朱起凤的《辞通》，符定一的《联绵字典》，杨树达的《词诠》，张相的《诗词曲语辞汇释》等。

专科辞典有商务印书馆编辑出版的《中国植物学大辞典》《中国医学大辞典》《中国人名大辞典》《哲学辞典》《教育大辞书》《中国古今地名大辞典》；中华书局编辑出版的《外交大辞典》《经济学辞典》《中外地名辞典》《地理辞典》。此外还有丁福保编辑的《佛学大辞典》，文献学家杨家骆编辑的《四库大辞典》《丛书大辞典》，谭正璧编辑的《中国文学家大辞典》，等等。

双语词典的编译涉及世界上的各主要语种。英语方面的有传教士马礼逊编的《华英字典》，李玉汶编、武光建校订

---

① 何华连：《我国中文工具书编纂出版分期概观》，《浙江师范大学学报（社会科学版）》1995年第1期。

的《汉英新辞典》,张世鎏、陆学焕编的《英汉双解韦氏大学辞典》等;法语方面的有谢寿昌编的《模范法华字典》等;德语方面的有马君武编的《德华字典》;世界语方面的有孙国璋编的《世界语高等文典》和周庄萍编的《现代中文世界语辞典》等。

在年鉴方面,大致可分为综合性、地方性、专科性三类。综合性年鉴,如上海神州编译社的《世界年鉴》,商务印书馆的《中国年鉴》,申报馆的《申报年鉴》,上海大东书局的《世界年鉴》,上海新亚书店的《新国民年鉴》等;地方性的年鉴,如无锡政府编的《无锡年鉴》,东北文化社编印的《东北年鉴》,华东通讯社编的《上海年鉴》等;专科性的年鉴,如商务印书馆的《中国经济年鉴》等。

在书目索引方面,主要包括:商务印书馆在《丛书集成》初编中收录的各种史志目录、官私藏书目录等古典目录44种;朱士嘉《中国地方志综录》、孙毓修《四部丛刊书录》、钱亚新《太平御览索引》《佩文韵府索引》;叶绍钧《十三经索引》、孙殿起《贩书偶记》、上海鸿英图书馆编印的《中国近代史数目初稿》等等。

二、重要工具书的编辑出版

(一)《新字典》

商务印书馆编辑陆尔奎、蔡文森、方毅、沈秉均、傅运森、高梦旦,将所编辞书《辞源》稿件中的单字,先抽出编成字书,名《新字典》,于1912年出版。

《新字典》在预约广告中宣称:“凡字典(指《康熙字典》)所有之字无一不备:其通俗之字(如炸、礁等)、新制之字(如钙、镍等)……无不补入。"蔡元培在《新字典·序》中赞扬该书:"于吾前举《康熙字典》诸缺点,既皆矫正。"①

1912年9月,《新字典》分精装和线装两种出版。线装分为六卷,前四卷为正编,按地支分为12集,后两卷为检字表、附录等。1914年2月,《新字典》64开缩印本出版。其中按照部首和笔画多少为序编制了检字表,创立了检字表、难检字表的编制体例和方法。

(二)《中华大字典》

《中华大字典》由徐元诰、欧阳溥存、汪长禄主编,参订者包括陆费逵、范源濂、戴克敦。该书校对20余次,参与其事者三四十人,前后6年完成。收单字48,000余个,多于《康熙字典》,并校正错误2000余条。编排条例尤注意于本义、转义、假借义之次第,分条排列。所引诸例,书名之外还注出篇名,极便于读者。

据《中华大字典》凡例可知,《中华大字典》的编辑体例极为科学:"其一,每字诸义,分条例证,不相混含,每义只证一条,间有未晰,兼及笺疏。或别引加按,然惟以证明本义为止。其一义有异说宜两存者,亦一一著之。其二,古今字义,搜罗详尽,近世法律、政治、经济、实业、理科、哲学、宗教、外国地名、日韩新字,无不收入。原于泰西者,并附英文。正如林纾在《中华大字典》序二中所说,本着'备事物之遗亡,求知识之增广'的原则,'合旧有者、新增者、输入者,下至俗字,亦

---

① 商务印书馆编:《商务印书馆百年大事记(1897—1997)》,商务印书馆1997年版,1912年条。

匪所不括,俾稗贩之夫,亦得按部数画,向书而求'。其三,今叙合诸文,本从形体,更用韵府百六十部目,题识各字之下,藉以通其沟径,利彼学人。其字为韵府所未列者,依所音字补,所音字又为韵府所无,或有切无音者,以叠韵收。其四,凡古今中外之地名,悉详沿革,标明今地,依字采辑。其不可考者,则详所出何书。山川之名,亦仿乎此。"①

相比较之前使用最为广泛的《康熙字典》而言,《中华大字典》成就尤为突出。因为《康熙字典》只收四万七千余字,《中华大字典》却收四万八千多字,凡《康熙字典》所没有的字,都可以在《中华大字典》中查到。且近代的方言,翻译的新字,也都录入其中,内容比《康熙字典》更为广泛,对清代学者的文字训诂,如段玉裁《说文解字注》、桂未谷《说文义证》、王念孙《广雅疏证》诸书的说法,也多采用,纠正了《康熙字典》中的一些错误。《中华大字典》解说文字,先注音,后释义。在注音方面,以宋丁度等的《集韵》的音切为主,《集韵》没有的字,兼采《广韵》和其他韵书的音。每个音只用一个反切,加注直音,并标明该字的韵部。这比《康熙字典》的一个音并列几个反切,便简明了许多。在释义方面,分条解说,一条只注一义,只列一个书证。对每个字,大都先说本义,次及引申假借的用法,这又比《康熙字典》更有条理。此外,对于形体虽同而音义并异的字,便另作一个字头,排在本字之次,也比《康熙字典》眉目清朗。它还在单字之下附列一些由这个字

---

① 周其厚:《中华书局与近代文化》,中华书局2007年版,第146页。

组成的词或人物名称,使字书兼具词典之用,也颇可取。[1]

编辑《中华大字典》的念头,产生于中华书局成立之前。主纂陆费逵还在湖北时,感到《康熙字典》有四大弊病:一、解释欠详确;二、讹误甚多;三、世俗通用的字没有采入;四、不便检查。于是大发宏愿,准备编成一部新字典。但由于单枪匹马,无人赞助,只得知难而退。

直到辛亥革命前夕,陈协恭约了几位同事编辑字典,适逢中华书局成立,于是将所辑的字典稿,作股本二千元,归中华书局字典部,由陆费逵主持其事。恰巧陆费逵的一位江西朋友欧阳仲涛来沪,陆便以修订之事相托。在当时,主其事者未知此中甘苦,认为编字典并非难事,陆费逵和欧阳仲涛预计6个月可以完成,于是预约销售,准备印刷。但印制若干页之后,二人均感颇不称心如意,而欧阳仲涛因病返赣,不得已把字典编辑部移至南昌,重新修订。此后,陆费逵与范源濂又抽阅数卷,发现仍有不少可商之处。于是又重加修订,先后五易其稿。

《中华大字典》最终于1915年出版,有大开本和缩印本两种版本,陆费逵和欧阳仲涛均为该字典作序,此外又有林纾、梁启超、李家驹、熊希龄、廖平、王宠惠等各作引言,并附《篆字谱》,以便学者参阅。

(三)《辞源》

《辞源》于1908年由高凤谦与陆尔奎、方毅等开始编纂,参与编写的从最初的几个人逐渐增加到50多人。历时8年,

---

[1] 参见郑逸梅:《书报话旧》,学林出版社1983年版,第41—43页。

于1915年编成出版。1931年又编印了方毅主编的续印本，1939年出版正、续合订本。

陆尔奎在《〈辞源〉说略》中阐述了编纂此书之缘起："友人有久居欧美、周知四国者，尝与言教育事。因纵论及于辞书，谓一国之文化，常与其辞书相比例。吾国博物馆图书馆未能遍设，所以充补知识者，莫急于此。且言人之智力，因蓄疑而不得其解，则必疲钝萎缩。甚至穿凿附会，养成似是而非之学术。古以好问为美德，安得好学之士，有疑必问；又安得宏雅之儒，有问必答。国无辞书，无文化之可言也。其语至为明切。戊申之春，遂决意编纂此书。"[1]

《辞源》开创了近代大型辞书的体例，不仅行销甚广，而且影响甚大。全书收词目98,994条，其中单字11,204条，复词87,790条，共约680万字。此书以中国旧式字书、类书、韵书为基础，兼取外国辞书的长处，打破了旧辞书按内容分类的框框，摆脱了经传注疏的束缚，开创了以单字为词头、下列词语的新体例。为了适应"钻研旧学，博采新知"的要求，既收古语，也录新词，体现了内容上的革新。在字音标注方面，《辞源》采用清代李光地《音韵阐微》的反切。

《辞源》内容以语词为主，兼收百科；以常见字词为主，结合书证，释文重在溯源。全书按部首排列，同部首的字按笔画为序。以甲、乙、丙、丁、戊五种版本出版。

《辞源》在编纂过程中有过两次大返工。辞书编纂都从

①史建桥、乔永、徐从权编：《〈辞源〉研究论文集》，商务印书馆2009年版，第3页。

收集词汇开始,按其首字汇总,编写者分头包干,分别释义。《辞源》是一部百科性语词词典,古今中外、数理、技术、历史、地理、人物无所不包,释义者由于存在知识盲点,写出的词条质量不高。主编于是决定返工,将词条按知识类别交由熟悉该学科的编辑校订或重写。至1911年下半年,全书基本完稿,各类词目再按首字汇总,并请熟悉该科目的编辑审查。如在《蒋维乔日记》中可见到下列记录:"辛亥年,七月初五,阅词典部初篇普通词典样本。""七月初八日,陆炜翁(陆尔奎)以词典样本中关于动植物字,嘱为修改。余允之。""十月十一日,是日校词典。"①

古代词书一直辑录字的训诂,到《辞源》才开始以词为单位,并以科学知识释字、词。如"水"字,自《说文解字》开始说"准也";经过500多年,到《康熙字典》时仍是"准也"。直到1000年后,《辞源》才释为:"水:氢气氧气化合之液体,无色无臭,在摄氏表百度而沸,冷至零度,则凝为冰。"又如"火"字,《说文解字》最初释为:"毁也。南方之行,炎而上。"《康熙字典》仍释为"火,毁也",仍然从事物的现象出发进行解释。直到《辞源》才解释为:"物在空气中,与氧气化合而燃烧,所生光与热之现象。"②

1931年出版的《辞源》续编,对1915年版《辞源》的体例和内容做了部分调整。正如方毅在《〈辞源〉续编说例》中所说:"将正续两遍性质比较。一则注重古言,一则广收新名。

① 《蒋维乔日记选》,《出版史料》1992年第2期。
② 汪家熔:《中国出版通史·清代卷》(下),中国书籍出版社2008年版,第312页。

正书为研究书学之渊薮,此编(续编)为融贯新旧之津梁,正可互救其偏。"[1]

具体而言,续编对正编做了以下五方面的调整和补充:

一是增补单字。凡与辞类有关系之单字而正篇所无者,均尽量补入。惟辞章家习用之骈语仅取形声。无独立之意义者则在本条下注明读音,不另立单字。

二是补充意义。正编原有各条,意义尚未完备者,续编重新列入,而且用引文以下之数码注明。

三是审慎译名。西文译为汉文者,凡正编原有者,仍依照正编译名。正编所无者,均以商务印书馆所出外国人名地名译音表为标准,保持一致。其他常见译名则补注于后。如地名"维丹"补注"凡尔登"。

四是正续编互见。正编中两辞类相互有联系者,多于行末注明参看某条或详见某条等字样。续编延续这种体例。如果有与正编各条有关者,则在条目右上角加星号以指明。

五是增改附录。正编所附各表,其中有与时代不合者,续编则对其进行修改。如行政区域重编最新行政区域表;正编中世界大事表止于民国四年,续编重编民国纪元以来大事年表;其他如商埠表、铁路表、度量衡币表、化学元素表等,皆重新改编。

(四)《辞海》

1936年版《辞海》载有中华书局创办人和当时的总经理陆费逵亲自撰写的《编印缘起》,开头一段说:"民国四年

---

[1] 史建桥、乔永、徐从权编:《〈辞源〉研究论文集》,商务印书馆2009年版,第6页。

(1915)秋,《中华大字典》既杀青,主编者徐鹤仙先生元诰欲续编大辞典,时范静生先生源濂长编辑所亟赞成之,遂商讨体例,从事进行,定名曰《辞海》。"①

《辞海》先期由徐元诰、范源濂主其事,后由舒新城、张相、沈颐等续其成,前后历经20年。1936年底,《辞海》出版,收单字约13,000个,复词10万余条,内容包括历史上重要的名物制度、成语典故、农工商用语、古今地名、人名、名著、文艺及科学术语等。该辞典出版后颇受欢迎,一版再版,分印甲种(16开圣书纸本)、乙种(16开道林纸本)、丙种(32开圣书纸本)、丁种(32开道林纸本)和戊种(32开报纸本),抗战期间还有重庆版南平毛边纸本,1947年出版32开精装合订本。各种版本行销在100万部以上。②

《辞海》参照英文《韦氏大字典》的收词标准与编写方法,规定收词范围为:"一、旧籍中恒见之词类;二、历史上重要之名物制度;三、流行较广之新词;四、行文时习用之成语典故;五、社会上农工商各业之重要用语;六、行文时常用之古今地名;七、最重要之名人名著;八、科学文艺上习见习用之术语等。此外,凡有关于修学操业之所需,不能归入上列各纲者,也时时兼筹兼顾;至其不烦解释者与过高过僻者,概所不录。"③

《辞海》分为子丑寅卯等十二集,附录即索引有:检字表、

---

① 中华书局编辑部编:《回忆中华书局》(上),中华书局1987年版,第149页。

② 王余光、吴永贵:《中国出版通史·民国卷》,中国书籍出版社2008年版,第425页。

③ 中华书局编辑部编:《回忆中华书局》(上),中华书局1987年版,第159页。

韵目表、中外历代大事年表、中华民国行政区域表、中华民国商埠表、中外度量衡币制表、化学元素表、译文西文索引、国音常用字读音表、五笔检字法单字索引表等10种。

《辞海》尽管是一部辞书，但其中也存在着立场、观点以及民族大义问题，在编辑过程中，也存在一些争议。比如，对于涉及日本侵略的政治性条目，舒新城坚持站在爱国立场，实事求是进行释义，不同意删除，保持了民族气节，深为后人称道。1944年，留守上海的舒新城在极其困难的条件下，又主持了《辞海》缩印合订本的出版工作。该合订本以剪贴代替排字，既便于读者检索，又可节省纸张，降低定价，适合当时收入微薄的普通读者购买。

（五）《辞通》

大型通假词专书《辞通》由朱起凤编纂，上海开明书店1934年出版。全书共24卷，分上、下册。章炳麟、胡适、钱玄同、林语堂等作序。此书采集古籍中双音词语，把音同和音近通假、义同通同、形近而讹的词语排在一起，博举例证以明其用法。全书按平水韵编排。林语堂序云："此书在今日实为我国文字学之宝藏。"

《辞通》一书草创于1896年，初名《蠡测编》，取《汉书·东方朔传》中"以管窥天，以蠡测海"之意。1918年，朱起凤撰就书稿，根据书稿性质，定名为《读书通》。后友人程学川告知，明人已有同名之书，朱起凤遂将其更名为《新读书通》，后定名为《辞通》。

《辞通》的最大特点，是从声音的通假上去寻求文字训诂。它把古书中各种类型的两个字的合成词进行排比整理，按平上去入四声,分部编次,而以常见的词列在前面,把和该词意义相同而形体相异的词,一一排列于下,说明某词始用于何时,见于何书,并且指出某词是某词的音近假借,某词是某词的义同通用,某词是某词的字形讹误。

《辞通》的编纂,受到了学者的欢迎和高度评价。吴文琪在《时事新报·学灯》发表的《近代国学之进步》中说:"(《辞通》)书凡七十二卷,其体例与辞书相同。作者以精密之分析力,奇异之综合力,搜集古今别体异文,以本字为经,以假字为纬,为之疏通证明。……与世俗之辞书,固不可以同日语,即较之《骈雅》《通雅》《别雅》诸书,其精粗详略之相去,亦不可以道里计。"宋云彬在《介绍一部未出版的伟大辞书——〈新读书通〉》一文中,归纳了《新读书通》的五个特点:"(一)不取单字,专取两字联绵之词;(二)专收有假借字的词类;(三)依韵编次;(四)引证繁富;(五)加以按语,附以极精确的考证。"①

(六)《中国古今地名大辞典》

《中国古今地名大辞典》1931年5月由商务印书馆出版,部头硕大,内容丰富,共300余万字,编辑者有谢寿昌、陈镐基、傅运森、殷惟赫、方宾观、谭廉、张塱、臧励龢诸人,由陆尔奎、方毅校订。

据郑逸梅《书报话旧》所述,之所以编辑出版《中国古今地名大辞典》,是因为臧励龢在编辑《辞源》时,感到《辞源》虽收入地名7000余条,但由于编辑体例所限,不能把全国古今

---

① 中国出版工作协会编:《我与开明》,中国青年出版社1985年版,第213页。

地名一一收入。而阅读书报,遇到地名,往往在《辞源》上又无从查得,于是便想到在原有基础上进行扩充,力争"一网打尽"。对于编辑地名辞典,臧励龢可谓不二人选,因其少年时即爱好考古,成年后又四处游历,东至榆关,西至巴蜀,南逾岭峤,北历燕赵,游踪所至,凡有关形势厄塞,郡国利病,均随时记录,为其日后编辑地名辞典奠定了扎实的基础。《辞源》出版之后,陆尔奎提议编《中国地名辞典》,由谢冠生主其事。但尚未完成一半,谢就因赴欧洲游历而离职。一年之后,臧励龢自告奋勇,晨钞暝写,历经三年大功告成。书成之后,臧励龢因忙于他事,《中国古今地名大辞典》的校勘增订便由馆中其他编辑担任。经过四年的编辑加工,又附入《行政区域表》《全国铁路表》《全国商埠表》《县异名表》等,终于面世。"付印后,因政治区域有所变更,新置及新改诸地名未经列入,又增刊《地名大辞典补遗》,共一百多条,这在当时来说,内容是比较完备的。"①

　　这部《中国古今地名大辞典》以搜罗广博见长,举凡群经正史,《国语》《国策》《资治通鉴》、诸子百家及各种古籍,凡是带有地名诠释的,无不采取。又地以人传,凡有名于世的名胜寺观、园亭台榭,即使已经零落湮没,也仍列旧名。其他如群山脉络、水道变迁、名城要塞、铁路交通、矿山商港、村镇墟集,无不新旧毕备。至于《元和郡县志》《太平寰宇记》《舆地记胜》《读史方舆纪要》等典籍以及各省通志等,更是采辑周详,足资考证。

---

① 郑逸梅:《书报话旧》,学林出版社1983年版,第71页。

第十七讲
《鲁迅全集》的编辑与出版

在中国现当代作家的作品全集中,《鲁迅全集》的版本最多,编辑出版的时间跨度最长,编辑出版的过程也最为复杂,因此研究的价值也最高。

迄今为止,《鲁迅全集》的主要版本包括:鲁迅全集出版社1938年版《鲁迅全集》(20卷本),人民文学出版社1956—1958年版《鲁迅全集》(10卷本),人民文学出版社1981年版《鲁迅全集》(16卷本),人民文学出版社2005年版《鲁迅全集》(18卷本)。这些均为冠以"鲁迅全集"四字的全集。此外,还有具有全集性质的鲁迅译著。如许广平编校,鲁迅全集出版社1941年版《鲁迅三十年集》(30册);人民文学出版社1958年版《鲁迅译文集》(10卷本);《鲁迅手稿全集》编辑委员会编,文物出版社1978—1986年版《鲁迅手稿全集》(6函48册);林非主编,中国社会科学出版社1999年版《鲁迅著作全编》(5卷本);萧振鸣主编,福建教育出版社1999年版《鲁迅著作手稿全集》(8卷本),陈漱渝、萧振鸣编,福建教育出版社2006年版《编年体鲁迅著作全集》(8卷本);北京鲁迅博物馆编,福建教育出版社2008年版《鲁迅译文全集》(8卷本);王世家、止庵编,人民出版社2009年版《鲁迅著译编年全集》(20卷本);李新宇、周海婴主编,长江文艺出版社2011年版《鲁迅大全集》(33卷本);人民文学出版社2014年版《鲁迅全集(编年版)》(10卷本)等。

除此之外,还有一些《鲁迅全集》补遗方面的著作,如唐弢编,上海出版公司1946年版《鲁迅全集补遗》;唐弢编,上海出版公司1952年版《鲁迅全集补遗续编》;文叙编,香港天地图书有限公司1978年版《鲁迅全集补遗三编》;《鲁迅大辞典》编纂组编,四川人民出版社1979年版《鲁迅佚文集》;刘运峰编,群言出版社2001年版《鲁迅佚文全集》;刘运峰编,天津人民出版社2006年版《鲁迅全集补遗》、2018年版《鲁迅全集补遗》(增订版)和2023年版《鲁迅全集补遗》(第三版)等。

这些作品是《鲁迅全集》的重要组成部分,对于《鲁迅全集》编辑出版的研究具有重要的参考价值。

限于篇幅,本讲仅就1938年版、1958年版、1981年版、2005年版《鲁迅全集》的编辑出版进行介绍。

第一节 1938年版《鲁迅全集》

一、艰难曲折的编辑出版过程

(一)鲁迅的遗愿

从1906年弃医从文到1936年去世,鲁迅的文艺创作、翻译以及学术活动长达三十年。由于鲁迅著作种类、版本众多,而且跨越时间较长,搜集起来颇为不易。1936年2月10日,鲁迅在致曹靖华的信中说:"回忆《坟》的第一篇,是一九〇七年作,到今年足足三十年了,除翻译不算外,写作共有二百万字,颇想集成一部(约十本),印它几百部,以作记念,且于欲得原版的人,也有便当之处。不过此事经费浩大,大约不过空想而已。"①鲁迅还为此拟定了两份目录,这便是如今收在《鲁迅全集·集外集拾遗补编》中的《"三十年集"编目二种》。但是,由于鲁迅的健康状况,这一愿望未能实现。直到1941年,许广平才在这两种编目基础上,做了调整补充,编成《鲁迅三十年集》,以鲁迅全集出版社的名义印行。可见,鲁迅生前就有将自己著作汇为一编的考虑。

(二)亲友的奔走

1936年3月11日,鲁迅在《白莽作〈孩儿塔〉序》中说:"一个人如果还有友情,那么,收存亡友的遗文真如捏着一团火,常要觉得寝食不安,给它企图流布的。"②1936年10月19日,鲁迅在上海逝世后,鲁迅的众多亲友首先想到的就是要整理鲁迅的著作。1936年10月28日,鲁迅挚友许寿裳在致许广平的信中说:"关于印行全集一事,业于二十一日寄蔡先生(按:即蔡元培)一函,略谓豫兄(按:即鲁迅)为民族解放始终奋斗,三十年如一日,生平不事积蓄,上有老母在平,向由豫兄一人奉养,在沪则有寡妇孤孩,其创作杂文达二百万言,翻译不计在内,如能刊印全集,则版税一项,可为家族生活及遗孤教育之资。然此事有政治关系,必仗先生大力斡旋,始能有济,务请先向政府疏通,眷念其贡献文化之功,尽释芥蒂,

---

① 《鲁迅全集·书信》第14卷,人民文学出版社2005年版,第24页。

② 《鲁迅全集·且介亭杂文末编》第6卷,人民文学出版社2005年版,第511页。

开其禁令,俾得自由出售,然后始能着手集资,克期付印,否则纵使印成,版权既无保障,到处擅自翻印,流行如故,徒利奸商,于政府何益云云。"①

1936年11月,许广平在鲁迅生前好友的协助下,拟定了《鲁迅全集》目录,送南京政府内政部审批。但时隔不久,西安事变爆发,内政部借故拖延。因此,编辑出版《鲁迅全集》的愿望并没有首先在本国实现,而是由日本人抢占了先机。

(三)异邦的捷足先登

鲁迅生前,旅居上海的日本友人鹿地亘就准备编译《鲁迅杂文选集》,这一设想得到了鲁迅的支持。1936年10月17日,鲁迅在胡风的陪同下一起来到鹿地亘的住所,当面解答有关作品翻译中的问题。恰恰是这次外出,使鲁迅身体遭受风寒,导致病情复发、恶化,于10月19日去世。鲁迅逝世后,原拟出版《鲁迅杂文选集》的日本改造社临时改变计划,决定出版《大鲁迅全集》,并聘请茅盾、许广平、胡风、内山完造、佐藤春夫为编辑顾问。同年12月,即在《改造》《文艺》刊出发售预约。为此,许寿裳在致许广平的信中感叹道:"日本已云《大鲁迅全集》(见十二月份《改造》及《文艺》发售豫约,十一月起即配本,因小说早有译本也。)彼邦人士之认真,令人肃然。"②

1937年2月26日,天津《庸报》刊出立华所写的消息《日

---

① 周海婴编:《鲁迅、许广平所藏书信选》,湖南文艺出版社1987年版,第291页。

② 周海婴编:《鲁迅、许广平所藏书信选》,湖南文艺出版社1987年版,第294页。

本文艺界编〈鲁迅全集〉——聘茅盾等为编辑顾问,第一集现已出版》,其中说:"我国大文豪鲁迅逝世后,日本文艺界名流鹿地亘、增田涉、井上红梅、小田岳夫、山上正义、日高清磨嵯、松枝茂夫、佐藤春夫等,因与鲁迅生前均有相当交谊,为纪念鲁迅,特翻译鲁迅全部遗著,定名《鲁迅全集》,以便在日销售。该书计分七卷,第一卷为《小说集》,包括《呐喊》《彷徨》等集;第二卷为散文诗、回忆记、历史小说;第三、第四、第五三卷,均为随笔杂感文;第六卷为文学史研究;第七卷为书简、日记、传记;全书定名为《大鲁迅全集》,由日本改造社印行。该社特聘请我国著名小说家茅盾、许景宋(鲁迅夫人)、胡风,及旅沪日文人内山完造等为编辑顾问。其第一卷,现已在东京出版。"

这部仓促上马的《大鲁迅全集》于昭和十二年(1937)2月至8月出版,实际上是一部选集,分为七卷,每卷卷首有鲁迅照片、住所和手迹图片等,文末略有简注,卷末附题解。具体内容如下:

第一卷:小说集,收入《呐喊》《彷徨》,增田涉题解;

第二卷:散文、回忆、历史小说集,收入《野草》《朝花夕拾》《故事新编》,鹿地亘、松枝茂夫、增田涉题解;

第三卷:随笔、杂感集,收入《热风》《坟》《华盖集》《华盖集续编》《而已集》,胡风选文并题解;

第四卷:随笔、杂感集,收入《三闲集》《二心集》《南腔北调集》《伪自由书》《准风月谈》《花边文学》,胡风选文并题解;

第五卷:随笔、杂感集,收入《且介亭杂文》《且介亭杂文二集》《且介亭杂文末编》《集外集》,胡风选文并题解;

第六卷：文学史研究集，收入《中国小说史略》和有关文学史著作片段，增田涉、松枝茂夫题解；

第七卷：书简、日记、传记集，收入日记、书信选，附《传记》。

尽管《大鲁迅全集》不是一部真正意义上的全集，而且质量也不是很高，但它的出版却具有重要的意义，因为，它毕竟以较大的规模对鲁迅著作进行了搜集，是第一部比较全面的鲁迅著作。另外，它的出版，对于鲁迅国内的亲友、出版界也是一个激励。这无疑也加快了1938年版《鲁迅全集》编辑出版的步伐。

（四）当局的阻挠

经过与当局的交涉，南京政府内政部终于在1937年4月30日以"警发002972号"发下批文，称"《南腔北调集》《二心集》及《毁灭》等书三种，于廿三年经中央宣传委员会函请本部通行查禁各有案，所请注册，未便照准……"6月8日，内政部又在一个"警发004249"的补充批件所附的各书审查意见表上，强令将杂文集《准风月谈》《花边文学》分别改名为"短评七集"与"短评八集"，《伪自由书》（一名《不三不四集》）则全部禁止。同时还开列篇目，要将鲁迅所写《十四年的读经》《太平歌诀》《铲共大观》《花边文学·序》等杂文一律删除……① 可见，在国民党统治之下，《鲁迅全集》的出版难乎其难。但鲁迅的亲友并没有放弃努力，而是一方面继续向当局抗争，一方面为《鲁迅全集》的编辑出版进行着有条不紊的准备。

---

① 周国伟：《鲁迅著译版本研究编目》，上海文艺出版社1996年版，第2页。

（五）不懈的努力

由于《鲁迅全集》本身卷帙浩繁，解决资金和出版的问题就成为当务之急，因此，筹集资金、联系出版社就成为编辑出版《鲁迅全集》的首要任务。当时，商务印书馆已经发展成为实力最强的出版机构，自然是承担《鲁迅全集》出版任务的最佳合作伙伴。因此，以许广平为代表的鲁迅亲友都倾向于与商务印书馆合作。于是，鲁迅好友马裕藻（即马幼渔）请胡适出面与商务印书馆商谈相关事宜。

1937年3月30日，许寿裳在致许广平的信中说："与商务馆商印全集事，马幼渔兄已与胡适之面洽，胡表示愿意帮忙，惟问及其中有无版权曾经售出事，马一时不便作肯定语，裳告马决无此事，想马已转告胡矣。"[①]5月3日，许寿裳又致信许广平，提到胡适愿意出面联系《鲁迅全集》出版事宜，希望鲁迅先生纪念委员会能够增补胡适为委员。5月7日、11日，许广平两次致信许寿裳，同意增补胡适为鲁迅先生纪念委员会委员。5月23日，许广平致信胡适："昨奉马幼渔、许季茀两先生函，知先生已允为鲁迅纪念委员会委员，将来公务进行，得先生领导指引，俾收良效，盍胜感幸。"许广平信中还说："又关于鲁迅先生生平译著约五十种，其中惨淡研术，再三考订之《嵇康集》《古小说钩沉》等，对于中国旧学，当有所贡献。但因自身无付梓之能力，故迁延至于今日，而一般人士，咸切盼其成。然此等大规模之整部印刷，环顾国内，以绍

---

① 周海婴编：《鲁迅、许广平所藏书信选》，湖南文艺出版社1987年版，第303页。

介全国文化最早、能力最大之商务印书馆，最为适当。闻马、许两先生，曾请先生鼎立设法，已蒙先生慨予俯允。如能有成，受赐者当非一人。只以路途遥阻，未克趋谒，申致谢忱。伏乞便中嘱记室草下数行，示以商务接洽情形，以慰翘盼，无任感荷之至！"①6月7日，许寿裳即致信许广平，并附胡适致当时商务印书馆经理王云五的介绍信。许寿裳函云："胡适之来一绍介函，特奉上，请阅毕转至王云五，或先送蔡先生，请其亦作一函绍介。双管齐下，较为有力，未知尊意如何？胡君并允直接另致云五一信，日内即可寄出云。"②

5月11日，许广平与商务印书馆经理王云五约谈，对编辑出版《鲁迅全集》达成共识。之后，许广平立即致信胡适："四月五日奉到马、许两位先生转来先生亲笔致王云五先生函，当于十一日到商务印书馆拜谒。王先生捧诵尊函后，即表示极愿尽力，一俟中央批下，即可订约，进行全集付梓，在稿件交出四个月或六个月内，即可出书。……得先生鼎力促成，将使全集书能得早日呈献于读者之前，嘉惠士林，裨益文化，真所谓功德无量。惟先生实利赖之。岂徒私人歌颂铭佩而已！"③

但是，事与愿违。正当双方就《鲁迅全集》的编辑出版相关事宜和细节进行反复磋商交涉之际，1937年7月7日卢沟桥事变爆发，8月13日淞沪战役爆发，商务印书馆身处战火

---

① 海婴编：《许广平文集》第3卷，江苏文艺出版社1998年版，第329页。

② 周海婴编：《鲁迅、许广平所藏书信选》，湖南文艺出版社1987年版，第314页。

③ 海婴编：《许广平文集·书信》第3卷，江苏文艺出版社1998年版，第330页。

之中，蒙受巨大损失。1937年9月1日，商务印书馆刊出启事："本年八一三之役，敝馆上海各厂，因在战区以内，迄今无法工作，书栈房亦无法提货。直接损失虽未查明，间接损失实甚严重。自沪战发生之日起，所有日出新书及各种定期刊物、预约书籍等，遂因事实上之不可能，一律暂停出版。"[①]《鲁迅全集》出版一事因此暂时搁置。

（六）"孤岛"上的转机

国民党当局利用内政部审核登记制度阻挠全集的出版工作，与商务印书馆协商合作出版《鲁迅全集》的愿望又宣告破灭，此时，《鲁迅全集》的编辑出版工作似乎陷入了困境。但是，由于当时特殊的历史环境，《鲁迅全集》的编辑出版工作又出现了新的转机。

1937年11月12日，日军占领上海。在上海这片沦陷区内，属于英美和法国势力范围的公共租界和法租界尚未被日本侵略者控制，从而形成了一种"孤岛"现象。上海沦陷后，这两个租界当局在许多问题上都采取了中立政策，对出版物的审查也比较宽松，一些进步书刊遂得以在租界内出版发行。1938年春，在胡愈之的倡议下，郑振铎、王任叔、许广平、周建人、张宗麟等人在上海租界内组织了一个具有社会主义萌芽性质的合作社——复社。"原初的动机只是要出版《西行漫记》。当时十多人每人捐出了五十元买纸张，几十人通过自己的社会关系，东奔西走，征集到读者预约金几百元作印

---

① 商务印书馆编：《商务印书馆百年大事记（1897—1997）》，商务印书馆1997年版，1937年条。

刷成本,另外一些人干了一阵子零零碎碎的义务劳动。这样,书印出来了,用复社的名义来发行。这部书十分畅销,使这个合作社的资金有了一些积累。"①正是这笔有限的资金,使复社承担起出版《鲁迅全集》的重任。

除了已有的一些资金,《鲁迅全集》主要是靠提前预约募集出版费用,全书定价为十二元,预约价八元,这主要取决于当时印刷成本的降低。"当时上海各大书店纷纷向后方撤退,留下来的没有继续出书,因此上海印刷业陷于休闲的状态,排印和装订的工价都跌到最低的纪录。纸张虽然没有新货进口,也还是价格呆滞着。这就是全集成本低廉的主要原因。"②"上海租界里有着雄厚的技术力量。在战争的打击下,大批技术工人失了业,许多厂家关了门,纸张也跌了价。这种人力物力过剩的现象自然而然使得书籍的印刷成本降低了。"③

为了出版这部具有里程碑意义的全集,除了编校者们付出了巨大的心血,许多印刷、装订工人也全力以赴,保证了《鲁迅全集》的质量。曾参与《鲁迅全集》出版的宜闲在《〈鲁迅全集〉出世的回忆》中写道:"我们对于印刷厂和装订作的技术要求是很高的。我们看了样子不算数,还亲自到工场去,看工人们在实际上怎样做。如果在细节方面看到有些不

① 上海社会科学院文学研究所编:《上海"孤岛"文学回忆录》(上),中国社会科学出版社1984年版,第28页,

② 上海社会科学院文学研究所编:《上海"孤岛"文学回忆录》(上),中国社会科学出版社1984年版,第25页。

③ 上海社会科学院文学研究所编:《上海"孤岛"文学回忆录》(上),中国社会科学出版社1984年版,第27页。

妥当,就要工人们照我们的意思改一改。我应当在这里特别提及三个技术人员的名字。就是管理排版工程的徐鹤先生,管理印刷工程的吴阿盛先生及管理装订工程的陈鳌生先生。他们三位都是在印刷界积有十年以上的经验的。他们对于二十大本全集的生产过程,显然都尽了最大的努力了。"①另一位编校者胡仲持在《回忆一九三八》一文中记述道:"大丰制版所的一个排字能手准备好回乡去省亲,因为我们要他赶一下工,他就留下来了。在战争的打击下失过业的好印工吴松盛看到一个五号字的边角略略淡些,马上停了机器来填版。一家装订作里的一个伙计自动拿出质量超过原定规格的材料来使用,情愿自己的老板贴些钱。……就是各个环节的工人们齐心协力和密切配合保证了《鲁迅全集》出版计划的如期完成。"②

二、里程碑式的巨著

1938年版《鲁迅全集》(以下简称1938年版)由学界泰斗、时任中央研究院院长蔡元培作序,其中说:"最近时期,为旧文学殿军的,有李越缦先生,为新文学开山的,有周豫才先生。"在序言中,蔡元培对鲁迅在古籍整理、翻译及文学创作等方面的成就分别进行了评价之后说:"综观鲁迅先生全集,虽亦有几种工作,与越缦先生相类似的;但方面较多,蹊径独

① 上海社会科学院文学研究所编:《上海"孤岛"文学回忆录》(上),中国社会科学出版社1984年版,第25页。
② 上海社会科学院文学研究所编:《上海"孤岛"文学回忆录》(上),中国社会科学出版社1984年版,第28—29页。

辟,为后学开示无数法门,所以鄙人敢以新文学开山目之。然欤否欤,质诸读者。"

这部里程碑式的巨著,在编辑体例、收录内容、编校质量等方面都达到了前所未有的高度,因此产生了广泛的社会影响。

(一)详细的编辑体例

尽管时间仓促,内容繁多,1938年版的编辑者们依然为这部巨著的出版拟定了详细的编辑体例,这一体例具体反映在许广平1938年7月7日所写的《鲁迅全集编校后记》中。首先,在卷数的划分上,既考虑作品的年代,又考虑每册的篇幅。"此项工作最为繁难,既须顾及作品年代,又须适合每册字数。过厚则装订为难;过薄则书式不一。几经煞费苦心,使成今日的排次,但亦不甚惬意。例如《药用植物》一书,翻译之时间较后,今则因十八卷字数太多,移至十四卷。第八、第九、第十各卷,著作年代较早,以其性质类似,则参照先生《三十年集》编排之初意,列于著述之部之最后。"①其次,是对译文的处理采取了宽泛的方式,一是将经鲁迅校阅的部分译著收录其中,如许遐(许广平)翻译的《小彼得》;二是并非由鲁迅翻译但由鲁迅作序的《一天的工作》,为了不割裂与序文及《竖琴》的关系,也一并收入。"《竖琴》《一天的工作》,原定只收先生翻译部分;及动手编排时,因序文与各篇皆互有关联,《一天的工作》一篇本非先生所翻译,但既以篇名作书名,

---

① 海婴编:《许广平文集·永恒的纪念》第1卷,江苏文艺出版社1998年版,第441页。

删去更不相宜。继思两书皆费先生无数心血,亲手编定,为免割裂,自应一并附入。"①第三,在对个别序文的处理方面,采取序文随原书、专集列篇目的方式。"先生文章其单行问世者,每有重出。如蒲氏《艺术论》序文,既列原书,又收于《二心集》中。编辑时遇有此种困难,则将此文保存于原书中,而另一书之目录上列入篇名,下注'文略见某某卷本书'字样,以资识别。此虽创例,但为节省篇幅,免却重出,不得不尔。"②

编辑者们还拟定了详细的编排格式,包括每页的行数、每行的字数,书眉、页码的位置,题目所占行数,字体字号,人名、地名、书名标志,引文符号等。

在用字方面,为存真起见,凡是鲁迅习惯用字,均予保留。如"蝴蝶"作"胡蝶","枪"作"鎗","锈"作"鏽"等。但对于《域外小说集》等书,因系鲁迅早年译作,用字也没有仿照前例。对于其中的古字,新出版本虽然改为了通行字,但为了保持原貌,均予恢复当时用法。

(二)丰富的收录内容

1938年版分为20卷,约600万字。它收录了鲁迅绝大部分的创作、翻译以及部分古籍辑校作品。其中,第一至十卷为著作部分,第十一卷至二十卷为翻译部分,具体卷目分为:

第一卷:早期论文和杂文集《坟》,小说集《呐喊》,散文诗

---

① 海婴编:《许广平文集·永恒的纪念》第1卷,江苏文艺出版社1998年版,第441页。

② 海婴编:《许广平文集·永恒的纪念》第1卷,江苏文艺出版社1998年版,第441—442页。

集《野草》；

第二卷：杂文集《热风》，小说集《彷徨》，散文集《朝花夕拾》，小说集《故事新编》；

第三卷：杂文集《华盖集》《华盖集续编》《而已集》；

第四卷：杂文集《三闲集》《二心集》《伪自由书》；

第五卷：杂文集《南腔北调集》《准风月谈》《花边文学》；

第六卷：杂文集《且介亭杂文》《且介亭杂文二集》《且介亭杂文末编》；

第七卷：鲁迅和景宋（许广平）的通信集《两地书》，佚文集《集外集》和《集外集拾遗》；

第八卷：鲁迅辑录的《会稽郡故书杂集》《古小说钩沉》；

第九卷：鲁迅辑校的《嵇康集》，编写的中国小说史讲义《中国小说史略》；

第十卷：鲁迅辑录的《小说旧闻钞》《唐宋传奇集》，编写的中国文学史讲义《汉文学史纲要》；

第十一卷：美国培仑著《月界旅行》、英国威男著《地底旅行》，《域外小说集》《现代小说译丛》《现代日本小说集》，俄国阿尔志跋绥夫著《工人绥惠略夫》；

第十二卷：日本武者小路实笃著《一个青年的梦》，俄国爱罗先珂著《爱罗先珂童话集》《桃色的云》；

第十三卷：日本厨川白村著《苦闷的象征》《出了象牙之塔》，日本鹤见祐辅著《思想·山水·人物》；

第十四卷：荷兰霭覃著《小约翰》，匈牙利妙仑著《小彼得》，苏联班台莱耶夫著《表》，苏联高尔基著《俄罗斯的童话》，附日本刘米达夫著《药用植物》；

第十五卷：日本坂垣鹰穗著《近代美术思潮论》，苏联卢那卡尔斯基著《艺术论》；

第十六卷：《壁下译丛》《译丛补》；

第十七卷：苏联蒲力汉诺夫著《艺术论》，日本片上伸著《现代新兴文学的诸问题》，苏联卢那卡尔斯基著《文艺与批评》《文艺政策》；

第十八卷：苏联雅各武莱夫著《十月》，苏联法捷耶夫著《毁灭》，西班牙巴罗哈著《山民牧唱》，俄国契诃夫著《坏孩子和别的奇闻》；

第十九卷：苏联短篇小说集《竖琴》和《一天的工作》；

第二十卷：俄国果戈理著《死魂灵》，附录鲁迅《自传》，许寿裳编《鲁迅先生年谱》，《鲁迅著译书目续编》和《鲁迅先生的名·号·笔名录》，许广平作《编校后记》。

尽管时间仓促，1938年版却在当时的条件下，对鲁迅著作做了最大限度的搜集，也在很大程度上实现了鲁迅先生的遗愿。比如，《且介亭杂文》和《且介亭杂文二集》虽然鲁迅在世时已经编好，但尚未印行；《且介亭杂文末编》则完全是许广平编辑完成的。《集外集拾遗》虽然鲁迅在世时开始进行，最后也是由许广平完成的。《古小说钩沉》是鲁迅用力甚大的一部著作，鲁迅生前曾几次准备出版，但未能如愿，此次编入全集，可谓告慰鲁迅于九泉之下；《嵇康集》也是花费鲁迅心力巨大的一部著作，他曾历时二十载，参照多种版本，校勘十余次，整理出博采众长的善本，并写下了《嵇康集·逸文考》《嵇康集·著录考》等，但遗憾的是，这部鲁迅倾注极大心血的著作却在鲁迅生前未能问世，此次收入全集，也实现了鲁迅的夙愿。鲁迅在厦门大学编写的中国文学史讲义《汉文学史纲要》原为手稿和油印本,收录全集为第一次公开出版。另外,翻译部分的《译丛补》《山民牧唱》也是以收入全集的形式公开出版。

(三)可靠的编校质量

1938年版从集稿到出书,虽然只有短短4个月的时间,但却并没有因此而降低书的质量。为此,编校者们付出了辛勤的努力。许广平在谈到这部全集的校对时说:"最初由朱础成先生负责校对三次,然后再由我们校对二次,改正后,再看清样一次。我们的初校者,为林珏、金性尧、王厂清、周玉兰诸先生,二校者又担任校对为唐弢、柯灵、吴观周诸先生和广平。吴观周先生对担任校对之收发分配接洽事宜,几等于我们校对部主任。最后一次校样,则由王任叔、蒯斯曛两先生担任。校对时,大都极为谨慎,一遇疑似之处,其有手写本或初版本可查者,则必一一查处改正。力求没有错误。"①宜闲在《〈鲁迅全集〉出世的回忆》一文中,曾这样描述1938年版的校对:"全集的错字,谁都觉得比别的任何书籍都少,这也并不是出于偶然。唐弢、蒯斯曛两先生志愿担任义务校对,在排版期间,天天到许广平先生寓所的亭子间看校样,最后的校样则是许广平、王任叔两先生负校看的责任。全集中间有几本关于古籍辑述的著作,由精通古文的冯都良先生担任着标点和审阅工作,也是出于志愿

---

① 海婴编:《许广平文集·永恒的纪念》第1卷,江苏文艺出版社1998年版,第444页。

投效的。"①

（四）广泛的社会影响

1938年版出版后，产生了广泛的影响。最出乎编辑者意料的是其销路甚好。"初版千五百部几大部分为本埠读者定购净尽。至外埠推销情形，虽不甚详，但华南方面得茅盾、巴金、王纪元等先生热心号召，成绩亦斐然可观。汉口方面得邵力子、沈钧儒诸先生特予介绍，定购亦极踊跃。国外方面，美国由陶行知先生推动，购者踊跃，南洋方面，索书巨数，致成供不应求之势，则王纪元等先生之力也。"②陶行知当年的学生、鲁迅全集出版社秘书长、复社经理张宗麟，通过远在大洋彼岸的陶行知在美国征订该书。正如胡仲持在《回忆一九三八》一文中所说："陶行知先生的生活教育理想的实行家张宗麟担任复社经理。他调度经费，对外联络，组织读者网，使内地、南洋和美国都有订户寄钱来。"1938年6月14日，陶行知在离开美国纽约回国前夕在给张宗麟的回信中说："寄来《鲁迅全集》纪念本征订启事，早收到。侨胞与国际友人景仰鲁迅先生为人与为文崇高风格，购订者极为踊跃。此为我在国外两年来极为愉快的工作之一。写就祝鲁迅全集出版诗一首，请转许先生，藉表贺忱：满地荆棘满天云，有路先生认得清。点起火把六百万，照人创造到天明。在抗战一年中辛勤劳动编订出版发行六百万字巨著，为中国出版界之奇迹。

---

① 上海社会科学院文学研究所编：《上海"孤岛"文学回忆录》（上），中国社会科学出版社1984年版，第26页。

② 海婴编：《许广平文集·永恒的纪念》第1卷，江苏文艺出版社1998年版，第445页。

谨向许先生及诸先生致敬。吾弟代表生活教育社参加出版发行工作,与有荣焉。"根据《陶行知全集》中的《备忘录》,当年在美国征订的基本情况为:"翰三本:(1)纽约图书馆(2)哥伦比亚(大学)(3)太平洋学会;华工中心:皮金(本);衣联:皮金(本);救国时报:皮金(本);朱夏:皮金(本);于告:布金(本);中国正直报:皮金(本);陈宗尧:?"①其中的"翰三本"中的"翰"指陈翰笙,"三本"当为"三套";"陈宗尧"后面的问号,可以理解为订购套数的疑问。如此算下来,在美国共征订10套,筹款一千元左右(皮面烫金本每套100元,布面烫金本每套50元)。

1938年版还冲破国民党当局的重重封锁,辗转到了革命圣地延安,成为解放区人民学习鲁迅作品的精神食粮。在毛泽东摄于延安窑洞的照片中,可以清楚看到书橱中摆放着1938年版。1948年3月,党中央和毛泽东在撤离延安时,仍将这部《鲁迅全集》带走。"在那戎马倥偬的战争年代,毛泽东不少的书籍和用品都丢弃了,可是这套二十卷本的《鲁迅全集》却一直伴随着他。到中南海居住之后,有一天,他在书房里阅读这套《鲁迅全集》,一边翻阅,一边饱含深情地对身边的工作人员说:这套书保存下来不容易啊!当时打仗,说转移就转移,有时在转移路上还要和敌人交火。这些书都是分给战士们背着,他们又要行军,又要打仗。书能保存到今天,我首先要感谢那些曾为我背书的同志们。"②

---

① 《陶行知全集》第10卷,四川教育出版社1991年版,第138—139页。
② 龚育之、逄先知、石仲泉:《毛泽东的读书生活》,生活·读书·新知三联书店1986年版,第183页。

　　这部全集一方面受到读者的欢迎,同时也引起国民党当局的紧张。据上海鲁迅纪念馆所存档案资料,1942年9月19日,中央图书杂志审查委员会发出通电,要求各省的图书杂志审查处"就地设法提审《鲁迅全集》呈会复核"。1942年12月10日,四川省图书杂志审查处向上级报告称:"查成都《新闻周报》十二月六日文化动态栏载重庆消息'《鲁迅全集》十巨册现已编竣付印,年内可望出版'一则,未谂该集是否已付审核,其经过又如何? 特检奉该报一份,仰祈鉴核。"1943年1月9日,中央图书杂志审查委员会奉"主任委员"谕:"《鲁迅全集》在未重行审定前,所有局部翻印之书刊,一律暂缓核准。"但这些限令并没有影响《鲁迅全集》的广泛传播。

　　1946年10月,在鲁迅逝世十周年之际,鲁迅全集出版社再版了1938年版,当时的《大公报》《文汇报》《世界晨报》《联合晚刊》《新闻报》《申报》等均登载出版预告。如1946年9月1日《申报》以《中国文化史中空前巨业,〈鲁迅全集〉发售预约》为题,发表消息道:"今年为鲁迅先生逝世十周年。以前曾由鲁迅先生纪念委员会编印《全集》,发行两版,轰动海内,销售一空。胜利后,读者每以无从购读为憾,兹为纪念先生逝世十周年,特不顾物力艰巨,重行刊印,以飨读者。"1946年9月上旬,上海某报①发表《鲁迅全集·预约截止》的启事:"敝社此次重印《鲁迅全集》一千部,自八月二十日起开始预约,蒙海内人士纷与赐助,不及兼旬,即已将原定数目预约一空,足见爱好文学者于鲁迅先生著作对中国文化

―――――――――――――――

　　① 此为许广平捐赠上海鲁迅纪念馆的剪报,但未注明名称及日期。

影响的关切,我们铭谢之余,特此志歉。"由此可见1938年版影响之一斑。

三、美中不足的遗憾

(一)内容的遗漏

任何事情都不是绝对的。对于一位作家的全集来说,都不可能做到真正的"全"。这其中的原因非常复杂,此文不做专门的探讨。就1938年版而论,尽管编者做出了巨大的努力,但和名副其实的《鲁迅全集》相比,还有很大的差距,在收录内容上还有明显的遗漏,主要表现为:

1.书信。鲁迅平生所写书信,大约有5000余封,这些信除了极少部分收录于鲁迅的杂文集外,绝大多数分散于收信人手中。这些书信的内容,包含着鲁迅的思想和学术主张,因此是鲁迅著作的重要组成部分。

本来,编者是准备将书信收入《鲁迅全集》的。1937年1月15日,许广平就在《中流》第一卷第九期刊出了《征集鲁迅先生书信启事》:"敬启者:鲁迅先生给认识的和不认识的各方面人士所写的回信,数量甚大,用去了先生的一部分生命。其中或抒写心绪,或评论事象,或报告生活事故,不但热忱不苟的精神和多方面的人事关系,将为制作先生传记时之必需材料,而且,不囿于形式地随想随写的思想讨论和世态描画,亦将为一代思想史文学史底宝贵文献。故广平以为有整理成册,公于大众的必需。现已开始负责收集,凡保有先生亲笔书信者,望挂号寄下,由广平依原信拍照后,负责寄还;如肯把原信和先生的遗稿遗物永存纪念,愿不收回,当更为感谢。此为完成先生的文学遗产的工作之一,受惠者不特一人,想定为诸位所热心赞助。寄件祈交'上海商务印书馆编译所周建人转'为祷!廿五年十二月。"

1937年3月25日,许广平又在胡风主编的《工作与学习丛刊》第二辑《原野》上刊登《征集鲁迅先生书信紧急启事》:"敬启者,广平前登出征集鲁迅先生书信启事后,承各方惠寄者已达多数,现编辑大体就绪,如保有先生原信尚未惠寄者,望于一个月内赶速寄上海商务印书馆编译所周建人收转,迟恐不及编入真迹影印纪念版矣。"

遗憾的是,由于征集困难,排校不易,许广平只挑选了鲁迅致许寿裳、台静农、许钦文、郑振铎、曹靖华、黄源、内山完造等人的信札69封,编为《鲁迅书简》,1937年6月以上海三闲书屋的名义影印出版,而大部分鲁迅的书信却未能编入1938年版。直到1946年10月,在鲁迅先生逝世十周年前夕,鲁迅全集出版社才排印出版了许广平编的《鲁迅书简》,共收入855封书信。

2. 日记。自1912年5月5日至1936年10月18日,鲁迅的日记基本没有中断,而且完好地保存着。但由于排印工程浩大,影印计划又没有实现,因此也没有收入《鲁迅全集》。全集的失收就造成了无法弥补的损失,1941年12月,太平洋战争爆发,日军进入租界,12月15日清晨,许广平被捕,鲁迅1912年至1925年的日记被一并抄走,及至许广平被营救出狱,鲁迅1922年的日记却不知去向,至今还是一个谜团。现在人们所能看到的,只是1937年许寿裳在编写鲁迅年谱时抄录的一些片断。

3.早期科学作品。如《中国矿产志》《人生象教》等。鲁迅在日本留学期间,曾和同学顾琅一起编写了《中国矿产志》一书,此书公开出版后,颇有影响,当时的清政府将其列为"国民必读",并曾两次再版;《人生象教》是鲁迅在绍兴府中学堂担任生理学教员时编写的讲义,这些都是鲁迅的早期科学著作,也应收入《鲁迅全集》。

4.古籍辑录作品。如《小说备校》《岭表录异》等。《小说备校》是鲁迅1910年下半年至1911年上半年在绍兴府中学堂任教时,从《北堂书钞》《初学记》及《酉阳杂俎》中抄录的有关《神异经》等古小说的异文,留待日后的校订。这些工作,虽然与辑佚性质不同,但也是鲁迅校勘古籍的一部分,因此,也应该仿照收录《古小说钩沉》《小说旧闻钞》等的前例,收入《鲁迅全集》。《岭表录异》是唐代刘恂所撰,主要记载岭南的虫鱼草木,间及地理气候、风土人情。鲁迅在1911年1月用了将近一个月的时间对其进行了校勘,写下了18条《拾遗》和校勘记。鲁迅除了对其进行校勘、补遗外,还手抄了一份校定本。1932年,鲁迅将其收入自编的《鲁迅译著书目》中,并注明"以唐宋类书所引校《永乐大典》本,并补遗。未印。"

5.翻译作品。鲁迅的翻译是与创作联系在一起的,而且翻译活动早于创作。鲁迅翻译的整部著作大多在生前出版,但一些散篇的作品如《近代捷克文学概观》《小俄罗斯文学略说》《亚历山大·勃洛克》等,由于发表于不同的报刊和作为附录收入一些人的译作,因此未能及时收集。

(二)编辑体例的缺憾

对于大部头的著作而言,最需要也是最难解决的,是编辑体例问题。前面已经提到,从整体上来说,1938年版的编辑体例是比较完善的,但也不是没有可供探讨之处。

1.将原创性作品、辑录作品和翻译作品统一纳入全集,有欠周详。1938年版几乎收录了当时所搜集到的鲁迅的原创性和非原创性作品,对于这种比较宽泛的收录原则,曾有人提出异议。如梁实秋在1941年11月27日重庆《中央周刊》第四卷第十六期上发表的《鲁迅与我》一文中就写道:"偶从书店走过,看见《鲁迅全集》很整齐的放在架上。那编制的方法很是新颖,因为翻译的小说和文章也列入全集是我从前没有见过的。虽然费兹哲拉德译的《鲁拜集》是一向被收在译者的全集里面,那是因为实际已近于创作的原故。"[1]这当然不排除个人恩怨的因素,但翻译作品是否应该归入译者的全集,的确值得商榷。因为将原创性作品、翻译作品以及古籍辑校作品汇为一编,有可能造成体例的不统一。

2.将校改的翻译作品收入全集,存在收录范围过宽的问题。前面提到,《小彼得》本来是许广平翻译的,鲁迅对其进行了校改,归入鲁迅名下有欠妥当。因为,经过鲁迅校改的作品不止一例,如孙用翻译的《勇敢的约翰》,鲁迅就曾花费很大的力气进行校改,并写了很长的校记。如果按照前例,似乎也应该收入《鲁迅全集》。

(三)编校的瑕疵

尽管1938年版的编校质量达到了很高的程度,但也并非

---

[1] 北京鲁迅博物馆鲁迅研究室《鲁迅研究月刊》选编:《鲁迅回忆录》(散篇),北京出版社1999年版,第747页。

尽善尽美。如自始至终参加校对的蒯斯曛在日后回忆说："然而全集出版以后,我发现错字仍有,还不算很少,而标点中被改用了一些尖点(、)的地方没有改正,使我觉得很不顺眼。"[①]作为校对者之一的唐弢曾坦言校对工作的不易:

> 一出版,就不免有人来品头论足,议短说长,以读者对鲁迅先生的尊敬,对鲁迅先生工作和事业的重视,就愈足以引起属于编校方面的种种的不满,说式样坏的也有,说错字多的也有,有一位先生甚至说:"这简直是对鲁迅的侮辱!"夫又岂敢哉!从纪念委员会诸先生一直到参加编校工作的朋友,一听到这句话,真觉得汗流浃背,惶恐至无地自容。

> 然而全集的谬误也确乎多,一来时间局促,二则人手有限,轻船重载,终不免贻讥大雅,不过工作的态度是认真的。[②]

由于人手少、时间紧等因素的限制,1938年版的校勘的确还存在着有待完善之处,这从1950年3月上海作家书屋出版的孙用《〈鲁迅全集〉校读记》与《〈鲁迅全集〉正误表》就可以看出,1938年版《鲁迅全集》的编校还存在不少的纰漏,以目录为例:

《坟·论"他妈的"》的标题中缺少感叹号,显得语气不足。

《二心集·好政府主义》一文,"好政府主义"没有加引号,会使人误以为这个说法是鲁迅自己提出的。其实在全文中,鲁迅对"好政府主义"一直是引用。关于"好政府主义"一词可以参

---

① 上海社会科学院文学研究所编:《上海"孤岛"文学回忆录》(上),中国社会科学出版社1984年版,第46页。

② 唐弢编:《鲁迅全集补遗》,上海出版公司1948年版,第384页。

见1958年版《鲁迅全集》中《习惯与改革》一文的相关注释：

> "好人政府"，是胡适于1922年5月在他所主持的《努力周报》第2期上所提出的主张。他说："我们以为现在不谈政治则已，若谈政治，应该有一个切实的，明了的，人人都能了解的目标。"这个目标，就是"好人政府"。他认为："今日政治改革第一步在于好人须要有奋斗的精神。凡是社会上的优秀分子，都该为自卫计，为社会国家计，出来和恶势力奋斗"。这里所说的"好人"、"社会上的优秀分子"都是指胡适等资产阶级自由主义者。1930年，他们又在《新月》月刊上老调重弹，目的是想参加国民党反动派政府。①

由此可见，鲁迅并不赞同胡适的主张，所以在文章中对"好人政府"一词仅仅是引用。

1938年版排印方面的错误也有不少，比如，第一卷第29页"盖无间教宗学术美艺文章"，其中的"教宗"乃"宗教"之误；第78页"吾今为案其为作思维"，其中的"为作"乃"作为"之误。第430页"他迟了片刻疑"乃"他迟疑了片刻"之误；第二卷第56页中的"别想了一样新号：'西哲'或曰'西儒'"，"新号"后漏排"便是"二字。第四卷第66页中的"崇正阔邪，幸有大英之德政"，其中的"阔"为"闢"（辟）之误。《二心集·唐朝的钉梢》一文中所引张泌的《浣溪沙》中的"消息未通何计从"，"从"乃"是"之误。

1938年版还存在一些排错页码的情况，如《哭范爱农》《送O.E.君携兰归国》目录中写为506页，实则为507页；《无

---

① 《鲁迅全集·二心集》第4卷，人民文学出版社1957年版，第526页。

题》《题〈彷徨〉》目录中写为507页,实则为508页;《赠日本人歌》《无题》《湘灵歌》目录中写为508页,实则为509页;《二十二年元旦》《自嘲》《悼丁君》目录中写为509页,实则为510页;《阻郁达夫移家杭州》《题三义塔》目录中写为510页,实则为511页;《赠人二首》实为《赠人》《其二》,而且目录中写为511页,实则为512页。

四、版本的变迁

(一)1938年第1版

1938年版分为普及本和纪念本两种。普及本由鲁迅全集出版社于民国二十七年六月十五日发行,纪念本由复社于民国二十七年八月一日发行。纪念本又分为甲、乙两种。各版本均采用同一纸型,文字、版式完全相同。其中,普及本正文用新闻纸印刷,插图用道林纸,红色硬纸板封面,漆布面书脊,书名烫银字,精装,每部定价20元,印1000部;纪念本甲种正文用道林纸,插图用铜版纸,红色漆布封面,书名烫金字,红色涂顶,精装,每部定价50元,编号印200部;纪念本乙种正文用道林纸,插图用铜版纸,紫红色胶布封面,书名烫金字,真金涂顶,精装,每部定价100元,编号印200部,另附楠木双层书箱,正面箱盖上书"鲁迅全集 纪念本 蔡元培"阴文绿字。

(二)1946年第2版

1946年,为纪念鲁迅逝世10周年,鲁迅全集出版社再版了1938年版,为红漆布封面,内文用新闻纸印刷,插图为道林纸,书名烫银字,精装。

（三）1948年东北光华书店版

1948年8月15日，由中国共产党领导的东北光华书店，在大连据1938年版纸型印行了《鲁迅全集》，为红漆布封面，内文插图均用新闻纸印刷，书名为集鲁迅手迹，书脊烫银字，外加牛皮纸护封，精装。

（四）1948年第三版

1948年12月15日，鲁迅全集出版社印行了第三版，由姚蓬子经营的作家书屋印刷、经销。分淡蓝色和红色布面两种，内文用新闻纸印刷，插图为道林纸书名烫银字，精装。

（五）1973年人民文学出版社版

1972年，美国总统尼克松访华，周恩来总理提出将《鲁迅全集》作为礼物赠送给客人，由于1958年版存在所谓"严重政治问题"而停止发行，不得不从北京鲁迅博物馆所藏的两部1938年版中挑出一部送出。为此，人民文学出版社请示上级部门并经周恩来总理批准，重新排印了1938年版。这一版《鲁迅全集》的卷数、版式与1938年版相同，但经过重新校勘，改正了原版中的讹误，以简体字排印，有些地方改为新式标点。另外，与1938年版还有两处明显的不同，一是删去了蔡元培《鲁迅先生全集序》中"民国二十七年六月一日"的落款，二是鉴于瞿秋白尚未平反，因此在第四卷《伪自由书·王道诗话》文末加了一个说明："本篇和下面的《伸冤》《曲的解放》《迎头经》《出卖灵魂的秘诀》《最艺术的国家》《内外》《透底》《大观园的人才》以及《南腔北调集》中的《关于女人》《真假堂吉诃德》，《准风月谈》中的《中国文与中国人》等，都是一九三三年瞿秋白在上海时，与鲁迅交换意见后执笔写成的，其中包括了鲁迅的某些观点,而且都经过鲁迅的修改,并请人誊抄后,以鲁迅自己使用的笔名寄给《申报》副刊《自由谈》等报刊发表。鲁迅编辑自己的杂文集时,均将它们收入。"①

　　人民文学出版社1973版《鲁迅全集》,封面、装帧重新设计,书名采用沈尹默为1958年版《鲁迅全集》的题签,书脊烫金字。分甲乙两种版本,甲种本内文为道林纸印刷,插图为铜版纸,蓝布面精装,月白色硬纸护封外另加塑料封套,外有硬纸板书套。乙种本内文为凸版纸印刷,插图为胶版纸,硬纸封面蓝布书脊,月白色硬纸护封,外有硬纸板书套。

　　从严格意义上说,1973年版《鲁迅全集》尽管不能称之为一个独立的版本,但由于它在一个特殊的年代诞生,而且经过了认真的勘误,因此也同样具有版本价值。而且,它的出版发行为1981年版《鲁迅全集》的编辑出版作了物质和精神上的准备。

第二节　1958年版《鲁迅全集》

　　1950年10月7日,中央人民政府出版总署在北京召开关于鲁迅著作出版座谈会,出席会议的有许广平、冯雪峰、胡风、郑振铎、叶圣陶、胡乔木、胡愈之、胡绳、邵荃麟、徐伯昕等。会上,许广平提出把鲁迅著作版权无条件捐献国家。经大家讨论,做出五项决定,其中包括:鲁迅著作版权仍应由家属保有,但由家属申请授权出版总署处理国内外编选、翻译、

---

①《鲁迅全集·伪自由书》第4卷,人民文学出版社1973年版,第464页。

印行事项;总署建立鲁迅著作编刊社,聘请冯雪峰为总编辑,在上海办理编刊注释校订工作。

对于这项新的工作,冯雪峰欣然从命。在很短的时间内,冯雪峰就联络到了孙用、杨霁云、林辰和王士菁等鲁迅研究专家和杨立平、殷维汉两名工作人员,安排好社务,工作马上开展起来。

一、冯雪峰的设想

1950年10月23日,冯雪峰亲自拟订了《鲁迅著作编校和注释的工作方针和计划方案》,主要涉及编校和注释两部分,其中编校部分第五条提到了编辑《鲁迅全集》的设想:

> 我们觉得鲁迅著作将来在国内可以下列三种版本由国家出版发行:
>
> 甲、最完整的全集本——即把鲁迅的全部文学工作可以收印的东西都编进去。(编法以现在的全集——作者按:即1938年版《鲁迅全集》为底子,而加进全部书简、全部日记、编选的画集和其他著作与翻译的遗文。此种全集本,主要的是为了保存和供给研究者之用,印数不要多,只够全国图书馆、大学和高等学校及个人研究者具备就是了,但印刷装帧和校对都必须讲究,以便保存长久并能作为查考之根据。至于是否要把注释作为附录,则再作决定)。①

为此,冯雪峰还制订了一个计划进度表,规定"最完整的全集本的编校工作,一九五二年完成"。

---

① 冯雪峰:《雪峰文集》第4卷,人民文学出版社1985年版,第561—562页。

在这一计划中,冯雪峰充分考虑到鲁迅著作的注释问题。无疑,鲁迅是杰出的文学家,同时,也是一位学贯中西的学者,他经历广泛,思想深刻,博览群书,知识广博,他的著作,是一部百科全书,涉及方方面面的内容,加之他所生活的环境处于一种动荡不安中,为了躲避明枪暗箭,鲁迅在写作中习惯于隐晦的表述,因此,如果没有相当高的文化程度,没有较为丰富的生活阅历和思想体验,是很难读懂鲁迅作品的。要普及鲁迅,让更多的人读懂鲁迅,就必须对鲁迅的著作加以注释。

对于鲁迅著作的注释,冯雪峰考虑得非常周全,他提出了如下的几条原则:"1.注释工作是繁重困难的,必须一边工作,一边作谨慎的深入和广博的学习和研究,并且还必须把这样的学习和研究算作我们工作的最重要的部分。2.注释必须绝对严守科学的客观的方法、态度和历史的观点,正唯如此,事实上就不能不有关于时代环境的说明和带有历史评价的意义。3.注释以普通初中学生能大致看得懂为一个大概的标准,因此不仅注释条文的文字必须浅显而简要,并且注释的范围也不得不相当广"。①

可以说,冯雪峰的这一方针和计划对于《鲁迅全集》的编辑出版确立了工作原则和基本要求。

1951年3月,人民文学出版社在北京成立,属文化部领导,冯雪峰被任命为首任社长兼总编辑,1952年7月,鲁迅著

---

① 冯雪峰:《雪峰文集》第4卷,人民文学出版社1985年版,第562—563页。

作编刊社从上海迁至北京,划归人民文学出版社,杨霁云、孙用、林辰、王士菁等工作人员也调入北京,成立鲁迅著作编辑室,专门整理和注释鲁迅著作。这也给鲁迅著作的出版带来了新的机遇。

二、编辑工作的启动

1956年是鲁迅逝世20周年,中共中央和中央人民政府都非常重视,准备开展一系列的纪念活动。作为人民文学出版社社长兼总编辑的冯雪峰当然不会置身事外,他专门起草了《鲁迅逝世二十周年纪念准备工作计划》,其中第二条内容为:"由文学出版社重新出版加注释的鲁迅全集,组织编写和出版通俗的鲁迅评传。由青年出版社出版适合青年阅读的鲁迅作品选集。在十一月底提出计划。"①

纪念鲁迅逝世20周年是当时文化政治生活中的一件大事,相关人员自然都全力以赴。经过几年的努力,注释本的《鲁迅全集》已初见端倪,为此,冯雪峰于1955年拟订了一份"《鲁迅全集》(新版)出版计划"。计划分为内容、版式和出版日期三部分。

其中内容部分注明:这次出版的全集,收鲁迅的全部小说、杂文(包括论文)、回忆、诗、文学史著作及书信,并附注释、鲁迅年表、鲁迅著译表。每卷加各时期作者像、手迹等插图,拟分十卷。

1958年版《鲁迅全集》的编排和分卷的方式,基本沿用了

---

① 冯雪峰:《雪峰文集》第4卷,人民文学出版社1985年版,第571页。

1938年版《鲁迅全集》的前10卷，同时也做了适当调整。与1938年版前10卷相比，冯雪峰拟订的新版《鲁迅全集》出版计划，删去了1938年版中5部鲁迅辑校的古籍作品，而增加的书信部分，占了将近2卷的篇幅。

在计划中，冯雪峰明确提出，1956年8月开始出版第一卷，1957年9月出齐全部10卷。

实际情况是，新版《鲁迅全集》（以下简称1958年版）第1卷是1956年10月出版的，恰好是纪念鲁迅逝世20周年的日子。但直到1958年10月，第10卷才出版，比原计划晚了一年零一个月。

1958年版的编辑出版之所以没有如期完成，其中一个重要的原因是遇到了"反右"运动。

1957年4月27日，中共中央宣布全党进行整风，许多党内外人士积极响应，加入到整风运动之中。但是，这一运动仅进行了很短的时间，形势就急转直下，一场轰轰烈烈的以"打退资产阶级右派分子的猖狂进攻"为主题的"反右"运动便开展起来，冯雪峰在劫难逃。8月4日，中国作家协会党组举行第11次扩大会议，在对丁玲、陈企霞进行批判的同时开始批判冯雪峰。8月27日，《人民日报》头版通栏发表《冯雪峰是文艺界反党分子》的报道；9月，冯雪峰被文化部党组定为"右派分子"；1958年2月，人民文学出版社党支部通过"开除冯雪峰出党"的决议；4月，经中共中央批准，冯雪峰被开除党籍，撤销其人民文学出版社社长兼总编辑职务。

这一变故不仅是冯雪峰个人的不幸，同时对《鲁迅全集》的出版也造成了很大的障碍。

按照冯雪峰当初制订的方案,1958年版第1卷有一个对全书的出版说明,其中写到:"这次出版的《鲁迅全集》是一种新的版本。它同1938年由鲁迅先生纪念委员会编辑和鲁迅全集出版社出版的全集最大的不同,是这个新版本专收鲁迅的创作、评论和文学史著作等;他翻译的外国作品和编校的中国古代作品都不收在内,这些翻译的和编校的作品将另行整理和出版。此外,本版新收入现在已经搜集到的全部书信。"

这就说明,1958年版对鲁迅的原创性作品和翻译及古籍辑校作品的性质进行了严格的区分,那就是只收原创性作品,其他作品则另行编辑。

这种处理方式具有积极的意义。首先,可以使人们更加集中地阅读鲁迅的著作,使鲁迅著作的眉目更为清晰。其次,对于人们专门研究鲁迅的创作、杂文和文学史著作提供了很大的方便。第三,在很大程度上减轻了读者的负担。

出版说明还写到:"本版中全部作品,这次都经过了一番校勘;凡在过去各版本中印错的字或标点而为我们所已经发现的,都已经加以改正。"关于校勘,孙用的《鲁迅全集校读记》发挥了很大作用。这本书与《鲁迅全集正误表》于1950年由作家书屋同时出版。可以说,由于采纳了孙用的成果,1958年版在校勘质量上有了很大的提高。

给鲁迅著作增加注释,是1958年版最大的特色。在注释方面,编者们做的工作包括:第一,是为绝大多数作品写了题注,大致说明了作品最初刊发的日期及报刊,作品的主旨以及相关的资料;第二,对鲁迅作品中涉及的古今中外的书籍、报刊等文献进行了注释;第三,对鲁迅作品中所涉及的人物,包括古今中外人物、神话传说和各类作品中的人名进行了注释；第四，对鲁迅作品中所涉及的音译事物进行了注释；第五，对作品中所涉及的名物、典章制度等做了注释；第六，对作品中涉及的历史事件做了注释；第七，对作品中涉及的团体、流派、机构等做了注释；第八，对作品中涉及的国家、民族、地名等做了注释；第九，对作品中涉及的引语、掌故、名物、古迹、词语等做了注释。

三、时代的烙印

1958年版编辑出版过程中，正值"胡风反革命集团"刚刚被镇压，批判胡适的运动也正在开展，加之后来发生的"反右"运动，《鲁迅全集》中涉及的人和事都打上了明显的时代烙印。

比如，关于胡风的注释："胡风，原名张光人，湖北蕲春人，1927年国民党蒋介石举行反革命政变后，曾积极参加国民党反动派的'剿共'工作；1931年'九一八'后，隐瞒着他的反革命历史，混入中国左翼作家联盟，在内部进行挑拨离间；解放后又组织小集团，进行反革命活动。"①

再比如，关于傅斯年的注释："傅斯年，字孟真，山东聊城人，留学英国及德国。曾编辑过《新潮》杂志，1926年任中山大学教授，后来投靠国民党反动派，1949年全国大陆解放时逃往台湾。"②

---

①《鲁迅全集·且介亭杂文末编》第6卷，人民文学出版社1958年版，第615页。

②《鲁迅全集·书信》第9卷，人民文学出版社1958年版，第387页。

再比如,关于胡适的注释:"胡适,字适之,安徽绩溪人,曾留学美国。当时任北京大学文科教授,《新青年》杂志编辑。他挂着自由主义学者的招牌,而实际上却是投靠蒋介石反动政权和美国帝国主义的走卒。"①

再比如,关于向培良的注释:"向培良,湖南黔阳人,当时是狂飙社社员,并为《莽原》周刊的撰稿人之一。他后来投靠国民党反动派,在上海主编《青春月刊》,反对革命文学。"②

频繁的政治运动也影响到1958年版对古人的注释,如关于武训,《鲁迅全集》是这样注释的:"武训(1838—1896),清末山东堂邑人。他打着'行乞兴学'的招牌,一边向地主阶级到处磕头,一边向劳动人民进行剥削,用高利贷的方法,搜刮了大量的土地。正如《武训历史调查记》(1951年人民出版社版)所说,武训是一个以'兴义学'为手段,被当时反动政府赋予特权而为整个地主阶级和反动政府服务的大流氓、大债主和大地主。"

之所以这样注释,是因为在1951年5月20日,毛泽东写了《应当重视电影〈武训传〉的讨论》一文,随后在全国范围内开展了一场批判武训的运动。1961年6月10日,《人民日报》发表了《出版工作者应该认真参加〈武训传〉的讨论》一文,其中说:"我们出版工作者应该热烈响应《人民日报》社论的号召,积极参加《武训传》的讨论,并且要在这个讨论中达到提高政治思想水平,改进出版物质量的目的。""在《武训传》的

---

① 《鲁迅全集·书信》第9卷,人民文学出版社1958年版,第389页。
② 《鲁迅全集·书信》第9卷,人民文学出版社1958年版,第396页。

讨论中,可以使我们学习掌握评判历史人物的尺度。""参加《武训传》的讨论,对于今后的出版工作是有决定的意义的,《武训传》的讨论如果学得彻底,我们今后出版物的思想水平便能提高一步。"①

1958年版的注释,也不得不反映这方面的内容。

相对于1938年版《鲁迅全集》,1958年版的一个超越之处表现在对鲁迅佚文的搜集上。鲁迅佚文集中收录于《集外集》和《集外集拾遗》,这两部分内容,都收录于1938年版《鲁迅全集》。此后,唐弢又辑录了《鲁迅全集补遗》和《鲁迅全集补遗续编》。1958年版在对鲁迅佚文的收录上,充分利用了唐弢的这两项辑佚成果,在1938年版基础上重新调整、编辑了《集外集》和《集外集拾遗》的篇目。

可以说,1958年版第7卷中的《集外集》和《集外集拾遗》是对原有两部书从结构到内容的大调整。这一卷在1958年版中也是篇幅最大的一卷,多达844页,超出后出的第8、第9、第10卷各卷的两倍。

这样的编辑方法当然存在一定的道理,但也存在着明显的缺陷。首先,失去了《集外集》《集外集拾遗》的本来面目,尤其是《集外集》,它是在鲁迅生前编辑出版的,鲁迅为此花费了很多心血,理应保持原貌。其次,擅自将《集外集拾遗》中的旧体诗移入《集外集》,更是欠妥,而且是自乱体例。这些旧体诗,是在《集外集》出版之后陆续搜集起来的,理应单

---

① 中国出版科学研究所、中央档案馆编:《中华人民共和国出版史料》(3),中国书籍出版社1996年版,第175—176页。

独编辑,不能擅自移位,如果和《集外集》归在一起,又何必把从周作人日记中辑录出来的旧体诗作为《集外集拾遗》的附录呢?第三,删去杨霁云的《〈集外集〉编者引言》和许广平《集外集拾遗》的《编后说明》更为不妥。这两篇文字是理解这两本书编辑初衷和编辑过程的门径,和正文构成一个整体,就如同鲁迅为自己的作品集所写的序跋一样,是不能随便舍弃的。第四,收录不完整,尤其是鲁迅为辑校古籍作品和翻译作品所写的序跋,都没有收入进来。

1958年版在第1卷的"出版说明"中强调,该全集要"收入现在已经搜集到的全部书信",但事实上并未完全收入。这也是由当时的大环境造成的。

1957年发生的"反右"运动改变了10卷本的编辑方案。当时负责出版的核心人物——人民文学出版社社长冯雪峰被错划为"右派分子",《鲁迅全集》的编辑出版工作也因此与原有的编辑方针出现了很大的偏差。在全集的第9卷和第10卷中,只收入了鲁迅的334封书信。与其说"收",不如说"选"。因为事实上,在许广平编、鲁迅全集出版社1946年10月出版的《鲁迅书简》中,就收入鲁迅1923年至1936年间致77位亲友和文学青年书信855封,另有"偶或从各出版物抄录,或属排印,诚恐与原函略有出入无从订正,即在附编内排列"者12封。而在编辑《鲁迅全集》时,已经收集到了鲁迅书信1165封,但编入全集的书信数量却不到已经搜集到三分之一。对此,人民文学出版社编辑部在第9卷的说明中这样表述:"我们这次印行的《书信》,系将1946年排印本所收855封和到现在为止陆续征集到的310封,加以挑选,即择取较有意义的，一般来往信件都不编入，计共收334封。在本卷中收入79封，其余续编入第十卷。"①

另外，1958年版还失收了鲁迅致日本人的书信。对此，编辑部是这样解释的："至于鲁迅致日本人的书信，则因部分原信现在尚未获见，或仅见日本报刊所载而无原信可资校勘，所以这些书信，都不收入，俟后再另行出版。"②

这样的处理方式当然有出于严谨的考虑，但也因此造成了鲁迅书信的大量漏收，这对于读者尤其是研究者极为不利。实际上，在1952年，上海出版公司就出版了吴元坎翻译的《鲁迅书简补遗》(致日本人部分)，收入鲁迅致7位日本友人书信88封。该书为中日文对照，先中后日。译者在《译后记》中说："这些信在日本发表时，可能有些地方已被日本人改过了，按理我应该在翻译以前，先做一番审定和考据工作，可是由于我平素对鲁迅先生缺乏研究，因此这一点没有能力做到。其次，由于我对当时的政治情况和文艺界情况缺乏了解，因此在翻译这些信时，对原文的含义可能有许多领会错误的地方，特别在译文方面，自觉不能达意，而一时我又想不出更好更适当的译文来。""因此我想说明，这一个译本只好作为是进一步研究的资料，还不能算作真正的译文。我虔诚地希望能有更好的译本出版，以代替我的疏陋，尤其希望对鲁迅先生研究有素的专家们，来为这些信作审定和考据的工作。"③

---

①《鲁迅全集·书信》第9卷，人民文学出版社1958年版，第1页。
②《鲁迅全集·书信》第9卷，人民文学出版社1958年版，第2页。
③《鲁迅书简补遗》(致日本人部分)，吴元坎译，上海出版公司1952年版，第318—319页。

1958年版未收鲁迅日记,是另一重大遗憾,其中的一个重要原因,大概是由于注释的工作量太大,一时难以完成。因此,人民文学出版社采取了一个折中的办法,于1959年8月出版了《鲁迅日记》排印本,分为上下两册,其开本和装帧形式一如《鲁迅全集》,算是一种"亡羊补牢"之举。

1958年版的另一个重要缺陷,是未对《中国小说史略》《汉文学史纲要》作注。这两部书都是用文言文写成的,其中涉及的书籍、人物、典故甚多,一般读者不易理解,如果不加以注释,不仅不利于读者理解,而且还造成了1958年版编辑体例不统一的问题。

第三节　1981年版《鲁迅全集》

尽管1958年版并不是一个完善的本子,但相对于1938年版,毕竟经过了重新校勘、增补佚文、加以注释,再加上部头适中,因此在出版之后受到了广大读者的欢迎,曾经多次重印,总印数达到13万套之多。许多研究者正是通过这部《鲁迅全集》以及由此而发行的单行本开展鲁迅研究,并取得了丰硕的成果。1958年版同时也为修订新的《鲁迅全集》奠定了基础。

一、等待与转机

1971年3月15日至7月22日,国务院召开了"全国出版工作座谈会",会上下达了《第四个五年计划期间全国图书出版工作设想(草案)》,其中的"文学艺术读物"一节中提到了鲁迅著作:"(四)鲁迅著作。鲁迅全集、鲁迅日记、鲁迅书信、鲁迅译文集、鲁迅整理的古典作品等,需要重新整理、增补出版。争取两三年内完成。同时,对回忆鲁迅和研究鲁迅著作的作品,亦应适当整理和出版。"①根据会议精神,人民文学出版社开始准备鲁迅著作的整理、出版工作。

1974年2月5日,人民文学出版社又上报了一份《关于出版〈鲁迅全集〉注释本的请示报告》,内容包括出版附有注释的《鲁迅全集》和鲁迅著作单行本;出版全部鲁迅书信;注释工作的具体方案及有关组织机构和人员编制等问题。此报告经当时的"出版口"送姚文元审批,但杳无下文。无奈之下,人民文学出版社决定不再等待上级的批文,开始了对《鲁迅全集》旧注进行修订、补充的工作。

1975年10月28日,鲁迅之子周海婴致信毛泽东主席,信中就出版《鲁迅书信集》《鲁迅全集》等提出了建议。11月1日,毛泽东作出批示:"我赞成周海婴同志的意见。请将周信印发政治局,并讨论一次,作出决定,立即实行。"②11月4日,时任中共中央政治局常委张春桥向国家文物局局长王冶秋和国家出版事业管理局局长石西民传达了毛泽东批示以及周海婴信的内容。12月5日,国家文物局、出版局就贯彻执行毛泽东的批示的具体意见写了报告,其中,关于鲁迅著作的注释是这样表述的:

---

① 宋应离、袁喜生、刘小敏编:《中国当代出版史料》(2),大象出版社1999年版,第559页。

②《建国以来毛泽东文稿》(第13册),中央文献出版社1998年版,第451页。

鲁迅全集注释及其他鲁迅著作的编辑出版工作,由出版局直属人民文学出版社负责。鲁迅全集注释本,拟在一九五八年版《鲁迅全集》的基础上修订。对歪曲两条路线斗争和政治上错误的地方,都必须纠正。全集拟将鲁迅书信、日记和佚文,全部收入。鲁迅译文和古籍校勘辑录,除序跋外,全部不收。如有需要可另行出版。鲁迅著作单行本的注释工作,已由人民文学出版社鲁迅著作编辑室组织工厂、部队和高等院校中文系二十多个单位分工注释,部分初稿已经完成,即将由出版社陆续印征求意见稿,向有关方面和一些读者征求意见。鲁迅著作单行本,为适应广大工农兵阅读,注释可以详细一些;全集的注释,质量要高一些,较单行本简明一些。鲁迅全集和单行本的注释,其定稿工作,由鲁迅研究室协助完成。①

同时,文物局、出版局作出规划:立即着手出版包括现存全部鲁迅书信的《鲁迅书信集》;新注鲁迅著作单行本26种,1977年底前出齐;新注《鲁迅全集》15卷,1980年底前出齐。12月5日,毛泽东、党中央批准了国家文物局、国家出版局关于贯彻毛泽东批示的报告。②

二、逐步走上正轨

1976年10月,"四人帮"被粉碎,中国的政治环境发生了

---

① 中国新闻出版研究院编:《中华人民共和国出版史料》(14),中国书籍出版社2013年版,第312页。
② 参见《建国以来毛泽东文稿》(第13册),中央文献出版社1998年版,第455—456页。

根本的转变,鲁迅著作的注释工作也得以顺利开展。1977年"五一"节刚过,新上任的国家出版事业管理局局长王匡,即商请当时尚未正式恢复工作的胡乔木主持《鲁迅全集》的注释出版工作,胡乔木欣然同意。

为了提高《鲁迅全集》修订工作的效率,协调各方面的关系,经胡乔木同意,出版社成立了以林默涵为首的"《鲁迅全集》领导小组",领导鲁迅著作编辑室的工作,由林默涵任组长,组员为冯牧、秦牧、王仰晨、李文兵,同时聘请郭沫若、周建人、沈雁冰、王冶秋、曹靖华、李何林、杨霁云、周海婴等8人为鲁迅著作注释工作的顾问。自此,新版《鲁迅全集》的修订注释工作开始步入了正轨,得以有条不紊地进行。

在具体的注释、整理、校勘工作中,由于新增加了鲁迅书信、日记、《中国小说史略》《汉文学史纲要》《古籍序跋集》《译文序跋集》等内容的注释,工作的难度和强度均有了不同程度的增加,因此《鲁迅全集》领导小组从甘肃借调了文艺理论家陈涌,从山东借调了专门研究鲁迅日记的包子衍,从上海借调了编辑家曾彦修,从湖南借调了《鲁迅传略》的作者朱正,从黑龙江借调了蒋锡金。此后,又陆续从上海借调了郭豫适、陈子善、王自立、王锡荣,从辽宁借调了马蹄疾,从吉林借调了陈琼芝,从湖南借调了颜雄,从江苏借调了徐斯年等,可谓高手如云,名家荟萃。这些专家的加盟,既提高了《鲁迅全集》注释的进度,也保证了《鲁迅全集》修订的质量。

值得一提的是,尽管胡乔木由于担任中国社会科学院院长一职,工作千头万绪,无法主持鲁迅著作的注释工作,但他仍给予了关注和指导,不仅《鲁迅全集》的编辑方针、总体设计、注释的体例由他最后敲定,而且对于《呐喊》《彷徨》《野草》等集子注释的修改,他也亲自过问。注释中涉及的一些敏感问题如30年代"两个口号"的论争、对于"左联"的评价等,都是经过胡乔木审查或批转有关人员过目后方才定稿。对此,茅盾在致周而复的一封信中表示了赞赏:"盖注释中争议也不少,非乔木同志主此事而默涵等实际负责,将不能妥善解决也。年来以鲁迅为招牌,摘取片言只语,对某某事件作夸大解释者,实在不少。此亦'四人帮'形而上学影响之一事也,非有霹雳手不易摧枯拉朽也。"①

1978年5月,人民文学出版社确定了《鲁迅全集》各卷发稿进度以及装帧、印制等方面的初步计划,大致包括:全书共16卷,1979年第一季度开始发稿,1980年底发齐;全部精装,分全绸面及硬纸面绸脊两种,前者加硬纸封套。由于对各单行本采取定稿一种即发一种的办法,发稿的进度大为加快,至1979年10月中旬,《鲁迅全集》前5卷的单行本(16种)均陆续发稿完毕;1981年8月底,16卷全部出齐。一个《鲁迅全集》的新版本,终于在1981年9月25日鲁迅诞辰100周年前夕正式与读者见面。

三、内容上的突破

同1958年版相比,1981年版《鲁迅全集》(以下简称1981年版)在收录内容上有了明显的变化,单就篇幅而论,就较前

① 夏杏珍:《关于1981年版〈鲁迅全集〉的编辑出版背景资料》,《鲁迅研究月刊》1996年第4期。

者增加了三分之一以上。恰如书前的《出版说明》所言：

> 本版《全集》的编辑、注释工作，是在十卷本的基础上
> 进行的。内容方面增收了《集外集拾遗补编》《古籍序跋
> 集》《译文序跋集》和日记，以及迄今为止搜集到的全部书
> 信，共十五卷；另加附集一卷，收作者著译年表、《全集》的
> 篇目索引和注释索引。作者翻译的外国作品和校辑的文
> 史古籍，以及早期摘编中外书报资料而成的《中国矿产志》
> 和生理学讲义《人生象敩》都未收入。

总体来说，1981年版增补了1958年版没有编入的各种
文章205篇，其中佚文55篇，整理古籍方面的专门文章34篇，
翻译介绍国外文学方面的专门文章115篇，基本涵盖了作者
所撰写的、现存的全部著述，篇幅从1958年版的230万字增
至400万字。

1981年版增收的鲁迅文稿，集中收入《集外集拾遗补
编》，编入第8卷。该卷是由《集外集》《集外集拾遗》出版之
后，搜集的鲁迅在报刊发表而未收入全集或新发现的自手稿
中录出的文章结集而成，共112篇，附录44篇，合计156篇。
其中50篇为1958年以后陆续发现的佚文。但有些篇目，
1981年版也做了删除，如《〈劲草〉译本序》(残稿)、《〈蜕龛印
存〉序》(代)等。

对中国古籍的校勘、辑佚、整理，是鲁迅学术活动的重要
组成部分，其中鲁迅在辑校古籍过程中所写相关序言、跋语、
校记等文字，属于鲁迅的原创性作品。此外，鲁迅在翻译时
写下的序跋、译者附记等，也是鲁迅著作的一部分，为此，
1981年版将这两类文字统一编为《古籍序跋集》和《译文序跋

集》，收入第10卷。

1981年版的一个重要成就或者说一个突出的亮点，就是收录了到发稿前所发现的鲁迅的全部书信，即在原有的334封基础上，增收至1333封，另有致外国人信112封，附录断简12则，共计1445封。这些信件，不仅包括许广平1946年所编《鲁迅书简》中的885封信，而且包括了自《鲁迅书简》和1958年版出版后新发现的鲁迅书信。

1981年版的另一个特点是将鲁迅的日记收入全集，而且将日记中涉及的大量人物、书刊都最大程度地进行了注释，由于篇幅过大，特将人物、书刊的注释总附于全部日记之后，以便翻检。

1981年版前15卷，基本涵盖了鲁迅一生的文学与文化活动，是阅读和研究鲁迅著作的最好版本。但是，由于《鲁迅全集》所涉及的内容包罗万象，人物、事件、书刊、机构不胜枚举，如果没有必要的索引，对于研究者而言仍有许多不便。因此，人民文学出版社特意编辑了一本附集，作为第16卷。

这本附记包括三方面的内容，分别为《鲁迅著译年表》《全集篇目索引》和《全集注释索引》。

1981年版第8卷《集外集拾遗补编》，尽量吸收了鲁迅研究界的辑佚成果，但是，由于本着"宁缺毋滥"的谨慎原则，也存在着明显的遗珠之憾。比如，1920年1月3日鲁迅和周建人致族叔周心梅的信，1924年12月22日鲁迅致孙伏园的信，1918年12月29日出版的第二号《每周评论》上署名"庚言"的短文，题为《美术杂志第一期》，1919年3月30日出版的第十五号《每周评论》上同样署名为"庚言"的《随感录》三则，均可断定为鲁迅的作品,但都没有收录进来。

四、注释上的完善

注释的丰富和完善是1981年版的又一个亮点。据统计,1958年版注释只有800多条,约54万字。限于当时的条件,这些注释大多比较简略,而且存在不少的错讹和遗漏。1981年版的注释词条增至23000多条,187万字,是1958年版注释内容的三倍多。

另外,在注释的编排方式上,1981年版均将注释置于文末,这样就方便了读者翻阅和查找,而且一般不采用参见方式。对于注释的词条,均排为楷体,以区别于具体的注释内容,做到眉目清晰,利于区分。在注释的修订及补充方面,1981年版也较1958年版有了明显的提高。

首先是注释更加客观、完备。如果说,1958年版的注释是筚路蓝缕、白手起家的话,那么,1981年版的注释则是后来居上。其次是新增注释,释疑解惑。1981版《鲁迅全集》的注释不只是对原有注释的修订,更多的是新增了1958年版许多没有注出的词条。如代表鲁迅先生思想精髓的"绝望之为虚妄,正与希望相同"一语,1958年版没有作注,1981年版就注明为出自裴多菲1847年7月17日致友人凯雷尼·弗里杰的信;再比如,《朝花夕拾·从百草园到三味书屋》中所引寿老先生朗读的"铁如意,指挥倜傥",1958年版未能注出来源。1981年版在注释中就指出了这个典故的出处是清末刘翰作《李克用置酒三垂岗赋》中的句子。原文作:"玉如意指挥倜傥,一座皆惊;金叵罗倾倒淋漓,千杯未醉。"

1981年版还增加了对一些关键人物的注释。比如,鲁迅《三闲集·序言》中曾写道:"我当初还不过是'有闲即是有钱','封建余孽'或'没落者',后来竟被判为主张杀青年的棒喝主义者了。"对此,1958年版只是注明这些提法出自1928年8月出版的《创造月刊》第2卷第1期署名杜荃的《文艺战线上的封建余孽》一文,对于作者杜荃并没有出注。为此,参加1981年版修订工作的陈早春经过认真考证,确认杜荃就是郭沫若的笔名,并写了《杜荃是谁?》(署名史索)的长文。在1981年版的注释中,就在杜荃之后括注了"郭沫若"三个字。这一问题的解决,对于研究鲁迅和郭沫若之间的争论以及郭沫若对于鲁迅的态度,发挥了很大的作用。

当然,注释中也还存在不少的缺陷。比如,对西方的一些艺术流派如"立体派""未来派"等的注释,因受时代的局限没有完全摆脱"左"的影响;当注未注之处还有许多;在对人物的注释中还存在张冠李戴的现象等。

第四节　2005年版《鲁迅全集》

1981年版的出版,给鲁迅研究创造了良好的条件,许多研究者依靠其较为可靠的文本和较为详细的注释,取得了丰硕的成果。但是,人们在研究过程中,也逐渐发现这一版本的不足之处,如佚文搜集不够完整,注释不够准确甚至存在相互抵牾,校勘不够细致等。因此,《鲁迅研究动态》(后更名为《鲁迅研究月刊》)特地开辟了一个"拾遗与补正"的栏目,主要针对1981年版提出增补和更正的建议。

另一个现象是,随着鲁迅著作版权进入公有领域,要求编辑《鲁迅全集》的出版社也开始多了起来。最为突出的是浙江人民出版社,特地邀请了国内多位专家论证编辑新的《鲁迅全集》。在双重压力之下,人民文学出版社开始启动了《鲁迅全集》的修订工作。

一、修订工作的启动

2001年6月12日至18日,由中宣部、新闻出版总署组织,人民文学出版社在北京西山八大处召开了《鲁迅全集》修订座谈会,来自北京大学、复旦大学、南开大学、厦门大学、武汉大学、湖南师范大学、天津师范大学、扬州大学、中国青年政治学院等高校,中国社会科学院、北京鲁迅博物馆、上海鲁迅纪念馆、绍兴鲁迅纪念馆、广州鲁迅纪念馆等研究和文化机构,人民文学出版社等单位的30余名专家和学者参加了会议。中宣部副部长李从军,国家新闻出版总署署长石宗源出席会议并讲话。

石宗源在讲话中指出了《鲁迅全集》修订工作的重大意义,强调了修订工作的指导思想,提出了如下修订原则:以1981年版16卷本为基础,增补不足,修订错讹。同时提出了具体要求:增补鲁迅佚文佚信,并按体例加补注释;对全部已有注释重新审查,订正错讹,增补缺遗;对鲁迅著作原文再做一次校勘,改正疏漏误植。力争通过修订,使《鲁迅全集》的质量进一步得到全面提高。他强调:"经中央宣传部和新闻出版总署批准,这次《鲁迅全集》的修订出版工作由人民文学出版社具体组织实施,要求出版社在广泛听取意见、深入讨论的基础上,制定修订方针、体例和工作方案;依靠专家学者进行修订,并为他们的工作提供各方面的保障;在编、校、出版、印刷、装帧等各个环节层层把好质量关,力争在2002年底或2003年初,新版《鲁迅全集》与读者见面,同时出版《鲁迅全集》的电子版。"①中宣部副部长李从军在讲话中指出,《鲁迅全集》的修订是传世的大工程,要集思广益,广泛听取专家学者的意见,做到对先人负责,对世人负责,对后人负责。

会上,陈漱渝作了《群策群力,精益求精——对修订〈鲁迅全集〉的几点意见》的发言,认为1981年版《鲁迅全集》是最具权威性的一种版本,但不能称之为"定本"。这一版的《鲁迅全集》虽然收罗比较齐备,但并不是没有遗漏;虽然校勘比较精确,但并非没有错谬;虽然注释比较详尽,但并非没有失误。特别是20年来,鲁迅研究又取得了有目共睹的长足进展(包括新资料的挖掘,旧观念的转变),所以这一版本就显得更加需要增补修订。随后,刘运峰作了《浅谈〈鲁迅全集〉的修订》的发言,从佚文、注释、编排三个方面分别指出了1981年版存在的不足,并就佚文的增补、注释的增订和编排的体例提出了建议,希望在不久的将来,一部收录更加完备、注释更加准确、编排更加合理,讹误甚少、精益求精的《鲁迅全集》能够和读者见面。

在历时7天的会议中,大家畅所欲言,各抒己见,除了一些存在争议的问题留待继续研讨外,达成了以下共识:第一,

① 海波:《〈鲁迅全集〉修订工作座谈会在京召开》,《鲁迅研究月刊》2001年第7期。

新发现的佚文佚信一定要经过严格鉴别,确证是鲁迅本人的手笔,方可收入,有争议的暂不收入,以防误收;第二,增收的文字要相对成文,有一定的完整性,并具有一定的思想内涵,片言只语或日常生活记录等不具备"作品"特性的,不予收入,以维护《鲁迅全集》的严肃性;第三,在注释的修订上,要对原有的注释进行一次全面认真的审核,核对有关史实、资料,改正错讹;第四,吸收新的研究成果,对原有注释的不足加以补充,对1981年版注释中"待查"和"未详"的条目,尽量予以查补;第五,注释要力求客观,不解释鲁迅原文的含义,对注释对象不作评论,但要尊重历史,对大是大非问题不能回避,例如在对周作人的注释中,应注明其在日本侵华期间担任伪职的情况;第六,注文要力求简明,避免繁琐,既为中等文化程度的读者理解鲁迅作品提供有关历史背景和相关知识,也为较高文化程度的读者和研究者提供参考资料;第七,对原作的校勘,要以鲁迅校阅过的版本为准,改正错漏字,对原作的文字改动须有版本依据;第八,鲁迅生前未发表而据手稿编入的作品,要进行核校,务求准确无误。

在会上,与会专家还就一些有争议的问题展开了充分讨论,如对《两地书》中鲁迅致许广平的原信是否收入,对《中国矿产志》这种与人合著的科学著作以及《人生象敩》这样的生理学讲义是否收入的问题等,都进行了专门的研讨。一些尚未统一意见的问题留待修订过程中继续研讨解决。

在座谈会上,人民文学出版社对修订工作做了安排,即以卷为单位,分工负责,各卷根据具体情况,在半年至一年内修订完成。交稿后,由定稿小组分卷集体定稿。定稿一卷发排一卷,全部完成后,整套一起出版。

在闭幕式上,人民文学出版社社长、总编辑聂震宁作了总结讲话,表示要吸纳专家学者的意见和建议,使新版《鲁迅全集》成为代表鲁迅研究界集体智慧和最新研究成果的高水平全集。同时,聂震宁还承诺,尽可能为从事《鲁迅全集》修订工作的专家学者提供各种方便条件;出版《鲁迅全集》修订工作简报,通报工作进展情况,公布一些普遍存在的问题,征集难点、疑点的解决办法等。

二、任务分工

《鲁迅全集》的修订工作得到了党和政府的高度重视,成立了《鲁迅全集》修订组织机构,聘请王仰晨(1981年版领导小组成员)、王士菁(1958年版编注者)、陈涌(1981年版编注者)、周海婴(鲁迅之子)、黄源(1981年版编注者)为顾问。决定由国家新闻出版总署署长石宗源为工作委员会主任、中宣部副部长李从军为副主任,成员包括孙玉石(北京大学教授),杨牧之(新闻出版总署副署长),张小影(中宣部出版局副局长),陈漱渝(鲁迅博物馆副馆长),林辰(1981年版领导小组成员),林非(中国鲁迅研究会会长、中国社会科学院文学研究所研究员),林默涵(1981年版领导小组组长),聂震宁(人民文学出版社社长兼总编辑),郭豫适(华东师范大学教授)。

编辑委员会以林默涵为主任,林非、陈漱渝、聂震宁为副主任,成员(以姓氏笔画为序)包括:丁锡根(复旦大学教授),王国绶(天津师范大学教授),王海波(人民文学出版社现代文学编辑室主任),王景山(首都师范大学教授),王锡荣(上海鲁迅纪念馆副馆长),朱正(湖南人民出版社原总编辑),庄钟庆(厦门大学教授),刘玉山(人民文学出版社副总编辑),孙玉石(北京大学教授),孙党伯(武汉大学教授),李文兵(人民文学出版社原副总编辑),杨占升(北京师范大学教授),张小鼎(人民文学出版社编审),张菊香(南开大学教授),陈子善(华东师范大学教授),陈早春(人民文学出版社原总编辑),陈琼芝(中国青年政治学院副教授),徐斯年(苏州大学教授),郭豫适(华东师范大学教授),韩之友(山东师范大学教授),裘士雄(绍兴鲁迅纪念馆馆长)。

从顾问到工作委员会,再到编辑委员会的组成,可谓集中了最为强大的阵容。

对1981年版的修订,并没有采取以往那种"大兵团作战"的方式,而是根据原来承担任务的单位和个人的具体情况,将任务分配到个人。

当时的设想是,用一到两年的时间完成修订任务,但是,这一计划并没有实现,其原因大致有以下几种:

一是有些修订者年事已高,且离开学术研究已经很长时间,对于20年间鲁迅研究的新成果关注不够,很难在短时间内消化、吸收,因此影响了《鲁迅全集》的修订进度。

二是一些年富力强的修订者尽管活跃在学术前沿,但由于担任着繁重的教学、科研、管理任务,加之社会活动频繁,很难集中精力专门从事《鲁迅全集》的修订。

三是缺乏明确的规则和体例,尤其是涉及注释、校勘方面的问题,哪些该注,哪些不该注,注到什么程度,如何做到详略得当,大都没有统一的说法,只能按照编注者的理解和主观愿望进行。在文本的校勘方面,以何作为底本,不同版本之间的异同如何处理,等等,都没有统一的要求,因此导致修订者各自为政,各行其是。

四是有些问题较为棘手,难以统一意见。在2001年12月召开的关于收入佚文佚信的讨论会上,与会专家就刘运峰编、群言出版社2001年9月出版的《鲁迅佚文全集》的篇目进行了逐篇讨论,对其中的一部分佚文佚信达成了共识,决定收入《鲁迅全集》,但是,关于是否将《中国矿产志》和《人生象敩》这样的科学著作收入新版《鲁迅全集》,一些专家主张收入,理由是既然是《鲁迅全集》,就应该收入已经认定的鲁迅的全部作品,而不仅仅是文学论著,事实上,鲁迅自己编订的论文集《坟》就收了科学著作,如《人之历史》《科学史教篇》等。但争议最多的还是要不要收入《两地书》中鲁迅致许广平的原信。主张收入的专家认为,鲁迅在编辑《两地书》时,考虑到当时的社会环境以及一些具体的人和事,对原信进行了不同程度的修改,有的增加了一些内容,有的删去了一些字句,也有的将当事人改为化名,做了相应的技术处理,因此,鲁迅的原信和收入《两地书》中的信属于两个不同的文本,应该按照书信的次序收入《鲁迅全集》的"书信"卷。持不同意见的学者则认为,鲁迅致许广平的书信属于个人隐私,公开发表不是个人的意愿。有学者反驳道,鲁迅的大部分书信在当时都具有私密性,鲁迅和收信人也没有发表的意思。对于鲁迅这样的文化巨匠,是很难再有隐私可言的,何况,这些书信早就编入了《鲁迅手稿全集·书信》(文物出版社版)、

《鲁迅致许广平书简》(河北人民出版社版)、《鲁迅景宋通信集——〈两地书〉的原信》(湖南人民出版社版)等书,是谈不到"为尊者讳"的。

2005年11月,经过修订的《鲁迅全集》总算宣告完成。

三、新版本的得与失

11月30日,人民文学出版社在人民大会堂浙江厅举行"《鲁迅全集》新书发布会",中宣部、国家新闻出版总署的领导,鲁迅之子周海婴,参加修订的工作的专家、学者,人民文学出版社的编辑人员参加了会议。之后,又在2001年6月12日召开"《鲁迅全集》修订工作座谈会"的同一地点——西山八大处中宣部干部培训中心举行了"《鲁迅全集》出版座谈会"。遗憾的是,当年参加座谈会的王仰晨先生、颜雄教授、陈琼芝副教授、张竞研究员,顾问林辰先生都在《鲁迅全集》修订期间离开了人世,未能看到新版《鲁迅全集》的出版。

这两项活动意味着《鲁迅全集》修订工作的完成,也意味着一个新版本《鲁迅全集》的诞生。由于这个版本是在2005年出版的,因此便被称为"2005年版"。

同1981年版相比,2005年版由原来的16卷本变为18卷本,这固然有为了各卷篇幅的大致均衡而重新划分的原因,如将原来的《日记》两卷划分为三卷;也有内容的增加而导致卷数的增加,如将鲁迅致许广平书信、鲁迅答增田涉问信件集录收入其中。

2005年版出版说明是在1981年版的基础上改写的,其中前两段内容与1981年版基本相同。第三段则对1981年版作了简单的介绍："1981年,我社又在十卷本的基础上进行较大的增补和修订,增收了《集外集拾遗补编》《古籍序跋集》《译文序跋集》和日记,以及当时搜集到的全部书信,并对所收著作都加了注释;另加附集一卷,收鲁迅著译年表、《全集》篇目索引和注释索引。全书共十六卷。"随后是对新版的介绍:

> 本版《全集》以1981年版为基础进行修订,根据增补不足、修订错讹的原则,补入迄今搜集到并经确认的佚文佚信,收入《两地书》的鲁迅原信和《答增田涉问信件集录》。对原有注释作了增补和修改,所收著作又据作者生前审定(或写定)的文本作了校核。此外,作者翻译的外国作品和校辑的中国文史古籍,以及早期编著的《中国矿产志》(与顾琅合编)和生理课程讲义《人生象敩》等,分别编为《鲁迅译文集》(十卷)、《鲁迅辑录古籍丛编》(四卷)[1]和《鲁迅自然科学论著》(一卷)[2],另行出版。

> 修订后的《鲁迅全集》共十八卷,吸纳了迄今鲁迅研究的新成果,是目前最为完备的《鲁迅全集》的新版本。

这段说明文字虽然不长,但却给读者提供了较为充分的信息:第一,2005年版依然属于以鲁迅的原创作品尤其是文学作品为主要内容的《全集》;第二,针对学术界和读者希望出版更为齐全的《鲁迅全集》,声明专门编辑《鲁迅译文集》和《鲁迅辑录古籍丛编》;第三,不回避失收《中国矿产志》和《人生象敩》的问题,承诺编辑出版《鲁迅自然科学论著》一书。

另外,《出版说明》中特别写道:"《鲁迅全集》的编注工

---

[1] 此书已于1999年由人民文学出版社出版。

[2] 此书2014年由人民文学出版社出版时,更名为《鲁迅科学论著集》。

作,一直受到中央和国家的重视,得到众多的高等院校、科研机构和鲁迅研究界的专家学者的协助,其中有的直接参加了编注定稿工作,也得到广大读者的关心和帮助。"这就在很大程度上奠定了2005年版"权威版本"的地位。

"增补不足"是2005年版的一个主要亮点。从读者和研究者的角度来说,大家最为关心的是新版本增加了哪些内容,至于校勘、注释,则是专门研究者关心的内容。相对于1981年版而言,2005年版仍有不少增补。

自1981年版出版以来,鲁迅佚文的搜集仍取得了不少成果,其来源主要有四个方面:(一)从图书报刊中发现,如《〈域外小说集〉(第一册)广告》《〈未名丛刊〉和〈乌合丛书〉提要》等;(二)从鲁迅藏书中发现,如《重订〈徐霞客游记〉题跋》《〈鲁迅创作选集〉勘正表》等;(三)从鲁迅或鲁迅友人的遗物中发现,如《地质佚文》《汉画像说明》等;(四)个人(包括国际友人)捐献,如《鲁迅·增田涉师弟答问集》等。但这些佚文并没有完全被2005年版所采纳,而是采取了审慎的态度。2001年12月《鲁迅全集》修订编辑工作会议通过的《〈鲁迅全集〉增补佚文的实施细则》,决定增收佚文22篇,佚信16封。需要说明的是,这些佚文、佚信并不完全是近年来刚刚发现的。鲁迅的这些作品,有的是在1981年版出版前就已经发现,为了慎重起见没有收入;有的已经收入1958年版,而在修订1981年版时被抽掉,此次决定补入。当然,更多的佚文佚信则是在1981年版出版之后新发现的。具体而言,补入《集外集拾遗补编》的,有《重订〈徐霞客游记〉目录及跋》《军界痛言》《致国务院国徽拟图说明书》《自绘明器略图题识》《〈欧美名家短篇小说丛刊〉评语》《〈美术〉杂志第一期》《随感录三则》《题〈中国小说史略〉赠川岛》等。此外,将《〈中国矿产志〉征求资料广告》《〈域外小说集〉第一册》《〈未名丛刊〉是什么,要怎样?(二)》《〈未名丛刊〉与〈乌合丛书〉印行书籍》等书籍广告作为附录。古籍序跋和译文序跋也增收了部分篇目。

关于书信部分,2005年版以1981年版为基础,删去了重收的两封和误收的一封,增补了自1981年版出版以来新发现的书信18封,主要有1920年8月16日和8月21日致蔡元培信,1921年1月15日、1923年12月28日致胡适信,1927年1月15日致林文庆信,1927年7月12日、8月17日、1928年4月13日致江绍原信,1928年12月12日致郁达夫信,1933年1月21日致宋庆龄、蔡元培信等。书信部分还增收了鲁迅致许广平的全部书信(即《两地书》中鲁迅的原信),这些信件,尽管在时间和内容上与《两地书》多有重复,但也有明显的区别,因此不能互相取代。仅以1926年9月30日的信(《两地书·四八》)为例:

原信:"至于他(按:指孙伏园)所宣传的,是说:L家不但常有男学生,也常有女学生,有二人最熟,但L是爱长的那个的。他是爱才的,而她最有才气,所以他爱她。但在上海,听了这些话并不为奇。"

《两地书·四八》:"至于他所宣传的,大略是说:他(按:指鲁迅)家不但常有男学生,也常有女学生,但他是爱高的那一个的,因为她最有才气云云。平凡的很,正如伏园之人,不足多论也。"

因此,将这些原信收入2005年版《鲁迅全集》是合理的。

　　书信部分的附录包括三部分内容。附录一依然为12则鲁迅的书信片断或由他人代为起草的信件，只是将1981年收录的《致北方俄罗斯民族合唱团》删除，增收了《致冈察洛夫》一封。附录二为《答增田涉问信件集录》。这是鲁迅的一部分特殊信件，是增田涉在为日本魔女社翻译《支那小说史》和为改造社编译《世界幽默全集》第十二卷"支那篇"时，于1932年至1935年间与鲁迅的质疑应答书。附录三为《鲁迅、茅盾致红军贺信》。编者在为这封信作的题注中说："此信原载中共中央西北局机关刊物《斗争》第95期（1936年4月17日）。系为祝贺红军东渡黄河对日军作战而写，起草人未详。"关于这封信，向来争议较多，本书编著者曾写有专文进行论辩，限于篇幅，此处不再细述。

　　严格意义上说，注释是从方便读者、有利于作品传播的角度而言的，与鲁迅著作本身没有必然的联系。但对于《鲁迅全集》来说，注释的意义则非同小可。2005年版的注释较为充分地吸收了1981年至2005年间鲁迅研究的成果，新增注释900多条，对1981年版的1000多处注释进行了较大的修改。其中仅查补修改中外人物生卒年份一项，就有900多处。如关于"王志之"的注释，1981年版为：

　　　　王志之　笔名楚囚、风沙等，化名思远，《日记》又作识之。一九〇五年生，四川眉山人。一九三二年为北平第一师范学院国文系学生，北平"左联"刊物《文学杂志》编辑之一。受北平"左联"之托与鲁迅联系。所著短篇小说集《落花集》曾经鲁迅校订。①

────────

① 《鲁迅全集·日记》第15卷，人民文学出版社1981年版，第348—349页。

2005年版吸收了余一卒的《读一九八一版〈鲁迅全集〉略识》一文中有关王志之研究的成果,将王志之的注释修订为:

> 王志之(1905—1990) 笔名楚囚、含沙等,化名思远,日记又作识之,四川眉山人,作家。1932年为北平师范大学国文系学生,北方"左联"成员,《文学杂志》编辑之一。受北平"左联"之托与鲁迅联系。所著短篇小说集《落花集》曾经鲁迅校订。①

再如关于"李宗武"的注释,1981年版为:

> 李宗武(1895—1968) 又名季谷,浙江绍兴人。李霞卿之弟。一九二〇年与瞿秋白等赴苏俄,后又留学日本、英国。一九二四年回国,先后在北京师范大学、北京大学、北平女子大学文理学院等校任教。鲁迅曾校阅他与毛咏棠合译的日本武者小路实笃所著《人间的生活》。②

这个注释存在明显的错误。为此,朱正专门写了《两个李宗武——〈鲁迅全集〉的一条误注》,指出1981年版注释是把两个李宗武的事迹误以为同一个人了。与瞿秋白一同赴苏俄的,是《晨报》记者李宗武;而在鲁迅日记中出现的,是当时在日本留学的李宗武,鲁迅曾托他在日本买书。③

2005年版吸收了朱正的研究成果,将"李宗武"的注释修订为:

> 李宗武(1895—1968) 名季谷,字宗武,浙江绍兴人。李霞卿之弟。早年曾留学日本、英国。1924年回国,先后

---

① 《鲁迅全集·日记》第17卷,人民文学出版社2005年版,第17页。
② 《鲁迅全集·日记》第15卷,人民文学出版社1981年版,第425页。
③ 朱正:《鲁迅论集》,浙江人民出版社2001年版,第139页。

在北京师范大学、北京大学、北平女子大学文理学院等校任教。鲁迅曾校阅他与毛咏棠合译的日本武者小路实笃所著《人间的生活》。①

相对于1981年版而言,在涉及重要的历史事件的注释方面,2005年版则更为客观、平实。如《坟》中《娜拉走后怎样》一文中有关"拳匪"的注释,1981年版注释为:

> 拳匪 一九〇〇年(庚子)爆发了义和团反对帝国主义的武装斗争,参加这次斗争的有中国北部的农民、手工业者、水陆运输工人、士兵等广大群众。他们采取了落后迷信的组织方式和斗争方式,设立拳会,练习拳棒,因而被称为"拳民",当时统治阶级和帝国主义者则诬蔑他们为"拳匪"。②

2005年版的注释则修订为:

> 拳匪 指1900年(庚子)爆发的义和团运动。参加这次运动的主要是山东、直隶一带的农民、手工业者和城市游民。他们采取设拳会、练拳棒及其他迷信方式组织民众。先以"反清灭洋"为口号,后又改为"扶清灭洋",被清朝统治者利用攻打外国使馆,焚烧教堂。不久即被八国联军和清政府共同镇压。光绪二十六年五月十七日(1900年6月13日)上谕始称他们为"拳匪",此前的上谕称"义和拳会"。③

鲁迅著述态度严谨,对于公开出版的著作,大多亲力亲

---

① 《鲁迅全集·日记》第17卷,人民文学出版社2005年版,第96—97页。
② 《鲁迅全集·坟》第1卷,人民文学出版社1981年版,第165页。
③ 《鲁迅全集·坟》第1卷,人民文学出版社2005年版,第172页。

为,认真校对,有些作品发表或出版之后,还及时进行订正。可以说,鲁迅的文字本身并不存在明显的差错和"硬伤"。但是,由于其著作版本众多,加之出版者水平良莠不齐,因此在版本流传过程中依然存在着差异,这就带来了鲁迅著作的校勘问题。事实上,从1938年版开始,人们已经注意到鲁迅著作版本的校勘问题了。

2005年版修订工作的原则是"增补不足、修订错讹"。"修订错讹"本身就包含有对鲁迅作品进行校勘,使之成为"定本""善本"的意思。

在校勘方面,2005年版较其他版本有了明显的提高。以第1卷为例,据负责该卷修订的孙玉石介绍,第1卷"全部共校勘出各种差异、错讹、更动的文字及重要标点,共127处"①。如《坟·人之历史》:"夫德意志为学术渊薮。"关于"渊薮",1907年12月《河南》月刊第一号,《坟》北京未名社1927年3月初版本,上海青光书局1930年4月第三版、1933年4月第四版、1936年11月第五版,1938年版《鲁迅全集》,1941年版《鲁迅三十年集》均作"渊丛"。之所以改为"渊薮",是1956年版修订者所为,因此,这次修订,又恢复为"渊丛"。

《热风·随感录 四十一》:"现在却不过是几封匿名信罢了"。根据1919年1月15日第六卷第一号《新青年》发表时的原文,该句中间有重要的阙文,原文是"现在是受了外来的影响,形式上难于办到。社会上虽然深恶痛绝,却未必对面现出

---

① 孙玉石:《1981年版〈鲁迅全集〉第1卷正文校勘举要》,《鲁迅研究月刊》2003年第8期。

战士,迎头杀来;不过几支暗箭,连声冷笑,掷几粒石子,送几封匿名信罢了。"而收录于1925年11月北京北新书局出版《热风》时,这段文字却仅剩了一句,是鲁迅有意删削,还是手民之失误,难以确定,因此只好在注释中加以说明,弥补了1981年版的缺漏。

在个别文字的订正上,2005年版也有不少超越1981年版和其他版本的地方。如1981年版《呐喊·一件小事》:"否则伊一定要栽一个大斤斗"。1923年8月北大新潮社《呐喊》初版为"觔斗"。因"觔"与"斤"不通用,因此2005年版恢复为"觔斗"。再如,1981年版《呐喊·社戏》:"模糊在远外的月夜中",1922年12月《小说月报》第十三卷第十二号为"模糊在远处的月夜中"。"远外"系1981年版对"远处"的误排,因此2005年版据原刊本订正。

再比如,《野草·好的故事》:"大红花和斑红花,都在水里面浮动,忽而碎散,拉长了,缕缕的胭脂水,然而没有晕。"《好的故事》最初发表于1925年2月9日《语丝》周刊第13期,之后《语丝》周刊第14期发表了鲁迅自己对此篇文章的更正,"缕缕的胭脂水"前面应该加一个"如"字,但是1938年版、1958年版、1981年版均没有发现这个问题,2005年版则加上了这个必不可少的"如"字。再如,《华盖集续编·马上日记·豫序》一文中写道:"那日记上就记着,当他每装成一函的时候,早就有人借来借去的传钞了。正不必老远的等待'身后'。这虽然不像日记的正派,但若有志在立言,意存褒贬,欲人知而又畏人知的,却不妨模仿着试试。"此处"正派"应为"正脉",在2005年版《鲁迅全集》中也得到了订正。

那么,2005年版是否尽善尽美、无可挑剔呢?当然不是。无论是从编辑体例,还是校正勘误,还是注释的客观和完备方面,它还存在不尽如人意之处。自该书出版后,许多学者和读者就围绕这部大书进行了研究与讨论。

首先,是编辑体例问题。2005年版首发式举行不久,止庵即发表文章认为,人民文学出版社提出的"以《鲁迅全集》《鲁迅译文集》《鲁迅辑录古籍丛编》《鲁迅科学论著》来分类整理出版鲁迅著作"的出版规划存在着明显的漏洞。他认为,2005年版仍属于"鲁迅创作全集",不是真正意义上的《鲁迅全集》。止庵认为:"应该有一部反映鲁迅毕生劳作与成就的'大鲁迅全集'。也就是说,应有一个完善的规划,把鲁迅的创作、翻译、古籍整理、科学研究乃至未完成的'汉画石刻'等当成一个有机的整体,统统包括在内。假如这不能做到,那么退一步,至少也应该把鲁迅的创作与翻译置于同等地位。"①止庵的话不无道理,因为,究竟何谓"全集","全"到何种程度,的确需要论证。

其次,是注释的准确性和客观性问题。在《鲁迅全集》的修订过程中,注释是最为繁难的一项工作,这方面的成绩最为突出,但存在的问题也最多。张小鼎在较为客观地介绍2005年版编校成绩的同时,也指出了它存在的不足,主要表现为错排、疏漏与误注。一是注文不统一。"如某些同名词条出现于不同分卷中,由于各卷修订者依据文献资料不同,撰写的注文便偶尔出现相互抵牾之处(如有关《大晚报》编辑崔

---

① 止庵:《规划有漏洞》,《天津日报》2006年1月8日。

万秋生年的三条注中,一说1905年,另两条为1908年;苏联早期文学团体'绥拉比翁的弟兄'自动解散的时间,一为1924年,一为1926年,让普通读者难以辨正)。二是史实性的错误。如斯诺与鲁迅会面的时间,2005年版写的是1936年4月,事实上当时鲁迅许广平携子外出看电影,二人见面时间延迟到了5月上旬左右。三是注释体例不统一。如"梅志(胡风夫人)条下,应注系'左联'成员;还有爱国作家郁达夫系非正常死亡,又是日本天皇宣布无条件投降后于9月17日在苏门答腊遭秘密谋害,所以仿照杨荫榆、陈仲山等注条为例,似应在第17卷144页'总注'中明确说明,他是被日本军国主义分子'秘密杀害'为佳"①。

朱正也表示,在肯定新版《鲁迅全集》进步的同时,也感到很大的遗憾。主要表现为对于许多研究者所指出的1981年版《鲁迅全集》的一些错处,并没有得到应有的重视,以致旧版的一些错误又重新出现在新版之中。朱正仅举了曹轶欧和潘汉年生卒年的例子说明新版的相互抵牾和疏忽。朱正认为:"要把已发现的错误(大量是承袭旧版的错误)都改掉,这工作量还不很小。"②

新版《鲁迅全集》的注释涉及众多的史实,在注释中完全做到客观、准确是一件不大可能的事情,只能由一代一代的学人为之努力。但是,对于基本的史实,应该做出明确的注释,以免造成不必要的误会。如《且介亭杂文·隔膜》一文

---

① 张小鼎:《体现新世纪学术水平的〈鲁迅全集〉——浅谈2005年版〈鲁迅全集〉的几个特色》,《鲁迅研究月刊》2006年第3期。
② 朱正:《新版〈鲁迅全集〉得与失》,《天津日报》2006年1月8日。

中"这一两年来,故宫博物院的故事似乎不大能够令人敬服",编者为此加了这样一条注释"指故宫博物院文物被盗卖事。……1932年至1933年间易培基任院长时,该院古物被盗卖者甚多,易培基曾因此被控告。"①从注释的口吻来看,似乎故宫文物被盗卖与易培基密切相关。但根据事实和研究结果,这一"喧嚣一时、腾笑世界"的故宫"盗宝案"是一桩人为的冤案。"因此,笔者认为,《鲁迅全集》的这条注释就有修改的必要。"②在注释方面存在的问题还有不少,一是2005年版第13卷《340515致杨霁云》注[2]中对吕不韦的注释与史实不符,而且语意含混;二是第13卷《340831致姚克》注[2]有关"美人鱼"的注释以及注[3]中关于"祭孔"的注释也存在着史实性错误的缺陷。③

　　三是校勘问题。如前所述,对于鲁迅著作的文本,修订者们进行了又一次校勘,取得了不少成果,但也仍存在不够完善之处。如收在2005年版第8卷《集外集拾遗补编·自传》一文中"又考进了矿路学堂",但手稿为"另考进了矿路学堂"。2005年版出版之后,周楠本根据自己的校勘成果,就书信的注释和校勘方面存在的问题发表了意见。他认为,2005年版在校勘方面存在的问题主要表现为:第一,擅自更改鲁迅书信文本。如将《180820致许寿裳》中的"根抵"改为"根

---

① 《鲁迅全集·且介亭杂文》第6卷,人民文学出版社2005年版,第46页。
② 郑欣淼:《由〈鲁迅全集〉的一条注释谈故宫"盗宝案"》,《鲁迅研究月刊》2007年第9期。
③ 周楠本:《关于2005年新版〈鲁迅全集〉书信卷校注的问题》,《鲁迅研究月刊》2006年第7期。

柢"，将《240924致李秉中》中的"即使有效，也算什么，都可以毫不放在心里"，擅自敢为"也［不］算什么"，将《341206致孟十还》"我曾在神州国光社上过一次一次大当"的"一次"，误加衍字符号，将《341228致曹靖华》中的"二集尚未计画"中的"计画"改为"计划"，等等。第二，部分书信校勘不精。如《231228致胡适》中"论断太少，诚如斯言；玄同说亦如此。我自省流于感情之伦，所以力避此事，……""感情之伦"令人费解，实际上，鲁迅手迹为"感情之论"。2005年版的编校者没有仔细核对原稿，因此出现这样的失误。第三，是断句错误。如《360525致时玳》中"曹先生到我写信的这时候为止，好好的（但我真不知道有些人为什么喜欢造这种谣言）。活着，您放心罢。"这里出现了明显的断句错误。鲁迅手稿是"曹先生到我写信的这时候为止，好好的活着，（但我真不知道有些人为什么喜欢造这种谣言。）您放心罢。"周楠本在文章中还提到，将鲁迅写给侨居莫斯科的德国美术家艾丁格尔的信与写给曹靖华的信相互割裂，是一种不妥当的编辑方法。另外，2005年版对于外文书籍均加中文书名号"《》"，既不规范，也和鲁迅手稿不合。①

针对2005年版注释存在的问题，廖久明提出了完善《鲁迅全集》注释的建议：第一，将集中修订改为随时修订。出版社应设立专人，负责收集与鲁迅著作有关的史料并制成卡片待用，在需要对《鲁迅全集》进行修订时，只需将这些卡片连同史料拿出来供专家讨论即可。第二，变分卷负责为专题负

---

① 周楠本：《关于2005年新版〈鲁迅全集〉书信卷校注的问题》，《鲁迅研究月刊》2006年第7期。

责。第三,所有注释完成后,应将相关注释集中起来核对,做到统一。第四,加强中国现代文学的史料建设工作,为《鲁迅全集》的注释工作打下坚实基础。①

对于如何完善《鲁迅全集》,王世家建议编印校注本《鲁迅全集》。王世家认为:"附加注文是帮助读者扫除阅读障碍的有效手段,但它终究是鲁迅文本之外的东西,是今人所作,注文的详略,质量的高低,内容的对错,和鲁迅及其作品并没有什么直接的关联。而文本校勘却是鲁迅作品不可缺少的有机组成部分,校勘质量的高低将直接影响鲁迅文本的准确程度。""已出版的几套《鲁迅全集》,校勘成果直接反映在文本上,即所谓'只要结果不要过程'。其实,不论是读者还是研究者是需要校勘'过程'的,这个'过程'就是向读者交代、说明:鲁迅文本的本来面貌是什么样的,在流行印制过程中出现了哪些异文,鲁迅做过怎样的修订,文本确认的依据是什么,等等。要把这些问题交待说明清楚,只有一个办法,一种方式——做'校记',附于每篇作品之后。"②

总之,2005年版的出版,为广大读者提供了一个更好的文本,也给研究者提供了可资参考的版本。但它的不完善之处仍有很多,对它的批评、补正在不断进行之中。可以相信,随着研究的不断深入和读者的广泛参与,《鲁迅全集》会变得更加完善和完美。

---

① 廖久明:《关于2005年版〈鲁迅全集〉与狂飙社有关的部分注释——兼谈完善〈鲁迅全集〉注释的方法》,《鲁迅研究月刊》2006年第4期。
② 王世家:《〈鲁迅全集〉第七卷校勘札记》,《鲁迅研究月刊》2007年第6期。

第十八讲
《鲁迅译文集》的编辑与出版

在鲁迅的一生中,翻译和创作处于同等重要的地位。而且,鲁迅最初的文艺活动也是从翻译开始的。他早期翻译的作品,原打算收入准备创刊的《新生》,但由于刊物的夭折,这些作品大部分收入了《域外小说集》。在三十余年的文艺活动中,鲁迅始终没有中断翻译,从对北欧文学和日本文学的引进,到对俄罗斯文艺理论及创作的介绍,鲁迅翻译了三十余部著作和上百篇文章。直到生命的最后,他还在翻译果戈理的《死魂灵》。可以说,鲁迅一生的文艺活动,是以翻译始,以翻译终。因此,不了解鲁迅的翻译,就不能完整地了解鲁迅,也就不能深入地研究鲁迅。鲁迅著作的全集中如果不收录鲁迅的翻译作品,就不是真正意义上的"鲁迅全集"。

长期以来,鲁迅的翻译处于一个被忽视、被冷落的地位,与鲁迅的创作形成强烈的反差。新中国成立后,《鲁迅全集》先后出版了1956—1958年版(简称1958年版)、1981年版和2005年版,总发行量达40余万部。而截至2007年,《鲁迅译文集》只出版过1958年一个版本,总发行量仅为6700部。半个世纪过去了,这一版本已很难见到。在很多场合,这一版本甚至成了人们竞相购买的"古董"。

第一节　1958年版《鲁迅译文集》

一、编辑缘起

1950年10月23日，在上海主持鲁迅著作编刊社的冯雪峰拟定了《鲁迅著作编校和注释的工作方针和计划草案》，其中就提到了编辑出版包括鲁迅译文在内的《鲁迅全集》的设想。

1951年，冯雪峰出任人民文学出版社社长兼总编辑，鲁迅著作编刊社亦由上海迁至北京，成为人民文学出版社的鲁迅著作编辑室。由于人手有限，无法进行"最完整的全集本"的编校工作，只能退而求其次，开始鲁迅著作单行本的注释工作，并在此基础上编辑出版了《鲁迅全集》。

这一版《鲁迅全集》的出版时间从1956年10月至1958年10月，共分10卷，它与1938年版《鲁迅全集》的主要不同，在于"专收鲁迅的创作、评论和文学史著作"以及部分书信（原拟收入全部书信，但因在出版过程中遇到"反右运动"，许多与鲁迅交往的人被打成"右派分子"，在周扬等人的干预下，鲁迅的大部分书信被剔除）。这一版本最大的优点在于，除收录于第9卷中的《中国小说史略》和《汉文学史纲要》，各卷卷末均附有注释，共5800余条。这是鲁迅著作第一次以注释本的面目出现，对于普及鲁迅著作具有重要的意义。

1958年版《鲁迅全集》在出版说明中说："他翻译的外国

作品和编校的中国古代作品都不收入在内,这些翻译和编校
的作品将另行整理和出版。"因此,在《鲁迅全集》出齐两个月
之后,人民文学出版社于1958年12月,一次性出版了《鲁迅
译文集》10卷。该书的出版说明中说:"这次出版的《鲁迅译
文集》是鲁迅翻译的外国作品的结集,它相当于1938年版由
鲁迅先生纪念委员会编辑、鲁迅全集出版社出版的二十卷本
《鲁迅全集》的后十卷。因为新版的《鲁迅全集》不收译文,原
来编在鲁迅杂文集里的译文(如《二心集》《集外集》《集外集
拾遗》里的一些译文),我们都编入这部《译文集》中,又新收
入现在搜集到的、以前未经结集的全部译文。"

二、《鲁迅译文集》的优长和缺陷

(一)优长

与1938年版《鲁迅全集》的后10卷相比,《鲁迅译文集》
在总体质量上有了明显的提高,主要体现在:

一是校勘更为准确。正如1958年版《鲁迅译文集》出版
说明所言:"本版中的全部译文,这次都依照过去各种版本,
同时并参照最初发表的杂志和报纸,经过了一番校勘:凡有
印错的字或标点而为我们所发现的,都已经加以改正。又,
对于译文,除原有的小注外,我们一般不再加注释,只在发现
小注有错误的时候,我们才另加案语,附于原注之下。"对于
鲁迅译文的校勘,孙用先生付出了艰苦的努力和辛勤的劳
动,他的校勘成果集中反映在《鲁迅译文集校读记》一书中。
对于原有小注的处理,态度也是非常审慎的。

二是收录更为齐全。这主要反映在《译丛补》中。《译丛

补》原为许广平所编,收录鲁迅生前发表于报刊而未收集的译文39篇,编入1938年版《鲁迅全集》第16卷。1958年版《鲁迅译文集》则在原有的基础上补入后来发现的鲁迅译文32篇,其中论文13篇、杂文13篇、诗5首、剧本1部。较为著名的有《裴彖飞诗论》《艺术玩赏之教育》《儿童之好奇心》《察拉图斯忒拉的序言》《蕗谷虹儿的诗》《被解放的堂·吉诃德》。另外,还把从鲁迅手稿中发现的《察罗堵斯德罗绪言》,鲁迅根据爱罗先珂谈话笔录的《俄国的豪杰》,置于贺非译《静静的顿河》卷首的作者小传,周作人翻译《红星佚史》和《灯台守》中的译诗等5篇译文作为附录。

(二)缺陷

总体来说,1958年《鲁迅译文集》对于1938年版《鲁迅全集》后十卷有了明显的超越,可谓后来居上。但也有反不如1938年的地方,主要表现在:

第一,删除了1938年版本来已收入的译作。1938年版《鲁迅全集》第14卷作为附录,收录了鲁迅翻译的《药用植物》,而1958年版却删去了。其理由可以在《鲁迅译文集》的出版说明中找到:"但二十卷集《鲁迅全集》原有的《药用植物》一种,因系自然科学方面的专书,所以本版没有收入。"实际上,这种做法是有欠妥当的。因为,《药用植物》是鲁迅译作中唯一的自然科学著作。这部著作是日本学者刘米达夫的一篇论文,分为总说、主要药用植物、凡例三部分。鲁迅1930年10月18日日记:"夜译《药用植物》讫。"这篇译文,先是连载于上海《自然界》第五卷第九、十期,署"乐文摘译",后收入由王云五、周建人主编的"中学生自然科学丛书"中的

《药用植物及其他》一书,鲁迅翻译的《药用植物》列为上编。

鲁迅一生大部分都是从事文艺活动,但他对于科学普及活动也给予了高度关注。早在孩童时代,他就喜欢种植花木,描摹古书上动植物的插图。在日本留学时期,他和顾琅一道,完成了《中国矿产志》,撰写了《中国地质略论》《人之历史》《科学史教篇》《说钼》等科学著作。回国之后,他曾在浙江两级师范学堂任初级化学和优级生理学教员,并兼任日本教员铃木珪寿所教授的植物学翻译。在教学过程中,他还编写了《人生象敩》《化学讲义》等。他还经常和铃木珪寿一起,带领学生到孤山、葛岭、北高峰、钱塘门一带采集植物标本,回校后细心制作,进行科学研究。他的老友许寿裳曾这样介绍鲁迅在植物学方面的经历:"鲁迅从小就爱看陈淏子的《花镜》,陆机的《毛诗草木鸟兽虫鱼疏》,……乐此不疲,弄得房间里堆积如丘,琳琅满目。""鲁迅是革命的文学家,是民族革命的战士,而且也是个科学家,这伟大天才的荣华,在民元前已经含苞待放了。"[1]在鲁迅的遗物中,就有一册1910年3月他采集植物标本记录的手稿。另外,还存有鲁迅于1909年8月制作的部分植物标本。他还同生物教员张柳如一起,根据法国恩格勒的分类法严格地进行植物的分类、定名工作。根据周建人的回忆:"他写信要我也学着做,说研究植物,采集标本比较容易,对农业又有益处。"[2]鲁迅在回到绍兴兼任绍兴府中学堂监学之后,也时常与周建人及帮工王鹤照一起,

---

① 许寿裳:《我所认识的鲁迅》,人民文学出版社1978年版,第49页。
② 金涛、孟庆枢编:《鲁迅与自然科学》,天津科学技术出版社1979年版,第216页。

去野外采集标本。他在 1910 年 11 月 15 日给许寿裳的信中说："仆荒落殆尽，手不触书，惟搜采植物，不殊曩日，又翻类书，荟集古逸书数种，此非求学，以代醇酒妇人者也。"周建人后来专心于生物学研究并翻译《物种起源》，与鲁迅对他的启发密不可分。

在鲁迅辑录的古籍手稿中，有关植物学的著作就有《岭表录异》《云谷杂忆》《南方草木状》等。

本书编著者之所以不厌其烦地引述这些材料，其意在说明鲁迅同植物学的渊源，因此，他在晚年翻译《药用植物》一书也绝不是毫无来由，而是顺理成章的。这也说明，这本译著在鲁迅著作中具有重要的地位，1958 年版《鲁迅译文集》将其剔除是不妥当的。

第二，对鲁迅译作的有意不收和删改。鲁迅的译作数量众多，尤其是散篇作品，漏收在所难免。但是，也存在有意不收的情况。在《鲁迅译文集》第 10 卷的《译丛补》中，增收了鲁迅的 30 余篇译作，但有一篇却有意剔除，那就是《亚历山大·勃洛克》。这篇作品的原作者为托洛茨基，是他为苏联诗人勃洛克 1918 年创作的反映十月革命的长诗《十二个》所写的序言。胡斆将其译为中文之后，鲁迅翻译了《亚历山大·勃洛克》一文置于卷首，同时还为这一译本写了后记，并将该书作为"未名丛刊"之一，1926 年由北新书局出版。鲁迅在后记中说："前面的《勃洛克论》是我添译的，是《文学与革命》(Literatura I Revolutzia) 第三章，从茂森唯士氏的日本文译本重译"。"在中国人的心目中，大概还以为托罗兹基是一个暗呜叱咤的革命家和武人，但看他这篇，便知道他也是一个深解文艺的批评者。他在俄国,所得的俸钱,还是稿费多。"①鲁迅的这篇后记,由许广平收入《集外集拾遗》。但这篇作为《十二个》序言的译文,鲁迅生前没有编入《壁下译丛》,许广平也没有收入《译丛补》。直到1951年唐弢在编辑《鲁迅全集补遗续编》时,才发现了这篇译文,但他也没有收录。他在该书的《编校后记》中说:"找到而未予收入的,有《亚历山大·勃洛克》译文一篇,因为这是反革命者托罗兹基的原著。"②1958年,托洛茨基依旧戴着"反革命分子""叛徒"的帽子,因此,1958年版《鲁迅译文集》就有意将其删除了。

与此相关,对于鲁迅译文中涉及托洛茨基的地方,1958年版《鲁迅译文集》也做了"手术",最明显的一处是对L.班台莱耶夫《表》译文的处理。收录在1938年版《鲁迅全集》第14卷的译文是这样的:"他们走进一间大厅里。壁上挂着许多像,李宁③,托洛茨基。"④而1958年版的译文则改为"他们走进一间大厅里。壁上挂着列宁像。"⑤这样的处理方式,实际上是删改了鲁迅的译作。这也可以说是时代的一个明显烙印。

从校勘上来说,1958年版《鲁迅译文集》的全部译文都依照过去的各种版本,同时参照最初发表的杂志和报纸,经过了一番校勘,改正了发现的错字和标点,应该说取得了很大

①《鲁迅全集·集外集拾遗》第7卷,人民文学出版社2005年版,第313页。

②唐弢编:《鲁迅全集补遗续编》,上海出版公司1952年版,第944—945页。

③李宁,后通译为列宁。

④《鲁迅全集·表》第14卷,东北光华书店1948年版,第344页。

⑤《鲁迅译文集·表》第4卷,人民文学出版社1958年版,第258页。

的成绩,这是它胜过以前版本的地方,但也存在着擅自更动而不加说明的情况,比如,将鲁迅译文中的"普式庚"改为"普希金",将"契呵夫"改为"契诃夫"。另外,也存在一些丢字、误排的情况,如第3卷第16页"而且连 Freudian Romanticism 这样奇拔的新名词,也已听到了"一句中"已"字漏排;第3卷第303页"一是古代希腊的共和国,一是现在的大英帝国"之后,漏排了"这二者都为小国的惯例,建筑了自由的豁达的文化"一句。第3卷第314页"既然尊重个性,即不得不认个性的责任"一句中将"既"字漏排;第315页"他评约翰·穆勒道:——"漏排了"约翰·",第371页"在亚利安人种全盛的今日,而犹太人却就在亚利安中寄食,又不象别的人种那样,屈从于亚利安人",将第二个"在"误排为"住"。该页还删去了一条译者注,鲁迅译文"钱财上的争斗,也是歇洛克一来的长久的传统罢"在"歇洛克"之后,有一条"译者注":"沙士比亚戏曲《威尼斯的商人》中的人物。"这一条注非常重要,而1958年版《鲁迅译文集》却将其删去了。

除了擅自删削的情况,1958年版也有擅自增加的情况。如第3卷第393、395页,在小标题"一 旅行""二 旅行"后先后加上了"(上)""(下)"两个字。同样,在第411、413页的"九 新渡户先生""十 新渡户先生",第454、456页的"一 爱德华七世街""二 爱德华七世街"后,也分别加上了"(上)""(下)"两个字。这样固然显得清楚明白,但却不符合鲁迅译文的原貌。

这部《鲁迅译文集》还存在着断句错误,如第3卷第354页,将"理知的胜利,也真有震动一世之概",排成了"理知的胜利也,真有震动一世之概"。

三、《鲁迅译文集》的装帧设计

在装帧设计方面,《鲁迅译文集》和1958年版的《鲁迅全集》基本相同,均为灰色漆布面精装,书脊印红色书名和卷数,外加硬纸板书套,书套上印书名、作品名称及卷数。整体风格庄重、大气。美中不足的是,书脊上的书名排为仿宋字,不免有些单调和单薄,假如像《鲁迅全集》的书名那样,也由沈尹默先生题写,则更为协调统一。1958年版《鲁迅译文集》中的插图,基本与1938年版《鲁迅全集》后10卷保持一致,而且,按照鲁迅译作原版的规格,大多采用铜版纸印刷,因此保证了书籍的质量和效果。

1958年版《鲁迅译文集》共印了5000套,而且没有再版,当然也就失去了改正错讹的机会。

大概是为了和1958年版特印精装本《鲁迅全集》配套,1959年,人民文学出版社出版了特印精装本《鲁迅译文集》,亦称为第一版第一次印刷,其封面设计、版式与1958年的精装本相同,但开本阔大,天地宽广,书芯规格宽为15厘米,高为22.2厘米,采用重磅道林纸印刷,上书口涂为蓝色,外加硬纸板书套。这个版本仅印1700套,而今已成为珍贵的藏品了。

第二节　2008年版《鲁迅译文全集》

正是由于1958年版《鲁迅译文集》的不完善之处,加之长期脱销,人们就急切盼望一部新的《鲁迅译文集》问世。2002

年,在1981年版《鲁迅全集》修订工作座谈会召开不久,人民文学出版社也启动了《鲁迅译文集》的修订工作,明确了修订原则,确定了具体人员,表示在《鲁迅全集》修订工作完成后即着手进行《鲁迅译文集》的出版工作。来自北京鲁迅博物馆、南开大学等单位的专家为此投入了大量的精力,但2005年版《鲁迅全集》出版后近三年,《鲁迅译文集》仍处于搁置状态,人们在失望之余,终于见到了福建教育出版社2008年出版的《鲁迅译文全集》,其欣喜之情自不待言。

一、《鲁迅译文全集》的特色

(一)文本较为可靠

参加这部《全集》编校的均为北京鲁迅博物馆的专家,他们充分利用丰富的馆藏文献资料,以译作首次发表或初版版本为底本,并参照各种版本,对鲁迅的全部翻译著作进行了认真的校勘,纠正了过去版本的错讹,使得这部《鲁迅译文全集》在文本上较为准确、可靠。

(二)收录更为完备

这部《鲁迅译文全集》收录了至今为止所发现的鲁迅的全部译文,除了上文提到的《亚历山大·勃洛克》之外,还收录了近年来新发现的鲁迅译作,如《哀尘》《造人术》《儿童观念界之研究》《岸呀、柳呀》等,另外,还收录了被1958年版删除的《药用植物》。

(三)体例更为合理

这部《鲁迅译文全集》共分8卷,前7卷为鲁迅译作单行本,基本按照初版本的出版时间顺序编排,第8卷为"译文补编",基本按发表的时间顺序编排。这种编排方式,可以使读者和研究者比较清楚地看到鲁迅翻译工作的进程,也有助于理解鲁迅的思想轨迹,因为,鲁迅的思想在很大程度上都受到了他所接触特别是他所翻译的作品的影响。

鲁迅在翻译过程中,多写有附记和后记,这既是鲁迅著作的重要组成部分,也是鲁迅译作不可分割的内容。《鲁迅译文全集》将这些附记、后记等附在相关译作之后,改变了1958年版《鲁迅译文集》将一些附记、后记作为全书附录置于相关卷之后的做法,这就使得每一部译作整体上更为完整,也有助于人们阅读和研究。

(四)插图更为丰富

这部《鲁迅译文全集》除了保留初版本的插图外,还适当增加了鲁迅译作初版和初刊的书影,原著者及相关人物的照片、美术作品、史料图片等,这无疑对于读者阅读和研究鲁迅译作提供了很大的方便,同时也丰富了这部译文集的内容。

(五)题注更为醒目

1958年版《鲁迅译文集》对于单行本的介绍一律在每卷的出版说明中出现,对于散篇作品的介绍则放在译文之后,而《鲁迅译文全集》则在单行本前采用题注的方式进行介绍,对于散篇作品则采取题下注的方式,使得读者对于鲁迅译作的版本及刊出情况一目了然。

二、《鲁迅译文全集》的不足

正如任何事物都不可能尽善尽美一样,《鲁迅译文全集》固然在许多方面超越了已往的版本,但也并非无可挑剔。其不足概括起来有以下几点：

（一）出版说明过于简略

如前文所述，鲁迅的翻译是鲁迅文学活动的组成部分，他在翻译方面的成就可以和他的创作等量齐观甚或过之。但是，由于鲁迅的译文长期得不到很好的传播，一般读者对于鲁迅的翻译生涯和翻译成就并没有太多的了解，这就需要编者做出较为客观完整的介绍，而不是寥寥数百字就能说明。

（二）插图的处理方式欠妥

《鲁迅译文全集》在1958年版《鲁迅译文集》的基础上增加了大量的插图，尤其是书影和刊影，这种做法非常必要，值得称道。但是，所有的图片全处理为黑白，不免影响了图片的效果。实际上，对于书影、刊影，完全可以采取彩色印刷的方式，因为该书的用纸是较好的胶版纸，直接印成彩色没有任何问题，而且成本也不会增加许多。另外，在1958年版《鲁迅译文集》中，有些图片采用铜版纸彩色印刷，如第5卷中的希涅克的《帆船》，陀密埃的《吉诃德先生》，毕克梭的《斑衣小丑》等，而《鲁迅译文全集》一律改为黑白，反不如旧版，不能不令人感到遗憾。

（三）分卷不够合理

1958年版《鲁迅译文集》分为10卷，而2008年版《鲁迅译文全集》则分为8卷，这固然与开本改为16开有关，但也给人以反不如1958年版齐全的印象。如果将其排为32开本，依然分为10卷或11卷，并和2005年版《鲁迅全集》的开本及设计风格基本一致，效果可能会更好一些。

以上这些，只是白璧微瑕，近似吹毛求疵。《鲁迅译文全集》最大的问题还在于文本的校勘,因为没有注释,文本的校勘就成为头等重要的事情。粗翻几卷,感到这个版本在校勘方面的问题仍然不少,比如,本文中提到的1958年版中明显的误排、漏排以及有意的删改之处,在这部《鲁迅译文全集》中并没有得到改正和恢复,而是沿用1958年版《鲁迅译文集》的错误,最明显的是《表》中被删改的译文,在这部新的《鲁迅译文全集》中并没有恢复原貌,依然为"壁上挂着列宁像"[1]。这也说明,该版本所称"校勘以译作首次发表或初版版本为底本,并参阅各种版本"的说法有些言过其实,至少,有的卷并非如此。因此,这部《鲁迅译文全集》的价值就要打一定的折扣了。看来,要想编出一部完善的《鲁迅译文全集》,还不是一件容易的事。

---

[1] 北京鲁迅博物馆编:《鲁迅译文全集·表》第6卷,福建教育出版社2008年版,第364页。

第十九讲
《红旗歌谣》的两个版本

1958年6月《红旗》杂志创刊,同时可以出版书籍,并有正式书号。1981年4月正式成立红旗出版社。1988年2月《红旗》杂志改为《求是》杂志,红旗出版社改称大地出版社。1990年4月21日,恢复了红旗出版社原名,成为出版政治、经济、文化科学理论图书的社会科学专业出版社。

1959年9月,红旗杂志社出版了一本新书,那就是郭沫若、周扬合编的《红旗歌谣》。这本书,印得非常考究,内文每页12行,每行排一句歌谣,四号仿宋字排印,版式舒朗,天头、地脚、切口、订口大量留白,令人赏心悦目。更为难得的是书中收入了24幅插图。插图的作者都是当时响当当的人物,如米谷、力群、黄胄、张光宇、古元、王叔晖、袁运甫、周令钊、苗地、赵瑞椿、夏同光等。插图的体裁多种多样,或是木刻,或是漫画,或是水彩,或是国画,而且,除了黄胄的一幅《我和我的战马》为黑白印刷外,均为特种纸彩印。特别值得一提的是,该书首印30600册,其中精装本10300册。该书甫一上市,很快售罄,因此很快在同年12月重印。第二次印刷堪称大手笔,一次性印刷90600册,其中精装本25330册。

作为一本歌谣集,由中共中央直接领导的红旗杂志社出版,而且以如此高的规格,可见此书的来头之大和非同凡响。

这本歌谣集的来头的确不小。仅是两位编者,在当时的地位无人能够比肩。郭沫若是全国人大常委会副委员长、政务院副总理、全国政协副主席、中国科学院院长、中国文联主席,可谓"文坛祭酒";周扬是中宣部副部长、中国文联副主席,可谓文艺宣传战线的掌门人。由郭、周二人担纲编选该书,决定了它至高无上的地位。

第一节　　出版背景

《红旗歌谣》是"大跃进"的产物。1958 年 4 月 14 日,《人民日报》发表了《大规模地收集全国民歌》的社论。4 月 16 日,郭沫若写了《为今天的新"国风"、明天的新"楚辞"欢呼!》,次日即由《中国青年报》发表。郭沫若在文中满怀激情地写道:"今天我们在党的领导下也正在大量采风。中国的新'国风',将来的首数恐怕要以亿为单位计算。这同是文艺生产上的大跃进。""我预见到继采风之后会有选风的阶段,从全国以亿计的民歌民谣中每年或每五年选录出最好的三百首。这将是中国文艺矿藏中的无比珍宝了。""象《楚辞》是在《国风》的基础之上创化出来的那样,新时代将会有从新'国风'的基础上创化出来的新'楚辞'。""当然,这新'楚辞'是大欢乐、大和谐的交响曲,而不会像《离骚》那样悲愤的绝叫了。"①

---

① 《郭沫若全集·雄鸡集》第 17 卷,人民文学出版社 1989 年版,第 155—156 页。

相隔4天之后,郭沫若又在21日的《人民日报》发表了《关于大规模收集民歌问题——答〈民间文学〉编辑部问》,进一步阐释了收集、编选民歌民谣的问题。

对于正在蓬勃开展的收集民歌运动的看法,郭沫若说道:"这是很好的事。中国收集民歌,是有传统的。古时代有所谓的'采风'的制度。《诗经》三百篇,里面大部分都是诗歌。历代都有较好的文人做过这件事。现在党把这件事抓起来,这就太好了。"[①]"现在党把收集民歌抓了起来,各省各县都动了起来,这就会出现一个从来没有过的局面。孔子删诗,一共三百多篇,我们将来收集到的东西,不知道会有多少亿首!现在的搜集工作是由群众来做的,各地都会出许多大大小小的孔夫子。"[②]郭沫若还提到除了群众收集外,专业人员也要介入,民间文艺研究会应该在各地的基础上做一点事,要比较各地、各民族诗歌的不同之处,研究其特点。

在答问中,郭沫若还特意提到,中国民间文艺研究会编选的《农村大跃进歌谣选》中收录的僮族那首《山南山北》就很好。歌词是:"哥住山南红梅庄,妹住山南桃花村,想唱山歌叫哥听,高山挡住不透音;想采鲜花送给哥,翻山越岭人人问。今年成立高级社,山南山北一家人,早晚能见情哥面,心里话儿听得真。"郭沫若设想:"如果每隔一个阶段,比如每一个五年计划,编出一本真正是最好的民歌,在内容大体上差不多的各首当中选出一首最好的,合在一起,有三百首左右,

---

① 《郭沫若全集·雄鸡集》第17卷,人民文学出版社1989年版,第146页。
② 《郭沫若全集·雄鸡集》第17卷,人民文学出版社1989年版,第147页。

成一个新的《国风》,那就是了不得了!"①

　　郭沫若不愧为浪漫主义诗人,这本《红旗歌谣》就是按照当代新《国风》的标准编选的。

　　1958年4月26日,中国文联、中国作协和民间文艺研究会召开民歌座谈会,郭沫若、周扬以及首都近百名文艺工作者参加,会上主要讨论如何收集、整理和研究民间歌谣的问题,建议成立全国民歌编选机构,统一规划。

　　1958年6月20日,郭沫若又写了《浪漫主义和现实主义》的长文,发表在《红旗》杂志1958年第7期,文中说:"在工农业生产大跃进的今天,地方上的建设热情,真是热火朝天,正在排山倒海。""到处都是新鲜事物,到处都是诗,到处都是画,诗画的气韵生动、意想超拔,真足以令人深深感动。"② 在文中,郭沫若还引了三首民歌,其一:"月下挖泥河,千担万担,扁担儿——月牙弯弯。咕,咕,像飞着一群大雁。朔风呼啸,汗珠满脸,今年多施河泥千斤,明年增产粮食万担。"其二:"东方白,月儿落,车轮滚动得哆嗦。长鞭甩碎空中雾,一车粪肥一车歌。"其三:"太阳太阳我问你:敢不敢来比一比?我们出工老半天,你睡懒觉迟迟起。我们摸黑才回来,你早收工进地里。太阳太阳我问你:敢不敢来比一比?"

　　对此,郭沫若满怀激情地写道:"这些信口唱出的歌辞,多么乐观,多么雍容,多么有自信,而又多么和雅、豪迈! 李白、杜甫做得出来吗? 但丁、莎士比亚做得出来吗? 不行,他

①《郭沫若全集·雄鸡集》第17卷,人民文学出版社1989年版,第147页。
②《郭沫若全集·雄鸡集》第17卷,人民文学出版社1989年版,第13页。

们生得太早了。这是新时代的新气息,新时代的东风。要找社会主义现实主义的新作品,我看,就应该在农村里去找,在工厂里去找,在工地里去找。劳动人民的建设社会主义的热情泛滥成为了诗歌的大洪水。"①郭沫若文章是这样结尾的:"请让我们高举起总路线的红旗,在社会主义现实主义的文艺创作中,为中国文艺和世界文艺,在不太长的时间内,创造出一个新的水平。"②

此后,一个轰轰烈烈的采风运动在全国开展起来,各个地区、各级组织以及工厂、连队都编印、出版了不少歌谣集。《红旗歌谣》就是郭沫若、周扬身体力行,按照新《国风》的标准,在众多歌谣集的基础上编选的一部民歌集。

第二节 《红旗歌谣》的主题和选录标准

郭沫若、周扬在《编者的话》中说:"我国劳动人民在一九五八年以排山倒海之势在各个战线上做出了惊人的奇迹。劳动人民的这股干劲,就在他们所创作的歌谣中得到了最真切、最生动的反映。""诗歌和劳动在社会主义、共产主义新思想的基础上重新结合起来,正是在这个意义上,新民歌可以说是群众共产主义文艺的萌芽。这是社会主义新时代的新《国风》。这是作了自己命运的主人的中国人民的欢乐之歌,勇敢之歌。这种新民歌同旧时代的民歌比较,具有迥然不同

①《郭沫若全集·雄鸡集》第17卷,人民文学出版社1989年版,第14页。
②《郭沫若全集·雄鸡集》第17卷,人民文学出版社1989年版,第18页。

的新内容和新风格,在它们面前,连诗三百篇也要显得逊色了。"

一、主题

既然是要成为与《诗经》相媲美的新《国风》,《红旗歌谣》也严格将收录篇数限定在300首。根据既要有新颖的思想内容,又要有优美的艺术形式的选录标准,按照歌谣的内容,分为四个主题:一、党的颂歌,收录48首;二、农业大跃进之歌,收录172首;三、工业大跃进之歌,收录51首;四、保卫祖国之歌,收录29首。

二、选录标准

由于标准严格,《红旗歌谣》中的确有不少充满革命激情和浪漫主义的作品,至今看起来,也依然有不可替代的价值。如"党的颂歌"部分,采自河北的民歌《主席走遍全国》:"主席走遍全国,山也乐来水也乐,峨眉举手献宝,黄河摇尾唱歌。主席走遍全国,工也乐来农也乐,粮山棉山冲天,钢水铁水成河。"虽是短短八句,但韵律和谐,词句优美,其中所用的拟人、对偶、夸张等修辞手法自然贴切,的确是一首现实主义和浪漫主义相结合的新歌谣。此外,采自甘肃武山的《好不过人民当了家》,辽宁辽阳的《歌唱共产党》,山东的《太阳的光芒万万丈》,陕西的信天游《南来大雁北去风》,青海藏族的《绳儿扯到北京城》,青海的《百草万物也心欢》,江苏嘉定的《想到四十条劲头高》等,都有很高的艺术水平。

"农业大跃进之歌"部分,郭沫若在答《民间文学》编辑部问中所引用的僮族民歌《山南山北一家人》,的确非同一般。表面上看,这是歌颂农业合作化的一首民歌,实际上是一首爱情诗,其中有青年男女之间的吸引,有大胆而泼辣的表白,有朝夕相处的喜悦,不矫情,不做作,自然纯真,朴素大方。

再如陕西安康的民歌《我来了》:"天上没有玉皇,地上没有龙王,我就是玉皇!我就是龙王!喝令三山五岳开道,我来了!"短短五句,将新中国农民的豪迈、勇气、浪漫以及战天斗地的气概表现得淋漓尽致。

还有采自青海藏族的《河中的鱼儿跟水游》,广东大埔的《要学蜜蜂共采花》,山东单县的《明天要去闹天宫》,甘肃的《两只巨手提江河》,湖南的《原说公鸡比人早》,四川的《错把灯光当太阳》等,在内容和形式上都达到了很高的水平,堪称民歌中的精品。

与农业题材的歌谣相比,"工业大跃进之歌"涉及的范围和行业较多,但是缺少朴实和浪漫的气息,雕琢的痕迹比较明显。这和工业民歌作者的文化水准有一定的关系。文化水准高,顾忌往往会多些,文字虽然精炼、规范了许多,但民歌中那种朴素、自然的特色就会打折扣,但其中也不乏成功之作,如四川重庆的《驯服条条金火龙》,河北的《钻工之歌》,天津的《妇女运输队》等,都堪称佳作。还有的化用古人的诗句,赋予新的内容,如甘肃玉门的《疑是黑龙飞上天》:"日照祁连生黑烟,遥看油井如喷泉,原油直上三百尺,疑是黑龙飞上天。"这首民歌,就是化用了李白的七言绝句《望庐山瀑布》。

"保卫祖国之歌"中的民歌大多简短、明快,有的不足20

字,如第一首《战士的心》:"歌好听,诗有情,战士的心呵,最忠诚。"有的民歌具有丰富的想象力,如描写空军的《举手摘下星星》:"三山五岳向我翘首致敬,滚滚白云在我翼下穿行,声音喘着气在后边追赶,我要举手摘下星星。"此外,《请你们爱护"家"》《古战场上扎军营》等篇目的质量也都比较高。

正因为如此,这本《红旗歌谣》出版之后,在社会上引起了很大的反响。作家出版社于1960年6月、1961年5月分别印行了普及本和注音版。可以说,这部《红旗歌谣》是20世纪五六十年代的一本可以载入出版史的作品,有着非同一般的价值。

第三节 《红旗歌谣》再版本

1961年之后,由于"大跃进"暴露出的问题越来越严重,国内外形势发生了很大的改变,这本《红旗歌谣》就没有再版。再次以《红旗歌谣》为名出版,已经是1979年的事情了。

1979年6月,人民文学出版社重新出版了《红旗歌谣》,说是重新出版,意思是这本书并不是原书的重印,而是一个新的版本。这一版本保留了郭沫若题写的书名和《编者的话》,而且,依然是将收录的作品分为四个专题,但是,在篇目数量和内容上有了很大的改动。

一、篇目调整

新版《红旗歌谣》不再严格限制在300首,而是256首,减少了44首。具体来说,"党的颂歌"由原来的48首增加到59

首；"农业大跃进之歌"由原来的172首减少到133首；"工业大跃进之歌"由原来的51首减少到40首；"保卫祖国之歌"由原来的29首减少到24首。总之，除了第一个专题，其他三个专题都有不同程度的减少，而尤以第二部分减少最多，达39首。

二、篇目增删

新版《红旗歌谣》在篇目上进行了明显的增删。在"党的颂歌"部分，增加了20首，篇目为《好不过毛泽东时代》《阴山背后见太阳》《彝家跟着共产党走就光明》等，删去了《毛主席象红太阳》《山歌向着青天唱》《进北京》等12首。除此之外，对个别篇名还做了一些改动，如将原版中的《擎天的柱毛泽东》改为《擎天一柱毛泽东》，将《僮人永跟毛泽东》改为《壮人永跟毛泽东》。壮族是中国人口最多的一个少数民族，自称"布壮""布侬"等，旧称"僮人""佷人"，新中国成立后称为"僮族"，1965年将"僮族"改为"壮族"。因此，新版对题目和歌词也就做了相应的改动。

在"农业大跃进之歌"部分，删去了《社长夜夜查渠道》《赞群英》《大山被搬走》等54首，增加了《山村渔家》《摘下月亮当灯笼》《歌成海洋诗成山》等13首。此外，还对个别歌谣的标题和内容做了修改，如将《鲁班哪有咱自在？》改为《鲁班哪有咱能耐》。

在"工业大跃进之歌"部分，删去了《万人齐唱东方红》《红钢多似火龙翻》《一双双手儿忙又忙》等11首，增加了《六亿鲁班出今天》《比比看》《我和雷公比高低》等9首。同时，对篇目次序做了较多的调整。

在"保卫祖国之歌"部分,删去了《手提彩笔肩背枪》《海上日出》《战士个个花中花》等11首,增加了《高射炮兵》《小高炮真威风》《我是通讯兵》等5首。

三、插图的变化

初版《红旗歌谣》有插图24幅,新版则缩减为18幅。与原版相比,增加了李琦创作的那幅著名的国画《主席走遍全国》,与同题民歌相配;删去的包括:米谷的漫画《人人说她脏》、套色木刻《搭瓜架》和版画《姐妹比文化》,王叔晖的工笔重彩《歌声唤醒红太阳》,袁运甫的漫画《猫儿要改行》,古元的套色木刻《唱得幸福落满坡》,苗地的漫画《妇女运输队》。新版还将米谷的版画《好不过人民当了家》,画题改为《我心里有个毛泽东》,这种更换画题的做法究竟是编辑失误还是另有原因,尚不得而知。因为这幅版画的确是根据《好不过人民当了家》这首民歌创作的,画中就有歌词中出现的牡丹花、石榴、向日葵等。

第四节　增删原因探析

关于新版对原版的增删,编者并没有做专门的说明,因此只能从具体的篇目入手进行分析和推断。

一、删除的原因

之所以要做删除,大概是思想性、艺术性较差以及与事

实背离过大的作品,具体而言,可分为以下几个方面:

(一)在具体的表述上缺乏推敲,比喻有些牵强

如"党的颂歌"部分第一首《毛主席像红太阳》,将毛主席比作太阳是可以的,但是如果过于具体就显得不够贴切,比如这样的句子:"春天有你百花香,小麦青青油菜黄";"夏天有你秧苗长,农民心里乐无疆";"秋天有你收成好,金黄谷粒堆满仓";"冬天有你冰雪化,农民身上暖洋洋。"这种拟人化的表述就不太自然。再如《今日是主人》,其中有:"昨日是奴隶,今日是主人,青天呵——毛主席,你的恩情像水长流不尽。"农奴翻身得解放的喜悦心情可以理解,但将青天和毛主席等同起来,就容易使人联想到封建时代的"青天大老爷",显然是不妥当的。再比如《妹把红旗当嫁妆》:"春耕播种比蜂忙,哪有闲空把镇上,哥成模范要入党,妹把红旗当嫁妆。"这首诗所要表达的是男女互相勉励、争当劳动模范的心情,但把红旗当嫁妆显然失当。再如《决心》,其中有"我的枪呀,白天黑夜对准着黑心。"关于"黑心",原版特意加了一个脚注:"黑心即靶心",这样的表述欠妥,注释也有些牵强,因为事实上靶心是白色的。

(二)文题不符

如题为《进北京》,但歌词却是:"年过六十能劳动,做起活来也轻松,不是夸我骨头硬,我心里有个毛泽东。"内容描述的是一位老农民干劲十足,大概是想着进北京见毛泽东主席,但这种愿望是隐含的,和题目有着很大的距离。

(三)凭空想象之作

如《毛主席来到我家》,其中有这样的句子:"毛主席拉着

我说了话,问我的功课好不好,问我劳动差不差。"这种没有事实依据、完全凭着主观想象的作品显然经不起推敲。再如,《写在高潮中》有这样的句子:"我要在破擦布里,炼出金刚钻。一滴冷却液当成甘露一碗,一块擦油布当成一匹彩缎。祖国! 祖国! 不需要你出一分钱,明年,一辆汽车,就从我手里出现!"这种夸张显然不当。

(四)过于空泛之作

如《心心向着共产党》,全诗只有四句:"千条溪水流东江,万条河水向海洋,东江农民三百万,心心向着共产党。"这种表述没有实质内容,而且是一种俗套。再如《赞群英》:"男女老少齐出征,青年劲头赛赵云,壮年力气赛武松,少年儿童像罗成,老年干活似黄忠,干部计策胜孔明,妇女赛过穆桂英,社员个个胜古人。"将社员和古代英雄人物做对比,未尝不可,但并无实质内容,属于一种口号式的表达。再如《洗衣裳》:"两个战士洗衣裳,手也忙来嘴也忙,拉的什么知心话? 眉飞色舞喜洋洋? 语声轻,语意长,新老同志谈思想,团结互助加把劲,争取同上光荣榜。"这样的歌谣,在形式上类似白话,内容上也很平庸。

(五)过于直白、重复之作

如《东山上升起红太阳》,其中有这样的句子:"西山坡响起白海螺,那不是海螺是毛主席的号角,这号角胜过白海螺。""东西山下是大海洋,那不是海洋是毛主席的人民,人民就像大海洋。"这些所谓的诗句内容上缺乏诗的味道,形式上也缺乏诗的韵律。再比如《社长夜夜查渠道》,一共三段,其中有两段都出现了"他扛着铁锹,他沿着水渠,在月光中"的句子,颇有凑数之嫌。再比如《月下挖河泥》:"月下挖河泥,千担万担,扁担儿——月牙弯弯。咕,咕,像飞着一群大雁。北风呼啸,汗珠满脸,今年多施河泥千斤,明年增产粮食万担。"《收徒弟》只有三句:"做了一辈子工,想都没敢想,收了个徒弟是厂长。"这两首歌谣也可以归入过于直白的类型。

(六)过于浮夸之作

如《东方巨龙上九重》,其中有"日行千里夜八百,赶英何须十五年?"的句子;《万人齐唱东方红》中也有"乘风破浪赶英国,万人齐唱东方红"的句子;《红钢好似火龙翻》中有"银盔金甲如闪电,超过英国老约翰"的句子。"赶英超美"是"大跃进"时期提出的口号,但事实很快就告诉人们,这是不切实际的空想。在编排新版时,虽然"大跃进"还没有被否定,但这种说法已经不合时宜了。再如《大山被搬走》一共四句:"山歌一声吼,万人齐动手。两铲几锄头,大山被搬走。"虽然具有浪漫主义色彩,但过于夸张,就缺乏感染力。再比如《肩挑两山步生风》:"头顶朝霞脚踏云,肩挑两山步生风,一身鲜花两只蝶,农业社里女英雄。"也同样属于过度夸张的例子。再比如《老汉今年七十九》,其中就有"力量赛过火车头""一肩要担两座山,两手要托两座楼"之类的句子,也属于过度夸张,不合情理。再如《麦海》,为了形容小麦的丰收,写出"奶奶进地跌下海,金浪滚滚把她淹"这样的句子,显然是不合适的。再如,《铺天盖地不透风》:"玉米稻子密又浓,铺天盖地不透风,就是卫星掉下来,也要弹回半空中。"这首诗在当时颇为流行,而且一些地方为了"放卫星",曾经将几亩地有待收割的水稻移栽到一亩地中,但事实证明这是违反科学规律的,庄稼并非越密越好,而是要有合理的间距。浮夸风现象在民歌中可谓比比皆是,如《一座粮山高万丈》:"一座粮山高万丈,白云缠在山腰上;太阳累得汗长淌,半天爬不上山岗。"再如《一步跨万里》第一段是这样写的:"生产花开满堂红,指标箭头破长空。工人一步跨万里,敢笑猴王孙悟空。"这些,也理所当然地被新版删去了。再如,《算盘要换计算机》,将当时的浮夸风表现得淋漓尽致:"昨天的规程,今天不能看;上午的指标,下午翻几番。统计员呵!划红线也要乘上飞船,你的算盘也早该——叫电子计算机替换。"紧随其后,与此首民歌比肩的是《统计员》,其中有"先进记录墨迹还未干,又一个新纪录赶上前","背来梯子划红线,一个梯子还不够,两个梯子接上天"的句子。

(七)带有爱情成分的民歌

爱情是民歌的一个重要主题,旧版中采集了一部分带有爱情色彩的民歌,如《片片嫩茶片片香》最后四句是:"边采茶来边唱歌,隔着茶棵瞧情哥,坡下青年千千万,妹妹只见情哥哥。"这是很真挚很大胆的表白,本无可厚非,但是在1978年的时候,公开谈论爱情还属于禁忌,因此被删去。

(八)明显过时之作

1958年,为了配合"大跃进"的开展,全国上下曾经开展过一场"除四害"运动,当时把老鼠、麻雀、苍蝇、蚊子确定为"四害",围剿麻雀成了全民的一场活动。这一运动在民歌中也得到了体现,如《擂鼓鸣金除四害》,就有"老鼠奸,麻雀坏,苍蝇蚊子像右派"这样的句子。但后来的科学研究证明,麻雀并不是害虫,而是以捕食农作物害虫为主的益虫,另外,

1957年开展的"反右"运动,在1962年前后就开始甄别,大多数被打成"右派"的人摘掉了"右派分子"的帽子,因此,这首民歌也就属于过时之作了。同样,《燕儿莫往田间飞》《孙猴下界记》由于包括除麻雀的内容而被删除。

二、增加的原因

(一)"党的颂歌"部分

一是增加了歌颂共产党、毛主席的作品,如《好不过毛泽东时代》《阴山背后见太阳》《我心里有个毛泽东》《那不是天上的太阳》《我们哪能忘记你 毛主席》《歌唱毛主席》《只因为有了共产党》《毛主席指出总路线》等;二是增加了少数民族热爱新社会、拥护大跃进的作品,如《彝族跟着共产党走就光明》《水族山歌》《太阳照暖了草原》《白族人民劲冲天》《佤族人心向毛主席》等;三是赞美人民公社的作品,如《乡长画图在高山》《人民公社是幸福船》《高歌争唱公社好》等。

(二)"农业大跃进之歌"部分

一是增加了反映农业生产一日千里的内容,如《摘下月亮当灯笼》《歌成海洋诗成山》《山田喝水水唱歌》《脚踩白云收金稻》《梯田层层叠上山》等;二是突出妇女地位和贡献的作品,如《农村女电工》《山下一群金凤凰》《不夺红旗谁爱你》等。

(三)"工业大跃进之歌"部分

一是增加了反映工业生产突飞猛进的作品,如《比比看》《我和雷公比高低》《天上怎能比人间》等;二是反映技术革新的作品,如《六亿鲁班出今天》;三是反映特殊工种创建奇迹的作品,如《石油战线创奇功》《焊工》《我是摘星人》等。此外,还特意加了一首《工人学哲学》,其意在于配合毛泽东提出的"学点哲学"的号召。

(四)"保卫祖国之歌"部分

主要增加了反映炮兵、通讯兵、雷达兵、探照灯兵苦练杀敌本领的作品。如《高射炮兵》《小高炮真威风》《我是通讯兵》《探照灯兵颂》《敌人越刁我越精》等。

总体而言,增加的篇目和删去的篇目相比,无论是在思想性还是艺术性上,都有比较明显的提高。比如,《那不是天上的太阳》有这样的句子:"在辽阔的草原上,有朵朵白云迎风飘,那不是蓝天的白云呵,那是社里的牛羊奔跑。在高高的雪峰上,有玉带在山腰缠绕,那不是仙女的玉带呵,那是解放军修起的金桥。"不仅内容具体,而且形式优美。再如《不夺红旗谁爱你》:"我在河边铲草皮,他坐河旁钓红鲤,只顾水中把我看,鲤鱼上钩他不理。社里工分数他少,尽唱山歌把妹恋,歌再好听鱼再肥,不夺红旗谁爱你。"人物表情的鲜明对照、心理活动以及与社会现实的密切配合,都达到了自然贴切的程度。再如,《天上怎能比人间》:"七仙姑天上织锦缎,一夜难织一百三;我在人间织衣衫,一夜织出三万三;人间掀起大跃进,天上怎能比人间!"尽管有夸张的成分,但是却有很强的艺术感染力。再如《我是通讯兵》:"我是通讯兵,站在半空中,风雨洗我背,太阳抚我胸。千里一眼尽,万里手中通。"既反映了通讯兵的特点,又具有一种浪漫主义情调。因此堪称佳作。

第五节　关于新版《红旗歌谣》的评价

　　1978年7月12日,作为编者之一的周扬为新版《红旗歌谣》写了《重版后记》,当时,"文革"刚刚结束,十一届三中全会还没有召开,党和国家的工作重心还没有发生根本性的转移,"大跃进"还没有进行重新评价,因此,周扬的这篇后记依然这样表述:"《红旗歌谣》修订再版,是一件值得高兴的事。大跃进年代的民歌,是特定历史条件下的产物,它经受了时间的考验,愈久而弥新。""今天我们为实现新时期的总任务,正面临着一个新的跃进的时代。这些民歌将唤起我们的美好的回忆,鼓舞我们信心百倍地、更脚踏实地地前进。我国人民,在华主席为首的党中央的领导下,正在为促进国民经济的高速度发展,加速建设社会主义现代化强国的步伐而进行新的长征。在这种时刻,修订出版这本歌谣集,是有意义的。"在后记中,周扬还写道:"这次由中国民间文艺研究会的贾芝同志等协助修订,略有增删,我们尽量保持了原书的面貌。因为这是大跃进年代人民革命情绪的忠实记录,虽然带有浪漫的夸张的色彩,但也正由此反映了当时历史的真实。"[①]

　　正是由于这本书是大跃进时代"左"的错误大行其道的年代,因而非常突出地带有那个特殊年代的烙印,如突出个

---

① 郭沫若、周扬编:《红旗歌谣》,人民文学出版社1979年版,第311—312页。

人、神化领袖、夸大主观能动性，为高指标、瞎指挥、浮夸风、"共产风"唱赞歌，等等。1981 年 6 月 27 日，中共十一届六中全会通过的《关于建国以来党的若干历史问题的决议》中指出："由于对社会主义建设经验不足，对经济发展规律和中国基本经济情况认识不足，更由于毛泽东同志、中央和地方不少领导同志在胜利面前滋长了骄傲自满情绪，急于求成，夸大了主观意志和主观努力的作用，没有经过认真的调查研究和试点，就在总路线提出后轻率地发动了'大跃进'运动和农村人民公社化运动，使得以高指标、瞎指挥、浮夸风和'共产风'为主要标志的'左'倾错误严重地泛滥开来。"为此，周扬在 1982 年发表的《"红旗歌谣"评价问题》一文中指出，新民歌"是大跃进中涌现出来的新事物，其中多数是来自群众中的民歌，但也有不少是知识分子的创作。更重要的是这些歌谣反映了当时'左'的领导思想，没有经过时间和实践的检验。"但是，周扬对于《红旗歌谣》中所收录的作品并非一味否定："当时的一些新民歌不可避免地反映了一些错误的东西。我们今天回头来看，可能看得更清楚，但是也要实事求是地把人民群众的冲天革命热情和领导工作思想上的'左'的错误思想区别开来。"[①]周扬的这一观点还是比较客观的，毕竟，《红旗歌谣》中的作品是"大跃进"时期社会生产生活的反映，不能一概否定。在中国现代民歌史上，《红旗歌谣》有着重要的一席之地。

---

①《民间文学论坛》1982 年第 1 期。

第二十讲
《孙犁文集》《孙犁全集》版本之比较

孙犁（1913—2002），原名孙树勋，河北安平人。早年考入直隶保定育德中学，并开始文学创作。1934年到北平谋生，业余时间坚持自学社会科学、文艺理论，并向报刊投稿。1936年暑假之后，经人介绍到白洋淀边的安新同口小学教书。1938年，参加中国共产党领导的抗日武装，在革命队伍中做文艺宣传工作，曾任抗战学院教官，发表论文和小说、散文、诗歌多篇。1941年参加《冀中一日》的编辑工作，并完成《区村和连队的文学写作课本》（后改名为《文艺学习》）的写作。1944年奉命去延安，在延安鲁迅艺术文学院任研究生、教员。1945年5月，在《解放日报》发表短篇小说《荷花淀》，引起轰动，该作品成为"荷花淀派"的开篇之作。抗日战争胜利后，回到冀中参加"土改"，体验生活，创作了大量作品。

1949年1月，孙犁随解放大军进入天津，在《天津日报》从事编辑工作，与方纪、郭小川等共同创办了《天津日报·文艺周刊》，培养了大量的文学作者，产生了重大的社会影响。

孙犁是现代文学史上"荷花淀派"的代表人物，他的作品具有浓郁的生活气息，质朴、自然、清新，同时又具有高超的艺术造诣，给人以美的享受。其代表作有长篇小说《风云初记》,中篇小说《铁木前传》《村歌》,早期短篇小说、散文曾结集为《白洋淀纪事》。进入新时期以来,孙犁又发表了大量的散文、读书记、文论、书衣文录以及别具一格的"芸斋小说"等。

孙犁作品具有长久的生命力,拥有一代又一代读者,正因为如此,孙犁著作的出版始终是一个值得关注的现象。

第一节 百花文艺出版社版《孙犁文集》

1982年3月,百花文艺出版社编辑出版了《孙犁文集》。这部文集是在孙犁亲自参与下完成的,主其事者为百花文艺出版社社长林呐,主要编辑人员为李克明、曾秀苍、张雪杉、顾传菁等,同时,又特别邀请邹明、冉淮舟、阿凤、沈金梅、郑发清等参与编辑。

一、编辑体例

《孙犁文集》出版说明这样写道:"孙犁同志从事文学事业,已近半个世纪。由于年代久远,其早期作品,多已散佚。这次《孙犁文集》所录,上起抗日战争初期,下迄文集定稿之时,共为五册七卷。"

各卷的内容为:第一卷为短篇小说,收入《白洋淀纪事》中的全部短篇以及陆续发现或新近发表的旧作,共计38题40篇。第二卷为中篇小说,收录《村歌》和《铁木前传》两部作品。以上为第一册。

第三卷为长篇小说,收录《风云初记》,这也是作者唯一的一部长篇小说。以上为第二册。

第四卷为散文,收录作者从写于1940年1月9日的《识字班》到1981年4月1日的《大星陨落——悼念茅盾同志》,共计79题93篇。关于这一卷的编排,既考虑了年代,也考虑了类别,分为六辑。第一辑写于1940年4月至1947年2月,内容主要与抗日战争有关;第二辑写于1947年春至1947年10月,内容主要与土地改革和解放战争有关;第三辑写于1949年1月至1950年11月,内容主要反映天津解放后的变化,这部分散文,大多收入作者1962年由百花文艺出版社出版的《津门小集》;第四辑写于1953年8月至1956年1月,内容主要与农业合作化有关;第五辑除了有4篇写于1962年和1964年间,其余均为"文革"结束后1977年至1981年的作品,大多为回忆题材,这也可以看作是孙犁重返文坛后发表的第一批作品;第六辑写于1978年至1981年,内容均为怀念文坛师友的文字。第五卷为诗歌,作品自写于1938年的《冀中抗战学院校歌》至1981年《蝗虫篇——童年纪事》。以上为第三册。

第六卷为文艺理论,这是部头最大的一卷。该卷共分11辑。第一辑为作者的专著《文艺学习》;第二辑为1940年至1962年的短篇理论文章;第三辑为1977年至1981年的理论作品,内容大多涉及文学体裁的写作;第四辑为1941年至1980年的发言稿、广播稿、答问录、访谈录等;第五辑为1949年至1953年有关纪念鲁迅的三篇文章;第六辑为1949年和1952年有关俄罗斯和苏联文学的文章,其中的一部分属于作者赴苏联的观感;第七辑为1949年至1979年的作品评论;第八辑为1980年至1981年的读作品记;第九辑为1978年至

1981年为他人作品所作的序言;第十辑为1954年至1981年的评论文章,内容大多涉及古代作家和作品;第十一辑为自己作品的通信和回忆,时间为1952年至1980年。以上为第四册。

第七卷为杂著,分为10辑。第一辑为《我的自传》《〈善闇室纪念〉摘抄》等,基本属于自传内容;第二辑为《耕堂书衣文录》,大多写于"文革"后期,可以看作是作者的日记;第三辑为作者阅读古代典籍时的读书笔记,第一篇为写于1942年的《慷慨悲歌》,其余5篇均冠以《耕堂读书记》的题目;第四辑为藏书(买书)记;第五辑为自己作品的后记;第六辑为编辑笔记,大多为作者从事编辑工作的感想、经验以及为刊物写的启事等;第七辑为书信;第八辑为随笔;第九辑为《少年鲁迅读本》;第十辑为唱词和剧本。以上为第五册。

二、编辑含量

就编辑含量而言,在所有的孙犁著作中,这部《孙犁文集》是最高的。

首先,从版本上来说,各篇尽可能根据较早的版本,以求接近作品的原始状态。对于少数经过他人删改的作品,均予恢复原貌。

其次,在收录作品的标准上,是比较严格的。文集中的每一篇作品,都经过孙犁的亲自审定和修改。

第三,从编辑体例上来说,可以说是完整而严谨,表现为脉络清晰,分工明确。

第四,从编校质量上说,称得上精益求精。为了编辑《孙犁文集》，除了林呐亲自主持外，百花文艺出版社安排了老中青三代最强的编辑阵容，保证了书稿的质量。

第五，从文字内容来看，这部《孙犁文集》的质量属于上乘。尽管孙犁在自序中说："我对作品，在写作期间，反复推敲修改，在发表之后，就很少改动。"但是，在编辑文集的时候，孙犁对全部文字尤其是早期文字进行了认真的推敲和修改。有些是技术上的加工，有些则属于时代变迁的原因而不得不做出修改。例如，发表在1949年1月24日《天津日报》，收录于1962年百花文艺出版社出版的《津门小集》中的《新生的天津》一文，其中的"林彪将军的军队""林彪将军训练和指挥的军队"，在收录文集时就改为了"人民解放军"。再比如，发表在1949年2月2日《天津日报》的诗歌《山海关红绫歌》，其中的"日本的三八枪挂在腰中"，收录文集时改为"肩上的三八枪，挺拔的身形"。

这部《孙犁文集》另一个值得称道之处，是书后附录了冉淮舟编写的《孙犁著作年表》和《孙犁著作单行、结集、版本沿革年表》。这是最为扎实的研究工作，也是非常珍贵的孙犁生平史料，对于研究者具有很高的参考价值。

三、主要缺陷

第一，所有的篇目（包括专著）均未加题注。尽管有书后附录的两份年表，但对于一般读者来说，仍不便于了解孙犁作品的发表、结集情况。倘若把每一篇作品的发表日期、刊发（出版）和编集情况采用题注的方式加以说明，则更有助于读者的阅读、理解和研究。

第二,分卷(分辑)过于详细,有些篇目的分类不尽合理。例如,第七卷杂著部分的《幻华室藏书记序》一文,可以归入"散文卷"或是"杂著卷"中的"序跋辑";《买〈太平广记〉记》《我的二十四史》《我的书目书》《两天日记》《成活的树苗》等,均可以并入"散文卷"。

从编校质量上来看,这部文集也还存在一些缺陷。试举两例:

在《耕堂读书记(二)》一文中,孙犁在提到关羽庙时说:"清朝梁章巨所辑《楹联丛话》中,关庙对联,数量最多"①,这里,"梁章巨"应为"梁章钜",孙犁出现了笔误,编辑没有核实。在《耕堂读书记(三)》一文中,孙犁在提到曾国藩日记时说:"从所记琐事中,可略见其为人。例如此人用一女婢,写信给他的父亲,声言此女极丑,这有什么必要?"②此段文字中的第一个"女"字当删去,因为"婢"即为婢女,如保留"女"字,可将其后置,改为"用一婢女"更为妥当。

第二节 百花文艺出版社版《孙犁文集》珍藏本

《孙犁文集》的出版扩大了孙犁的影响,社会环境的宽松,生活境遇的改变,使孙犁的写作也进入了一个新的时期,写作风格发生了很大的改变,作品达到了新的境界,即学术界所称的"新孙犁时期"。自 1981 年下半年至 1991 年上半

---

① 《孙犁文集·杂著》第5册,百花文艺出版社1982年版,第97页。
② 《孙犁文集·杂著》第5册,百花文艺出版社1982年版,第102页。

年,孙犁写了大量的作品,先后结集为《尺泽集》《远道集》《老荒集》《陌巷集》《无为集》《如云集》等6本文集。为此,1992年6月,百花文艺出版社在《孙犁文集》的基础上,编辑出版了《孙犁文集》珍藏本。该书包括前编和续编两部分。前编七卷五册保持1982年版的原貌,续编分为六卷三册,编辑体例一如前编,收录了在《孙犁文集》编订之后结集出版的文字。

一、编辑体例及收录内容

《孙犁文集·续编》第一卷收录小说35篇,这些小说,在发表时大多以"芸斋小说"为题,是孙犁在"文革"结束后尝试的一种新文体,介于小说和散文之间,内容大多为"文革"时期的人和事。第二卷收录散文,分为三辑。第一辑为新发现的旧作9篇,第二辑为近期所作46题56篇,内容大多为回忆往事、亲人、乡邻、平生经历等;第三辑为悼念老朋友的文字9篇;第三卷为诗歌,收入作者在新时期创作的自由体诗歌13首,并附旧作《"七七"画十景》。第四卷为戏剧,收入作者写于1946年的梆子戏(或二簧)《比武从军》。以上为续编第一册,可以视为创作卷。

第五卷为文艺理论卷,除收入新发现的写于抗战时期的《论通讯员及通讯写作诸问题》外,将散篇文章分为七辑。第一辑为新发现的旧作8篇,第二辑为小说杂谈26篇,第三辑为读作品记,可以看作对当代文坛新秀的评论,共8篇。第四辑为序言,共4篇。第五辑为包括答问录、通信在内的杂谈,内容涉及游记、散文、笔记小说、传记文学、杂文、报告文学和纪实文学等,共9篇。第六辑收入通信、杂谈、发言、创作随想录等,共14篇。第七辑为杂文和随笔,包括"芸斋琐谈"6组共43篇,"文林谈屑"3组21篇,"风烛庵文学杂记"3篇,"庚午文学杂记"9篇,"文事琐谈"3篇。以上为续编第二册。

第六卷为杂著,分为八辑。第一辑为自传,包括《生辰自述》和《〈善闇室纪年〉摘抄》两篇。第二辑为书衣文录,包括《书衣文录》和《书衣文录撷遗》两篇。第三辑为读书记,包括"耕堂读书记"4组25篇,"耕堂读书随笔"8篇,"耕堂题跋"4篇。第四辑为书话,内容均涉及自己的藏书,共7篇。第五辑为自己作品的序跋,共8篇。第六辑为包括书信、谈话在内的创作经历和体会,包括"芸斋断简"4篇,"关于我的琐谈"10篇。第七辑为书信。第八辑为新发现的旧作,共16篇。全书将张金池编写的《孙犁著作年表续编》《孙犁作品单行、结集、版本沿革年表续编》作为附录。以上为第三册。

二、价值判断

这部经过增补的《孙犁文集》珍藏本是一个很好的版本,它为人们集中研究孙犁作品特别是晚年作品以及早期作品的佚文提供了很大的方便。但从编辑出版的角度来说,这部文集的编辑方式仍值得商榷。

按照编者例言的说法,"保留前编原貌,增补续编,未将所收著述全部重新统一分类编排"的方式是出于两方面的考虑:"一是为照顾存有前编的大多数读者的购买能力(《孙犁文集·续编》平装本将另出版,供读者补购),二是因为参加前编编辑出版工作的林呐、曾秀苍、邹明同志已先后谢世,将前编按原貌保存,也寄托着作者和同仁对他们的深深追念。"这两条理由似乎有一定道理,但细加分析,不免有些勉强。先说第一条。为读者着想是对的,但要付诸实施才好。事实是,尽管出版社对读者做出了承诺,但却没有兑现。自从珍藏本出版后,由于印数太少,定价偏高(先是198元,后提高到2000元),普通读者无法承受,因此盼望能出版续编的平装本,但直到如今,也没有出版。至于第二条理由,也不十分充分。试想,任何重要的著作都存在修订、增补的可能,每一次修订和增补,实际是一种对以前编辑工作的超越。这部《孙犁文集》的珍藏本,续编部分篇幅在正编的一半以上,理应按照统一的体例重新编辑。这样,既可以更加全面地反映孙犁的文学成就,也有助于人们对他的创作和理论进行分类研究。

总体上说,这部珍藏本的编校质量是比较高的,但也同样存在一些缺憾。比如,收在续编第三册第74页的《买〈崔东壁遗书〉记》中"崔东壁"的"壁"字,从标题到内文,全部错成了"璧"字,这大概是孙犁的笔误,编辑没有核对,因此致误。在同一篇文章中,孙犁写道:"经书传注里面,窜入了不少杨墨老庄的论点,甚至还有纵横家、小说家以及纤纬家的论点。"①"纤纬家"为"谶纬家"之误。此外,《耕堂读书记》(三)《买章太炎遗书记》中的"章太炎遗书"应加书名号。这是孙犁的疏忽。此文最初收在人民文学出版社1989年9月出版的《无为集》,该书出版后,孙犁在致该书责任编辑季涤尘的

---

① 《孙犁文集·杂著》(珍藏本续编三),百花文艺出版社1992年版,第75页。

信中说:"就目前看到的,《无为集》读书记部分,有三个标题,没有加书名号,应该正如下式:买《章太炎遗书》记、读《燕丹子》、读《李卫公会昌一品集》目录及内文,都要改一下。但这是原件失误,不是你们的责任。"①再如,同一册中的《致河北花山出版社马秀华》,"花山出版社"应是"花山文艺出版社",这个标题大概为孙犁所加,但作为编辑,则应该将其规范化、准确化。

从这封信还可以说到书信的标题。在续编第三册中,集中收录了近百封信,这些信的标题非常不统一,如有的是《致康濯信》,有的是《给田间的两封信》,有的是《致葛文》,有的是《致山东鱼台李贯通》,有的是《致天津袁玉兰》,有的是《致天津业余作者黄淑兰》。这些标题,多是在报刊初次发表时孙犁自拟或编辑代拟的题目,无可厚非,但在收集时就应该统一。还有,书信的编排次序也很混乱,没有统一的体例和原则,查找起来非常不便。这可以说是一个很大的缺憾。

第三节 山东画报出版社版"耕堂劫后十种"

"文革"结束之后,孙犁写了大量的散文、小说、文论、读书记、书信,这些作品先后结集为10本书,即1979年8月百花文艺出版社出版的《晚华集》,1981年3月百花文艺出版社出版的《秀露集》,1981年10月百花文艺出版社出版的《澹定

---

① 季涤尘编:《文学书事——作家给编辑的信》,人民文学出版社2001年版,第130页。

集》,1982年12月百花文艺出版社出版的《尺泽集》,1984年3月百花文艺出版社出版的《远道集》,1986年2月上海文艺出版社出版的《老荒集》,1987年4月百花文艺出版社出版的《陌巷集》,1989年9月人民文学出版社出版的《无为集》,1992年3月百花文艺出版社出版的《如云集》,1995年11月百花文艺出版社出版的《曲终集》。这10本书出版时间跨度近20年,加之出版单位、开本、印数差异较大,搜集起来颇为不易,因此,很有统一开本、集中出版的必要。

1999年9月,山东画报出版社将这10种著作收集在一起,编为"耕堂劫后十种",统一开本和装帧,重新出版。此为孙犁的另一部文集。

一、编排特色

这部"耕堂劫后十种"很有一些版本上的特色。除了统一的开本、版式、装帧之外,还根据书中文章的内容,加插了上百幅图片,包括孙犁早期著作的书影,孙犁学习、工作、生活过的环境,孙犁作品中提及的友朋,孙犁手迹,孙犁的生活照,等等,从而增加了全书的可读性和吸引力,收到了图文并茂的效果。

二、主要缺陷

从编辑质量上来说,这部文集也对以前的单行本有所超越。但这部文集也存在一些明显的失误,试举几例。

《关于编辑和投稿》一文中,孙犁在谈到标点的重要性时举了一个标点错误的例子:"第一次排印的《鲁迅日记》中,有一段话为：川岛惠赠图章一枚，文曰：'迅翁'，不可用也。编辑标为：文曰：'迅翁不可用也。'这成何话语。"①该文在收入《孙犁文集》时，将"川岛"改为"友人"，做了模糊化的处理，大概与当时未能查到鲁迅日记原文有关。实际上，赠给鲁迅图章的不是川岛，而是徐诗荃。鲁迅1934年9月15日日记："下午诗荃来赠印一枚，文曰'迅翁'，不可用也。"②"耕堂劫后十种"所依据的是初版的单行本，没有参照已经出版的《孙犁文集》和《孙犁文集》珍藏本，因此沿用了初版本的失误。类似的例子还有几处。如《与〈南开文艺〉编辑的谈话》："还是那句老话，缺乏内容的稿子越是容易长。"③这句话，《孙犁文集》珍藏本收入此文时在"缺乏"前加上了"越是"两个字，使句子变得更为通顺。《移家天津》："在路上打尖时，我迎住了一辆开往南开的汽车"，④第一个"开"字为衍文，《孙犁文集》珍藏本已删除。《耕堂读书记》中在提到梁启超的成就时，孙犁说："梁氏著作宏富，除文集所收，尚有单行专著，如《清代学术概论》《墨子学案》《中国历史研究》等，及未完成稿，共十八种。"⑤"《中国历史研究》"当为"《中国历史研究法》"，《孙犁文集》珍藏本已更正。但是，"耕堂劫后十种"的编者却没有参照，因此依然致误。再如，《曲终集》第262页"曾购《金石粹编》一部，以备查考"，"粹"当为"萃"。

---

① 孙犁：《秀露集》，山东画报出版社1999年版，第159页。
②《鲁迅全集·日记》第16卷，人民文学出版社2005年版，第473页。
③ 孙犁：《远道集》，山东画报出版社1999年版，第101页。
④ 孙犁：《老荒集》，山东画报出版社1999年版，第165页。
⑤ 孙犁：《老荒集》，山东画报出版社1999年版，第203页。

如上文所指,《买〈崔东壁遗书〉记》中的"谶纬家"在《老荒集》和《孙犁文集》珍藏本中均误为"纤纬家",而"耕堂劫后十种"的编者认为"纤纬家"不可解,于是改为"经纬家",①同样是错误的。

另外,上文中所提到的诸如"梁章巨""女婢""崔东璧""章太炎遗书"等错讹和疏漏,"耕堂劫后十种"也没有更正过来。

第四节　人民文学出版社版《孙犁全集》

2004年6月,在孙犁逝世两周年前夕,人民文学出版社出版了《孙犁全集》,收录已发表、出版的孙犁作品和能够搜集到的佚文、书信等,编为11册。

一、编辑体例

该书采取分类为主、区别对待、灵活多变的编辑体例,对孙犁著作做了全面的搜集和整理。具体编排分工为:

第一卷,收入《少年鲁迅读本》《荷花淀》《芦花荡》《嘱咐》《采蒲台》;

第二卷,收入《村歌》《铁木前传》《农村速写》《津门小集》《白洋淀之曲》《耕堂杂录》;

第三卷,收入《民族革命战争与戏剧》《论通讯员及通讯写作诸问题》《文艺学习》《文学短论》;

---

① 孙犁:《老荒集》,山东画报出版社1999年版,第209页。

第四卷,收入《风云初记》;

第五卷,收入《晚华集》《秀露集》;

第六卷,收入《澹定集》《尺泽集》;

第七卷,收入《远道集》《老荒集》;

第八卷,收入《陌巷集》《无为集》;

第九卷,收入《如云集》《曲终集》;

第十卷,收入小说、散文、诗、剧本、唱词、理论、杂著等佚文;

第十一卷,收入书信。

《孙犁全集》最大的特点就是它的"全",收入了孙犁一生中的绝大部分文字,尤其是早年曾一度散失,未能单独编集和收入《孙犁文集》的作品,如孙犁写于1930年、发表在《育德月刊》上的两篇小说《孝吗?》《弃儿》。另外,将书信单独编为一卷,也非常必要。因为,在孙犁数十年的文学创作和编辑活动中,书信是很重要的一个方面,而且,孙犁对于自己的书信也非常重视,他晚年的书信,很多都要求收信人寄回复印件或抄件,在"耕堂劫后十种"中,就收录了相当一部分书信。

二、编辑体例的缺憾

《孙犁全集》基本按照别集收录的方式,即把曾经结集出版过的文字原封不动收入全集,未曾编集的文字和书信单独结集。这样当然有助于人们了解孙犁著作的结集情况,但也容易带来一个比较明显的问题,那就是它的庞杂。这是因为,除了第一至第四卷相对整齐外,第五至第九卷收入了孙犁在"文革"后的十本文集,即"耕堂劫后十种"。这十本文集内容包括小说、散文、读书记、评论、访谈录、书信以及新发现的早期佚文等，这些文字，单独结集无可厚非，但收入全集，不加整理，就值得商榷。因为这样势必造成：第一，使得孙犁的作品过于零散，不便于集中展现。第二，收在单行本中的书信、佚文同第十卷和第十一卷相互割裂。第三，将佚文单独编为第十卷，体例与其他各卷不合。在第十卷中，每一篇均在文后注明最初的出处和来源，而其他各卷则没有说明。这种处理方式在全集的编辑中有"自乱体例"之嫌。

总之，尽管《孙犁全集》在全面收集孙犁作品上功不可没，但编排方式并不十分科学，阅读、使用都很不方便。

三、编校质量

就编校质量而言，这部《孙犁全集》更正了《孙犁文集》（包括珍藏本）、"耕堂劫后十种"的不少差错。比如，"崔东璧""开往南开""中国历史研究"等类似的差错均得到了纠正。但由于这部全集编辑力量投入不足，编辑出版过程过于仓促（从申报选题到出书时间不足一年），依然留下了不少的遗憾，试举几例。

第十卷第 311 页："这回算你猜着啦，鹰抓鸡子，扣了环了"，其中"鸡子"当为"鹞子"。鹞子是一种比鹰体积小的猛禽，在冀中农村，人们把鹰抓鹞子看作一物降一物或是恰如其分来理解。第 312 页"中国的现代话还不很完全，写起文章来，有时不够用，常像'词不达意'"，其中"常像"应为"常常"。第 319 页"这样事件的本身来表示你的感情，是喜怒"，应为"这样用事件的本身来表示你的感情，是喜是怒"。"在你没开始提笔写作以前,要好好地思索一番,先束一个充分的'腹稿'","束"当为"来"。第326页"再看敌伪报纸上'同通社'的消息和通讯","同通社"当为"同盟社"。

第十一卷也存在不少问题,如第27页1950年1月7日《致康濯》:"我是为了把电影名歌保存下来。""名歌"当为"民歌"。1950年2月9日致康濯信中的"名歌"也应为"民歌"。第110页1964年1月22日《致冉淮舟》中两次提到"加业堂刊本","加业堂"当为"嘉业堂",很可能是孙犁写了一个别字,同一封信中提到的"大车书局"当为"大东书局"。大东书局1914年成立于上海,由吕子泉、王幼堂、沈骏声等人创办,1924年改为股份有限公司,出版中小学教科书以及法律、国学、中医、文艺、社会科学、儿童等方面的读物,1956年并入上海科技出版社。

再如,第275页1981年9月26日《致姜德明》:"我买了一部《人随花圣庵摭忆》,对此书作者黄濬(秋岳)一无所知,望便中告知其生平大概为盼。"《人随花圣庵摭忆》当为《花随人圣庵摭忆》。第432页1994年2月11日《致段华》:"各地跑跑,对您太有好处","太"应为"大"字。第436页1994年4月17日《致段华》:"我也正在读《画禅宝随笔》和《艺舟双楫》,都是清刻本。"其中《画禅宝随笔》当为《画禅室随笔》。《画禅室随笔》是明代书画家董其昌讲述自己艺术经历和艺术见解的一部著作。

如果吹毛求疵的话,就是这部《孙犁全集》的封面设计,与孙犁作品的风格不相符合。封面底色为酱红色,书名为红字烫金,虽不乏大气,但不够典雅。

第五节　文汇出版社版《天津日报珍藏版孙犁文集》

　　自从1949年1月随《冀中导报》进入天津，孙犁就一直在《天津日报》从事编辑工作。工作之余，孙犁也一直从事文学创作活动。他的作品也大多先在《天津日报》发表，然后再结集出版。为了纪念孙犁对于《天津日报》的贡献，在孙犁生前，《天津日报》就决定编辑《天津日报珍藏版孙犁文集》。经过《天津日报》文艺部同仁数年的搜集、整理和编辑，文汇出版社于2009年4月出版了《天津日报珍藏版孙犁文集》，收录了孙犁自1949年1月18日至2005年7月19日发表在《天津日报》（包括由该报编辑出版的《文艺增刊》）上的全部文字，约计100万字。这可以说是孙犁著作的一个最新的版本。

一、编辑体例

　　鲁迅先生说："分类有益于揣摩文章，编年有利于明白时势，倘若知人论世。是非看编年的文集不可的。"[①]这部《天津日报珍藏版孙犁文集》，严格按照时间顺序，对孙犁发表在《天津日报》上的作品做了一次系统全面的收集，可以说，这是一部典型意义上的编年体《孙犁文集》。同上述几部文集和全集相比，它最为突出的一个特点就是对几乎每一篇作品都进行了认真的校勘，比较了初刊和编集的异同，除了注明刊发的日期外，编者还写了详细的说明，这些说明文字，不仅

---

①《鲁迅全集·且介亭杂文》第6卷，人民文学出版社2005年版，第3页。

有对文字本身的介绍，还有对孙犁文稿刊发背景的介绍。比如，对于孙犁发表在1950年9月22日"文艺周刊"上的《风云初记》（一），编者注为："此前本报没有'小说连载'栏目，这是《天津日报》第一次发表小说连载并标出栏目名称。"另一条注为："'子午镇和五龙堂隔河相望……恰恰相反'一段，作者在1981年编辑《孙犁文集》时，将这段文字从（一）小节的尾，移到（二）小节的开头（见《孙犁文集》1982年百花版第二册第9页）。"①这两段注释，不仅为研究《天津日报》"文艺周刊"提供了一则重要的史料，而且对于孙犁著作文本的变动也是一条不可多得的资料。

二、注释与校勘

在编者为《孙犁文集》所做的注释中，涉及孙犁著作大量文本的校勘，如发表在1953年8月27日"文艺周刊"上的《杨国元——农村人物杂记》一文，对于文中"自己学习了再向群众解释"一句，编者特意注明："作者在1981年编辑《孙犁文集》时，改为'自己学习了再向群众讲解'（见《孙犁文集》1982年百花版第三册第129页。）"从这则注释中，既可以体会到孙犁字斟句酌、一丝不苟的精神，同时也可以看到这部文集编者的耐心细致和严肃认真。再比如，对于1962年4月5日"文艺周刊"上发表的《清明随笔——忆邵子南》一文，编者在注释中注明："在'……或绕弯暗示的"文艺"手法'这一自然段后，作者在1981年编辑《孙犁文集》时，又增加了两个自然段，

---

① 《天津日报珍藏版孙犁文集》（上卷），文汇出版社2009年版，第12页。

即为……"①这两个自然段的内容非常重要。孙犁当时没有写出来,有可能是受到当时环境的局限,也有可能是病中的孙犁暂时忘记了这些内容,但无论如何,如果没有编辑的这一说明,读者就无法了解到这一重要的信息。再比如,对于孙犁发表在1963年3月14日"文艺周刊"上的《读"作画"后记》一文,编者同《孙犁文集》所收录的文字从题目到内容进行了认真的比较,指出了近20处经孙犁修改、增删过的地方。可以说,这部《孙犁文集》对于孙犁生平和著作的研究具有第一手资料的价值。

三、主要缺陷

自从有了"全集",有关"全集"的争论就没有停止过。实际上,"全集"只是一个相对的概念,真正完整意义上的"全集"是不存在的。也正因为如此,辑佚也就成为现当代文学研究的组成部分,孙犁的绝大多数作品虽然已收进了《孙犁全集》,但这并不意味着孙犁作品已经完满无缺。《天津日报珍藏版孙犁文集》就将未曾编入《孙犁全集》的文字发掘出来,比如刊载于1951年4月15日"文艺周刊"上的《风云初记》二集"一"和7月8日(十)的附记,都属于孙犁的佚文,如:

> 《风云初记》第一集,前在本刊登载共二十八节,后作者又补写二十九、三十两节,未经发表已收入即将出版的单行本内,故第二集开始,与原二十八节稍不衔接。那两

---

① 《天津日报珍藏版孙犁文集》(上卷),文汇出版社2009年版,第477页。

节主要写的是高庆山的部队,经过战斗又转移到本县来,人民自卫军司令部住在了子午镇。希本报读者鉴谅。①

尽管这段文字没有署名,但可以断定是孙犁的手笔。因为二十九、三十两节并没有在报纸发表,其故事情节只有作者自己知道,因此无疑是孙犁佚文。

这部《天津日报珍藏孙犁文集》的另一个称道之处是附录了许多孙犁作品的相关资料。如发表在1980年12月11日"文艺周刊"上《孙犁同志的复信——致丁玲》一文所附的1980年10月30日丁玲致孙犁信;发表在1986年11月28日"报告文学"上的《孙犁关于报告文学的通信》所附的侯军给孙犁的信,就是非常珍贵的史料。

当然,这部孙犁文集也并非完美无缺,其中一个重要的缺陷,就是漏收了本讲第一部分中提到的《新生的天津》一文,该文最初发表在1949年1月24日《天津日报》。其中两次提到"林彪将军",大概是编者感到为难,有意漏收。实际大可不必,既然是保持孙犁作品的原貌,就应该实事求是,还原历史的真实,只要在注解中说明其在收入百花文艺出版社版《孙犁文集》时的改动即可。擅自删除,实在不妥。此外,由于对孙犁的笔名不够熟悉,孙犁于1955年、1956年以"石纺"为笔名所写的《刘桂兰》《青春的热力》《一天日记》《积肥和择菜》都没有收录进来。

①《天津日报珍藏版孙犁文集》(上卷),文汇出版社2009年版,第260页。

第六节 《孙犁文集》(补订版)和《孙犁全集》(修订版)

2013年4月,在纪念孙犁诞辰100周年之际,百花文艺出版社编辑出版了《孙犁文集》(补订版),是在原有基础上对孙犁著作的又一次整理。

一、《孙犁文集》(补订版)

《孙犁文集》(补订版)在8册《孙犁文集》(珍藏本)的基础上,内容有了明显的增加。一是收入了《曲终集》中的全部作品,此为孙犁晚年所完成的10本散文集中部头最大的一种,约20万字。二是收入了当年未收入文集的旧著,如第1卷"短篇小说"部分增加了新发现的《孝吗?》《弃儿》两篇;第5卷"诗歌"部分,增加了早期作品《我决定了》《寄抗日时期一战友》;第6卷"戏曲"部分,增加了作者写于1930年的独幕剧《顿足》,另把原收入第5卷"诗歌"的《"七七"画十景》归入"戏曲"类。

参照《孙犁文集》及《孙犁文集》(珍藏本),《孙犁文集》(补订版)的编辑体例略作调整,全书共计9卷,分为10册。即第1卷为短篇小说,第2卷为中篇小说,编入第1册;第3卷为长篇小说,编入第2册;第4卷为散文,编入第3册;第5卷为诗歌,第6卷为戏曲,编入第4册;第7卷为文艺理论,编入第5、第6册;第8卷为杂著,编入第7、第8册;第9卷为书信,编入第9、第10卷。

在具体编辑方式上,《孙犁文集》(补订版)打通了《孙犁文集》和《孙犁文集》(珍藏本)两个版本,统一按类别分卷,以卷编年。对于每一篇作品的排列,以作者文后所署时间或发表先后为序;其时间不明者,则根据具体篇目的内容推定大体时间,酌为编入。对于每一类别的编排次序,则间有变通。如"文艺理论"卷中的《读作品记》,共计6篇,非一时之作,但为了保持完整,则集中排在一起,中间不置他文。对于"杂著"卷中的《书衣文录》,因系作者选择分批刊发,其用心良苦,为尊重作者初衷,则保留原貌,不按时间次序编排。对于"书信"部分,则以收信人为单位,以第一封信日期先后为序;若干书信,在发表时或有删节,此次编入时据手稿恢复原貌。

这部《孙犁文集》(补订版)与《孙犁文集》(珍藏本)相比,的确是后来居上,因为是在原有两个版本基础上的重编,因此突破了正编与续编各自独立的界限,全面展示了孙犁一生所取得的文学成就。正如《出版说明》所言:"今《孙犁文集》(补订版)编讫,作者一生文字,队列完整,各归部类,当慰所愿。"

在辅文部分,《孙犁文集》(补订版)将孙犁写于1993年11月1日的《题文集珍藏本》附于《自序》《文集续编序》之后。附录部分则新增了张金池编的《孙犁著作年表续编补》和《孙犁作品单行、结集、版本沿革年表续编补》。

二、《孙犁全集》(修订版)

2016年5月,人民文学出版社出版了《孙犁全集》(修订版）。编辑部增加了一个简短的《修订版说明》，其中写道：
"《孙犁全集》出版已逾十年，此次修订，编排体例不变，重新
校读，订正编辑讹误。补入新发现的孙犁早期小说两篇，并
参阅近年出版的孙犁作品，增加了初版时未收入的文章和
书信。"

那么，《孙犁全集》（修订版）究竟有哪些变化呢？第一，
增加了部分篇目，包括"小说"中的《自杀》和《麦田中》，"理
论"中的《我对写作的一点儿体会——讲给新参加报社工作
的青年同志们》，"杂著"中的《〈津门书简〉题记》《〈玛金诗选〉
序》，"书信"中的《致田间》《致王林》《致孙瑛》《致〈中国文
学〉编辑部》《致任彦芳》《致阎纲》《致张荣春》等。第二，删
去了部分篇目，包括第10卷"诗"中的《赠鲍晶》《赠杨栋》《赠
向丽》《赠小珍》《赠鉴雪》5首。《赠鲍晶》并非孙犁的作品，而
是孙犁在1984年春为鲍晶书写的一首唐朝诗人韦应物的五
律诗，只是在最末两句文字上略有差异，新版将其删除理所
应当，但其他几首为何删除，编者未做说明。第三，改正了原
版的编校失误之处，如孙犁1964年1月22日致冉淮舟信所附
书目中将原版"大车书局"改为了"大东书局"等。

三、两者的遗憾和不足

无论是从编辑体例还是从编校质量上来看，这两个版本
和之前的版本相比，均有不同程度的提高。但是，也还存在
着较为明显的缺憾。

（一）《孙犁文集》（补订版）

《孙犁文集》（补订版）在编辑体例上以分类为主，虽然名

目清晰,但在类别的划分上存在过于笼统的现象,从而造成
比重失衡的问题,其突出表现为"文艺理论"和"杂著"部头过
大,各自占了两大册。尤其是"杂著"部分,最初编辑《孙犁文
集》时,因为自传、书衣文录、读书记、序跋、书信等篇幅不多,
难以归类,因此归入"杂著",《孙犁文集》(珍藏本)也沿用了
这样的处理方式。但是,在编辑《孙犁文集》(补订版)时,有
些内容完全可以细加分类,比如《书衣文录》《耕堂读书记》
等,可单独分类,不能简单归入"杂著"。

　　编辑体例方面,《孙犁文集》(补订版)也存在一些缺陷,
如书中的绝大部分篇目均未注明发表报刊和发表日期,但在
"散文"部分的《北平的地台戏》文末,却注明"原载1934年11
月29日、30日、12月1日天津《大公报》的'本市附刊'";《冬
天,战斗的外围——这是我们报告于世界的……》,文末注明
"原载1940年12月24日、26日《晋察冀日报》";《王福绿——
人物速记》文末注明"原载《晋察冀文艺》第1期,1942年1月
20日出版"。这些篇目,都是后来发现的佚文,编者大概是想
特意告知读者其来龙去脉,但却造成全书体例的不统一。何
况,附录中的孙犁作品年表已经注明,因此没有必要画蛇添
足。此外,有些篇目的分类也有值得商榷之处,如《生辰自
述》,本为作者写的一首四言诗,而且曾经由作者本人收入河
南少年儿童出版社1983年12月版的《孙犁诗选》,但在《孙犁
文集》(补订版)中却被归入"杂著",显然归类不当,应将其归
入"诗歌"卷。

　　在编校质量上,《孙犁文集》(补订版)也存在一些问题。
一是违背作者原意,擅自造字。比如,孙犁晚年曾写过一组

文字,题为《善闇室纪年》,在一些文章中,也曾经提到过这组文字,而且,在《书衣文录》中,也自署"善闇""善闇室"。其中的"闇"字,并没有简化,但该版全部处理成了"闇",显然是任意造字。二是沿袭以前版本的差错,未能改正作者的笔误。如《新春怀旧·同乡鲁君》:"这次来,知道他在练字,又没有好字帖,又送给他一部北京日报社印的《三希堂字帖》四厚册",这句话中的《三希堂字帖》应该是《三希堂法帖》,孙犁在写作时出现了笔误,最初发表和结集时均未改正,此版也同样没有改正。再如"文艺理论"部分《文学和生活的路——同〈文艺报〉记者谈话》中曾写道:"清末缪荃荪辑了一部丛书,叫《藕香零拾》,都是零星小书。""缪荃荪"当为"缪荃孙"。"杂著"《生辰自述》中的"簟食瓢饮"当为"箪食瓢饮";再如"杂著"中的《书衣文录》(六)中"花随人圣庵摭忆"条下有:"上午客众,余谈话兴奋正疲。""兴奋正疲"不可解,查阅《书衣文录全编》手稿本,发现此句当为"余谈话兴奋,甚疲。"因孙犁写了一个草书的"甚",编辑误认为"正"。

"书信"部分的编校失误之处更为明显,限于篇幅,不再列举。

(二)《孙犁全集》(修订版)

《孙犁全集》(修订版)尽管与初版本相比,有了一定程度的提高,尤其是装帧设计方面,更为庄重、简洁,与孙犁作品的风格相吻合。但是,即使是"修订版",在编校质量方面也没有太大的突破。可以说。初版本存在的编校失误之处,修订版同样没有改正过来。

如第二卷第229页"后来编给它们一个故事","它们"应为"他们"。第409页"此书有人谓为屈大钧作,不得详也"。"屈大钧"当为"屈大均"。该卷中《书衣文录》中所涉及的书名大多未加书名号,不符合编辑规范。

再如,第五卷第304页"众说绘纭"当为"众说纷纭"。

第八卷第231页脚注1中的"晋中区"当为"冀中区"。第326页"呜呼!自叶赛宁的诗:'死是容易的,活下去是艰难的。'出,人以为自杀名句。"此处"诗"后面的逗号,"艰难的"后面的句号均需删去。第417页"不可一日之时"中的"不可一日"当为"不可一世","用覆酱瓶"当为"用覆酱瓿"。

第九卷第130页《宏明集》《广宏明集》当为《弘明集》《广弘明集》,《妙法莲花经》当为《妙法莲华经》;第231页"傅连璋"当为"傅连暲","汀洲"当为"汀州";第473页两处"柳诒征"均应作"柳诒徵","年竞一册或二三册"中的"竞"当为"竟";第492页"我当时难违其意,遂割爱"中的"难违"当为"重违"。

第十卷第196页《无题》所署年代"一九八六年"当为"一九五八年"。第284页"硬打"当为"鞭打","□军"当为"田军","洋泾滨"当为"洋泾浜"。第417页"署名力"当为"署名力编";第492页"上午客众,余谈话兴奋正疲",当为"余谈话兴奋,甚疲。"

类似的差错还有许多,令人感到遗憾。

孙犁生前,曾陆续发表了《书衣文录》,分别收录于《老荒集》《陌巷集》《无为集》《如云集》。孙犁去世之后,《天津日报》2004年1月6日又发表了16条,《孙犁全集》将其收入第十卷。但是,其中的几条如有关《文选》《海上花列传》《品花宝鉴》等6条,均收入第七卷和第九卷,人为割裂了这一文体的集中收录。

孙犁晚年,曾在结集中以"耕堂函稿""芸斋书简"等名义收录了部分书信。这些信大多没有署具体的年代或月份,又加之在入集之前在一些报刊发表,因此就出现了部分书信的重收问题。如1985年10月2日致韩映山,先是收入了百花文艺出版社1984年7月版的《陌巷集》,后又收入了人民文学出版社1989年9月版的《无为集》,这固然是孙犁本人的失误,但在编辑《孙犁全集》时,则可以直接删除,如为了保持原版面貌,也可以在目录中以"存目"的形式加以说明。

由此看来,无论是《孙犁文集》,还是《孙犁全集》,目前还没有一个完善的本子,希望在不久的将来,能有一个收录作品更加齐全、编辑体例更为科学、文字校勘更为准确的《孙犁文集》或《孙犁全集》问世。

主要参考书目

（以出版时间为序）

1. 郑逸梅：《书报话旧》，学林出版社1983年版。

2. 张忱石：《永乐大典史话》，中华书局1986年版。

3. 李明山：《中国近代编辑家评传》，河南大学出版社1993年版。

4. 阎现章主编：《中国古代编辑家评传》（上、下），河南大学出版社1996年版。

5. 肖东发主编：《中国编辑出版史》，辽宁教育出版社1996年版。

6. 姚福申：《中国编辑史》（修订本），复旦大学出版社2004年版。

7. 李致忠、周少川、张木早：《中国典籍史》，上海人民出版社2004年版。

8. 王薇：《"三通"研究》，天津人民出版社2004年版。

9. 曹之：《中国古籍编撰史》，武汉大学出版社2006年版。

10. 李常庆：《〈四库全书〉出版研究》，中州古籍出版社2008年版。

11. 肖东发等：《中国出版通史·先秦两汉卷》，中国书籍出版社2008年版。

12. 周少川等：《中国出版通史·魏晋南北朝卷》，中国书籍出版社 2008 年版。

13. 曹之：《中国出版通史·隋唐五代卷》，中国书籍出版社 2008 年版。

14. 李致忠：《中国出版通史·宋辽西夏金元卷》，中国书籍出版社 2008 年版。

15. 缪咏禾：《中国出版通史·明代卷》，中国书籍出版社 2008 年版。

16. 朱赛虹、曹凤祥、刘兰肖：《中国出版通史·清代卷》（上），中国书籍出版社 2008 年版。

17. 汪家熔：《中国出版通史·清代卷》（下），中国书籍出版社 2008 年版。

18. 王余光、吴永贵：《中国出版通史·民国卷》，中国书籍出版社 2008 年版。

19. 方厚枢、魏玉山：《中国出版通史·中华人民共和国卷》，中国书籍出版社 2008 年版。

20. 吴永贵：《民国出版史》，福建人民出版社 2011 年版。

21. 田建平：《宋代出版史》（上、下），人民出版社 2017 年版。

22. 郝振省主编：《中国近代编辑出版史》，浙江教育出版社 2020 年版。

后　记

这本书,是在我的讲义的基础上整理而成的。

2006年5月,我回到母校南开大学,在文学院传播学系任教。恰逢原来讲授"中国编辑出版史"课程的教师退休,我自己对历史一直抱有浓厚的兴趣,便愉快地把这门课接了过来。

中国编辑出版史的内容极为丰富,但这门课只能开设一个学期,充其量不过36学时,要想从古到今把中国编辑出版的来龙去脉讲清楚,并不是一件容易的事情,因此,我只能采取以点带面、重点讲授的方式,在介绍大的历史背景的前提下,将讲授的重点放在主要的编辑出版人物、重要典籍和出版物等方面,形成若干专题。这便是这本书大致框架的由来。

这本讲义,是我断断续续写成的,曾用于本科生的"中国编辑出版史"课程和研究生的"中国编辑出版史专题研究"课程,其中的一些内容也曾在报刊上发表过。2022年,该讲义经过专家评审,入选南开大学教材建设项目。

由于编写时间跨度较长,编写的体例、格式不尽一致,加之各讲的内容繁简不一,借这次出版的机会,我对全部讲义进行了补充、删改,在体例、格式方面也进行了统一,力争保持全书的一致性。

　　担任本书策划编辑的韩玉霞编审是历史学科班出身,具有深厚的史学功底和专业素养,她在审稿过程中,认真负责,严格把关,付出了大量的心血,在此对她表示衷心的感谢。

　　在编写讲义的过程中,参考和借鉴了前人和同行的许多成果,在此一并致谢。

　　书中一定还存在不少错谬,敬请读者指教。

刘运峰

2025 年 4 月 20 日